Stationen eines Exodus

Thomas Schreijäck (Hg.)

Stationen eines Exodus

35 Jahre Theologie der Befreiung in Lateinamerika

Lernprozesse – Herausforderungen – Impulse für die Weltkirche

g MATTHIAS-GRÜNEWALD-VERLAG

Bibliografische Information der Deutschen Nationalbibliothek
Die Deutsche Nationalbibliothek verzeichnet diese Publikation in der Deutschen Nationalbibliografie; detaillierte bibliografische Daten sind im Internet über http://dnb.d-nb.de abrufbar.

Der Matthias-Grünewald-Verlag ist Mitglied der Verlagsgruppe engagement

www.gruenewaldverlag.de

Umschlaggestaltung: Finken & Bumiller, Stuttgart
Umschlagabbildung: Aymara-Kruzifix aus dem Andenhochland im Grenzgebiet Peru – Bolivien © Thomas Schreijäck
Satz: Stefan Rotsch, Frankfurt am Main
Gesamtherstellung: Matthias-Grünewald-Verlag, Ostfildern

ISBN 978-3-7867-2631-9

Inhalt

Stationen eines Exodus

Stationen eines Exodus ist ein programmatischer Titel. Stationen markieren Etappen auf einem Weg, der vor nahezu 40 Jahren in Lateinamerika eingeschlagen wurde. Dieser Weg-Prozess geht weiter. Seinen Namen verdankt er einer zentralen biblischen Grunderfahrung, die das Volk Israel im Alten Testament als versklavtes Volk im Exil in Ägypten gemacht hat. Im Glauben an den Gott der Bibel, der das Heil der Menschen will und nicht die Versklavung und den Tod, macht sich dieses Volk unter dem Schutz seines Gottes auf den Weg aus dem Exil in das verheißene Land. Dieser Weg wurde nicht über Nacht gefunden, er war beschwerlich und er konnte auch nicht von heute auf morgen zurückgelegt werden.

So wie der Exodus des Alten Testaments ist auch der lateinamerikanische Exodus steinig; er führt bergauf und bergab, weiter nach vorn, und er ist von Rückschlägen gesäumt. Ihn kennzeichnen Phasen der Entbehrungen und der Not, er ist mit Mühsal, Stagnation und Resignation verbunden. Aber im unerschütterlichen Glauben an die rettende Befreiung des wegweisenden Gottes, unter seinem Schutz und mit seiner Begleitung gelangte das biblische Volk Israel nach 40 Jahren Exodus in das verheißene Land der Freiheit und der Selbstbestimmung.

Eng verbunden mit der biblischen Erfahrung des Exodus ist ein »Auszug«, der sich im 20. Jahrhundert auf dem lateinamerikanischen Kontinent ereignete. Angestoßen durch die Reformen des Zweiten Vatikanischen Konzils (1962–65) kam es dort zu einem eigenen kirchlichen und theologisch-pastoralen Aufbruch, der als *Exodus der Kirche der Armen* seit dem Jahr 1968 das Gesicht der Kirche Lateinamerikas prägt und unter dem Namen *Theologie der Befreiung* in die Geschichte der Kirche und Theologie eingegangen ist. Die Theologie der Befreiung steht für ein Umdenken in der theologischen und kirchlichen Reflexion und Praxis, die bei den konkreten Lebensbedingungen der Menschen ansetzt. Ihre vorrangige Option betrifft die Befreiung aus Armut, Ungerechtigkeit und Unterdrückung im Licht des Evangeliums. Dieser wohl bedeutendste kirchlich-pastorale Aufbruch in der zweiten Hälfte des 20. Jahrhunderts hat damit das Anliegen des Zweiten Vatikanischen Konzils radikal ernst genommen und unter Einbeziehung des sozioökonomischen und soziokulturellen Kontextes realisiert.

Der lateinamerikanische Exodus von der Gefangenschaft in die Befreiung ist immer wieder und zu recht als Kreuzweg beschrieben worden. Im doppelten Sinn des Begriffs ist damit die Durchkreuzung eines vermeintlich kontinuierlich linear verlaufenden Prozesses ebenso gemeint wie der Kreuzweg als Weg, der bis in die letzte Konsequenz gegangen wird. Dieser Weg ist vom Martyrium zahlloser und vielfach namenloser Menschen überschattet, die ihr solidarisches Engagement für Gerechtigkeit und Frieden und ihren Kampf für die Würde und Rechte aller Menschen, ungeachtet ihrer sozialen, kulturellen oder religiösen Herkunft, aus ihrer christlichen Glaubensüberzeugung, dem Glauben an den Gott des Lebens, der das Leben aller will und nicht den Tod, mit ihrem Leben bezahlt haben. Diese Märtyrer kommen aus allen gesellschaftlichen und kirchlichen Schichten. Es sind einfache Frauen und Männer ebenso wie politische und zivilgesellschaftliche Verantwortungsträger oder kirchlich engagierte Laien, Priester, Ordensleute und Bischöfe, die *vor ihrer Zeit* gestorben sind.

Durch das Ausleuchten der Stationen des lateinamerikanischen Exodus wird der Blick nicht nur auf die politischen, sozioökonomischen und soziokulturellen Bedingungen gelenkt. Vielmehr stehen auch innertheologische und innerkirchliche Debatten, Scherereien, Konflikte und Disziplinarmaßnahmen wie Schweigegebote oder Ausschluss von kirchlichen Diensten und Ämtern bis heute auf der Tagesordnung im lateinamerikanisch-befreiungstheologischen Kontext.

In Anlehnung an den biblischen Zeitraum des Exodus thematisiert dieser Band die Erfahrungen und den heutigen Stand des lateinamerikanischen Exodus nach nun ebenfalls beinahe 40 Jahren. *Theologie interkulturell* am Fachbereich Katholische Theologie der Johann Wolfgang Goethe-Universität in Frankfurt a.M. hat im Studienjahr 2003/04 ein Forschungssymposium unter dem Titel *35 Jahre Theologie der Befreiung in Lateinamerika. Analysen, Lernprozesse, Herausforderungen und Impulse für die Weltkirche* durchgeführt. Im Rahmen eines mehrtägigen Symposiums beschäftigten sich herausragende Vertreterinnen und Vertreter unterschiedlicher Disziplinen aus verschiedenen Ländern Lateinamerikas mit der Entstehungs- und Wirkungsgeschichte der Befreiungstheologie und diskutierten über Herausforderungen und Perspektiven im weltkirchlichen Horizont. Das Symposium fand durch die Lehr- und Forschungsveranstaltungen im Rahmen der

Gastprofessur zum Thema *Indigene kontextuelle Theologie am Beispiel der Mapuche in Chile* sowie durch Gastvorträge und Kolloquien im Rahmen bestehender Kooperationen mit Universitäten und Instituten in Lateinamerika eine wertvolle thematische Ergänzung. Die Ergebnisse dieses intensiven wissenschaftlichen Austauschs und der interdisziplinären Zusammenarbeit sind in diesem Band versammelt.

Dass Kolleginnen und Kollegen aus Theologie und Kirche und angrenzenden Fachgebieten, großteils Zeitzeugen einzelner Stationen auf dem oben beschriebenen Weg, die Einladung zur Mitarbeit an diesem Projekt angenommen haben, ist eine besondere Bereicherung. Durch ihre Beiträge wird sowohl der historische Kontext als auch die heutige Lebenswelt der zahlenmäßig größten katholischen »Ortskirche« weltweit anschaulich. Zugleich eröffnen sie den Zugang zu aktuellen Diskussionen und möglichen Perspektiven für die Zukunft. Ihre Beiträge setzen trotz ihrer unterschiedlichen inhaltlichen Ausrichtung beinahe alle bei dem initiatorischen Ereignis der nachkonziliaren kirchlichen Zeitrechnung Lateinamerikas an: der Gesamtlateinamerikanischen Bischofsversammlung von Medellín in Kolumbien (1968). Dieses Vorgehen war ausdrücklich erwünscht, weil dadurch deutlich werden sollte, wie wichtig die Konzilsaufforderung vom »Mündigwerden der Ortskirchen« war. In der durch Kolonisierung und Fremdherrschaft überlagerten Lebens- und Kirchenwirklichkeit Lateinamerikas kam es so zu einer gründlichen Revision überkommener Formen und Gestalten von Kirchesein. Seinen Namen und seine Ausdrucksformen hat dieses Ereignis im programmatischen Titel der Konferenz von Medellín gefunden: *Die Umwandlung Lateinamerikas im Lichte des Konzils.*

Den Kolleginnen und Kollegen, die an diesem Projekt mitgewirkt haben und so für die Lebendigkeit und die aktuelle Vielfalt der Themen und Prozesse seit Medellín stehen, gebührt an erster Stelle der Dank für ihre authentische, kollegiale und freundschaftliche Zusammenarbeit. Sie haben uns auf ihre Weise am Mysterium teilhaben lassen, das in Lateinamerika, dem »Kontinent der Armut und des Todes« christlich motivierte Lebensfreude und Hoffnung Menschen dazu antreibt, den Exodus fortzusetzen und an der Verwirklichung der »Utopie von der Erde ohne Leid« mitzuwirken. In ihren Beiträgen wird auch deutlich, dass die Leuchtkraft des nachkonziliaren lateinamerikanischen »Morgens« schnell nachlassen kann, wenn Theologie und Kirche mangels klarer oder aufgrund falscher Optionen das in Medellín gewonnene und in Puebla gefestigte Vertrauen aufs Spiel setzen. Die ungelösten Probleme der Menschen und der Länder Lateinamerikas sind am Vorabend der V. Gesamtlateinamerikanischen Bischofsversammlung in Aparecida nicht verschwunden, im Gegenteil, sie haben sich durch neoliberale Marktlogik und weltweite Globalisierungsprozesse noch verschärft. Hinzu kommen bislang ungekannte Herausforderungen durch aggressive Missionierungsstrategien militanter und fundamentalistischer Pfingstkirchen, charismatischer Bewegungen und Sekten. Deren Vormarsch und die massenhaften Konversionen der veramten Mehrheit wird weder durch die Politik noch durch die Gesellschaft reguliert. Das ist Aufgabe der Kirche.

Aparecida 2007 im Licht von Medellín, Puebla und Santo Domingo und die Einbeziehung der dort unerledigten Fragen ist eine historische Gelegenheit für Theologie und Kirche in Lateinamerika.

Mein außerordentlich großer Dank gilt Frau Dr. Beate-Irene Hämel und Frau Beate Müller M.A. für ihre ausgezeichnete Mitarbeit. Sie haben unschätzbare Hilfe sowohl bei den Übersetzungen der Beiträge, die fast alle aus dem Englischen, Französischen, Portugiesischen oder Spanischen ins Deutsche zu übertragen waren, als auch bei der redaktionellen Bearbeitung für die Drucklegung geleistet. Ich danke ebenso Frau Clarice Engelsing, Frau Katja Hoffmann und Sr. Birgit Weiler für ihre Hilfe bei einzelnen Übersetzungen. Stefan Rotsch hat einmal mehr professionell das druckfertige Layout gestaltet. Dafür danke ich ihm an dieser Stelle herzlich.

Dem Matthias-Grünewald-Verlag danke ich für die Aufnahme des Bandes in das Verlagsprogramm, namentlich Frau Gertrud Widmann sowie Frau Vera Rösch.

Frankfurt a.M., am Vorabend der V. Gesamtlateinamerikanischen Bischofsversammlung in Aparecida/Brasilien 2007

Thomas Schreijäck

Aloísio Lorscheider

Die Bedeutung Medellíns für das Leben der Kirche heute

Vorbemerkungen

In Medellín/Kolumbien fand vom 26. August bis 08. September 1968 die II. Generalversammlung des Lateinamerikanischen Episkopats statt.

Die Bischöfe Lateinamerikas spürten die Notwendigkeit, eine Relecture der Kirche in Lateinamerika auf dem Hintergrund der 16 Dokumente des Zweiten Vatikanischen Konzils durchzuführen. Thema der Konferenz in Medellín war: »Die Kirche in der gegenwärtigen Umwandlung Lateinamerikas im Lichte des Konzils.«

Um die Konferenz von Medellín richtig zu verstehen, empfiehlt es sich, einen Blick auf die erste Konferenz des Lateinamerikanischen Episkopats zu werfen, die vom 25. Juli bis 11. August 1955 in Rio de Janeiro/Brasilien stattfand. Die Thematik der Konferenz von Rio de Janeiro war die Sorge um den Priestermangel, die Notwendigkeit einer größeren sozialen Aktivität seitens der Katholiken, das Verhältnis des Apostolats zu den modernen Medien, das systematische Eindringen protestantischer Sekten, die Rückkehr der Freimaurer und das Aufblühen des Spiritismus.

1. Die Konferenz in Rio de Janeiro (25. Juli bis 11. August 1955)

Das Treffen in Rio hatte weder den rechtlichen Charakter eines Konzils noch war sein Ziel, neue Richtlinien zu erlassen. Es ging vor allem darum, sich gemeinsam mit der aktuellen religiösen Situation Lateinamerikas auseinanderzusetzen unter Einbeziehung der Probleme des Kontinents, um Strategien zu entwickeln, kompetent auf die Herausforderungen jener Zeit zu antworten.

Bereits nach einigen Tagen der Debatte erklärten die Bischöfe:

Das Hauptproblem aller lateinamerikanischen Länder ist der Priestermangel. Daraus ergibt sich die dringende Notwendigkeit eines nachhaltigen, unermüdlichen und organisierten Engagements zur Förderung der Berufung von Priestern und Ordensleuten.

Es wurde vorgeschlagen, in dieser Berufungskampagne ein Bewusstsein vom Ausmaß und der Bedeutung des Problems zu schaffen und sich mit den Mitteln des Gebets und des apostolischen Engagements dafür einzusetzen. Es war ein dringender Wunsch der Konferenz, den Einsatz für Priesterberufungen in allen Diözesen als eine grundlegende und unersetzbare Arbeit zu betrachten. Alle sollten dafür Sorge tragen, da sie die liebevolle Aufmerksamkeit und effektive Unterstützung aller verdiene. Ebenso wünschten die Bischöfe, dass in allen Ländern das Engagement für die Berufung von Ordensleuten gleichermaßen unterstützt wird.

Darüber hinaus erklärten die Bischöfe ihre Unterstützung für das Laienapostolat: die Katholische Aktion und andere Vereinigungen.

Weiteren Handlungsbedarf sah man in der religiösen Unterweisung. Der Reichtum unseres katholischen Glaubens und das spirituelle Erbe Lateinamerikas schienen von vielen feindlichen Einflüssen bedroht. Kritiker des Glaubens säten auf der Grundlage einer nur oberflächlich bekannten christlichen und kirchlichen Lehre Zweifel, um Indifferenz, Apostasie und Unglauben zu ernten.

Ein drittes Problem wurde im gesellschaftlichen Kontext Lateinamerikas gesehen, das kontinentalweit über viele Reichtümer verfügt, wirkliche Schätze, von denen aber nur wenige profitieren. Viele Menschen, besonders die Bauern und Arbeiter, lebten in bedrückenden Verhältnissen. Lateinamerika hatte sich durch die schnelle Industrialisierung rasch gewandelt. Es war nötig, diesem Prozess durch den christlichen Geist Gestalt zu geben und ihn mit Leben zu erfüllen. Die christliche Präsenz der Kirche sollte auf dreierlei Weise Einfluss auf die ökonomisch-soziale Welt nehmen: durch Aufklärung, Erziehung und Handeln. Die Bedeutung der kirchlichen Soziallehre musste hervorgehoben werden. Gut informierte und ausgebildete katholische Laien sollten die besondere und unersetzliche Aufgabe übernehmen, die wirtschaftlich-soziale Welt zu beseelen und zu beleben.

Die Situation der indigenen Völker stellte eine weitere Herausforderung dar. Es handelte sich dabei um eine Problematik von besonderer Bedeutung. Die Sichtweise der Bischöfe zum damaligen Zeitpunkt unterschied sich von der heutigen Sichtweise der Kirche. Damals meinten sie, die indigenen Völker seien in ihrer kulturellen Entwicklung zurückgeblieben und machten sich darüber Gedanken, wie der »Indianer« würdig in die »wahre Zivilisation« integriert werden könne.

Das fünfte und letzte von den Bischöfen erörterte Problem war die Mission angesichts der aufkommenden Moderne.

Am Ende der Konferenz baten die Bischöfe über Mons. Larraín Papst Pius XII. um die Gründung einer Organisation, welche die Kräfte der Kirche in Lateinamerika einen könne. Nachdem diese Bitte verschiedene Instanzen durchlaufen hatte, erhielt sie am 2. November 1955 die päpstliche Approbation. Es handelte sich um die Gründung und offizielle Anerkennung des CELAM, des Lateinamerikanischen Bischofsrates.

Vor dem Konzil hatten wir uns in Rio de Janeiro getroffen. Die Bischöfe waren in erster Linie mit den innerkirchlichen Problemen beschäftigt. Der Dialog mit der Welt von heute und der nach außen gewandte Blick der Kirche kamen kaum vor. Thema waren dagegen die Feinde der Kirche; ihnen gegenüber galt es alle Vorsicht walten zu lassen. Man machte sich Gedanken um die Verteidigung des Glaubens. Dies entsprach im Übrigen der Mentalität dieser Zeit. In seinem Brief *Ad Ecclesiam Christi* aus dem Jahr 1955, in welchem Pius XII. Kardinal Piazza zum Vorsitzenden des ersten lateinamerikanischen Bischofstreffens ernannte, wird das gleiche Anliegen geäußert. Der Papst wünschte eine gefestigte und einige Kirche, um den notwendigen pastoralen Herausforderungen begegnen zu können, die man in Lateinamerika spürte. Medellín wird später einen anderen Ton anstoßen.

2. Die Konferenz in Medellín (26. August bis 8. September 1968)

Drei große Themen standen in Medellín auf der Tagesordnung:

- Die menschliche Entwicklung (fünf Dokumente)
- Verkündigung und Glaubenswachstum (vier Dokumente)
- Die sichtbare Kirche und ihre Strukturen (sieben Dokumente)

Um Medellín zu begreifen, müssen diese Themen im Zusammenhang betrachtet werden. Dennoch erhielten drei der Dokumente einen stärkeren Akzent: *Gerechtigkeit* (1. Dokument); *Frieden* (2. Dokument); *Armut der Kirche* (14. Dokument). Die Analyse dieser drei Dokumente führt zum Kern der Beschlüsse von Medellín. Dabei bestimmen zwei Schlüsselbegriffe die Konferenz, nämlich *Befreiung* und *Armut*. Wenn wir diese drei Dokumente analysieren, besitzen wir den Schlüssel zur Analyse aller 16 Dokumente.

3. Befreiung und Armut

Diese beiden Schlüsselbegriffe zeigen uns die Notwendigkeit einer *Neuen Evangelisierung*, die in Medellín betont wird. Die Bischöfe in Medellín verwenden in ihrer an die Völker Lateinamerikas gerichteten Botschaft den Ausdruck »Neue Evangelisierung«. Damit heben sie die Dringlichkeit einer intensiven neuen Evangelisierung und Katechese hervor. Sie sollte die Eliten und die Massen gleichermaßen erreichen, um zu einem wachen und engagierten Glauben anzustiften.

Im Dokument Nr. 6 der Beschlüsse von Medellín, das die »Volkspastoral« anspricht, sagen die Bischöfe: »Folglich ist die Kirche in Lateinamerika weit davon entfernt, bei dem Gedanken ruhig zu bleiben, daß das Volk in seiner Gesamtheit den Glauben schon besitzt und sich mit der Aufgabe zufrieden zu geben, den Glauben des Volkes auf seinem niedrigen, unzulänglichen und anfälligen Niveau zu bewahren. Sie nimmt sich deshalb vor und beginnt bereits, einer Leitlinie der pädagogischen Pastoral zu folgen, die: a) eine ernsthafte Re-Evangelisierung der verschiedenen menschlichen Bereiche des Kontinents sichern soll; b) eine ständige Wieder-Bekehrung unseres Volkes fördern soll sowie eine immer tiefgehendere und reifere Glaubenserziehung nach dem Grundsatz einer dynamischen Pastoral, die in Übereinstimmung mit der Natur des Glaubens das gläubige Volk zu einer doppelten Dimension, zu Persönlichkeitsentfaltung und zur Gemeinschaft anstoßen soll.« (Medellín 6,8)[1]

Am 9. März 1983 hob auch Papst Johannes Paul II. auf der 19. Vollversammlung des CELAM in Port-au-Prince/Haiti die Notwendigkeit einer Neuen Evangelisierung hervor. Dieser Ausdruck wurde gewissermaßen eine Devise des damaligen Papstes, die er in seinen weiteren Reden in den verschiedensten Ländern mit dem gleichen Nachdruck wiederholte.

Dennoch gibt es einen Unterschied zwischen dem Verständnis des Papstes und dem der Konferenz in Medellín. Johannes Paul II. verstand diesen Ausdruck als ein neues evangelisches Einpflanzen oder eine neue christliche Verkündigung in Integrität zur kirchlichen Lehre und mit neuer Vitalität. Es scheint, dass sich der Papst eine

1 *Die Kirche in der gegenwärtigen Umwandlung Lateinamerikas im Lichte des Konzils*, Medellín 1968; nachfolgend angegeben mit: Medellín.

neue Katechese vorstellte, die zu den tiefsten Wurzeln des christlichen Glaubens zurückkehrt und im Kern einen apologetischen Ton besitzt. Dagegen wünschte man sich im Verständnis von Medellín eine Evangelisierung, die den Menschen von jedweder Unterdrückung und jeder ungerechten Abhängigkeit befreit. Angestrebt wurde die Übereinstimmung von Glauben und Leben, mit der Kraft, Mentalitäten und Strukturen zu verändern.

Die Bischöfe Brasiliens machen in ihrem Dokument *Nordosten: Herausforderungen für die Mission der brasilianischen Kirche* auf christliche Personen mit einer heidnischen Seele aufmerksam: »Es gibt viele Christen, die sich den Werten des Reiches Gottes widersetzen, weil sie sich eine Ungerechtigkeit zunutze machen, die ihren Bruder tötet. Sie gebrauchen den Namen Gottes, um die Armen zu massakrieren und abhängig zu machen; auf diese Weise achten sie den Heiligen Namen des Herrn nicht. Andere Christen bleiben gegenüber dem Leiden ihrer Brüder gleichgültig. Dabei ist Gleichgültigkeit auch Mittäterschaft.« (99)

Was die Bischöfe in Medellín bewegt, ist die Feststellung eines wenig klaren und wenig engagierten, eines schwachen, wenig tiefen und unreifen Glaubens; eines äußerst individualistischen und wenig gemeinschaftsbezogenen Glaubens; eines Glaubens, der vom Leben getrennt ist. Bei der Evangelisierung Lateinamerikas hatte eine eher fromme bis innerliche Haltung Vorrang vor einem engagierten Glauben. Die Bischöfe wurden in Medellín auf eine menschenunwürdige Welt aufmerksam. Sie stellten die ungerechte Verteilung der Güter der Erde fest; Ungleichheit bei der Ausübung der Bürgerrechte; Diskriminierung, besonders der Indigenas und der Afroamerikaner; Korruption im öffentlichen Dienst; das Streben nach der Verwirklichung partikulärer Interessen und nicht des Gemeinwohls; die permanente Verletzung elementarer Menschenrechte; die Zunahme von Gewalt in einem Maße, dass die Bischöfe von *institutionalisierter* Gewalt sprechen; Massenarbeitslosigkeit; Verfolgung; Raub; Mord; Guerillas. In einem Wort: eine unterdrückende Abhängigkeit. Die Armen geraten immer mehr in Vergessenheit und werden an den Rand der Gesellschaft gedrückt. Die einfachen und sanftmütigen Menschen sehen sich immer mehr von der Gesellschaft ausgeschlossen. Die Verelendung der Massen nimmt zu.

Später wird die III. Generalversammlung des Lateinamerikanischen Episkopats in Puebla von den »verschiedenen Gesichtern von Menschen und Völkern« sprechen (Puebla 31–39):[2]

- den Gesichtern der Kinder, die schon vor ihrer Geburt mit Armut geschlagen sind, die in den Möglichkeiten ihrer Selbstverwirklichung durch irreparable geistige und körperliche Schäden behindert werden und die, als Folge der Armut und des moralischen Zerfalls der Familie, in unseren Städten oftmals ausgebeutet werden und ein Leben auf der Straße führen;

- den Gesichtern der jungen Menschen, die orientierungslos sind, weil sie keinen Platz in der Gesellschaft finden, und die frustriert sind, insbesondere in ländlichen Gebieten und den Randzonen der Städte, weil es an Ausbildungs- und Arbeitsmöglichkeiten fehlt;

- den Gesichtern der Indios und häufig auch der Afroamerikaner, die am Rande der Gesellschaft in unmenschlichen Verhältnissen leben und somit als die Ärmsten der Armen betrachtet werden müssen;

- den Gesichtern der Landbevölkerung, die als gesellschaftliche Gruppe fast überall in Lateinamerika in der Verbannung lebt, die sich, beraubt von Grund und Boden, in innerer und äußerer Abhängigkeit befindet und Vermarktungssystemen unterworfen ist, von denen sie betrogen und ausgebeutet wird;

- den Gesichtern der Arbeiter, die häufig schlecht bezahlt sind und Schwierigkeiten haben, sich zu organisieren und ihre Rechte zu verteidigen;

- den Gesichtern der Unterbeschäftigten und Arbeitslosen, die aufgrund der verheerenden Folgen von Wirtschaftskrisen häufig auch aus Entwicklungshilfeprojekten entlassen wurden, sodass die Arbeiter und ihre Familien von kalten wirtschaftlichen Berechnungen abhängig werden;

- den Gesichtern der Randgruppen der Gesellschaft und derer, die auf viel zu engem Raum leben, die unter der doppelten Last des Mangels an materiellen Gütern und des zur Schau gestellten Reichtums anderer Gesellschaftsschichten leiden;

- den Gesichtern der Alten, deren Zahl ständig zunimmt und die oft von der Fortschritts- und Leistungsgesellschaft ausgeschlossen werden, da man unproduktive Menschen nicht gebrauchen kann.

2 Die Evangelisierung Lateinamerikas in Gegenwart und Zukunft, Puebla 1979; nachfolgend angegeben mit: Puebla.

1992 fügt Santo Domingo noch einige Gesichter hinzu: vom Hunger entstellte Gesichter; desillusionierte Gesichter, weil die Politiker ihre Versprechen nicht erfüllen; erniedrigte Gesichter, weil die eigene Kultur nicht respektiert, oft sogar verachtet wird; durch Gewalt vom Schrecken gezeichnete Gesichter; die verängstigten Gesichter verlassener Minderjähriger; die leidenden Gesichter erniedrigter und verachteter Frauen; die müden Gesichter der Migranten; die durch die Zeit und die Arbeit gealterten Gesichter all derer, denen das Minimum für ein würdiges Leben fehlt (Santo Domingo 178).[3]

Hier finden wir den eigentlichen evangelisatorischen Sinn von Medellín. Es geht um die frohe Botschaft des Evangeliums für den *ausgeschlossenen Menschen*, der in seinem realen Leben in Lateinamerika keine Chancen hat. Es geht um eine ganzheitliche Befreiung, das heißt die Befreiung von allem, was eine ungerechte Beherrschung des einen über den anderen darstellen kann. Ungerecht meint all das, was es einem Menschen unmöglich macht, ein würdiges und anständiges Leben zu führen, alles, was Herrschaft und Ausbeutung eines Menschen gegenüber einem anderen zum Ausdruck bringt. Es geht darum, allen Menschen wahren Respekt und wertschätzende Aufmerksamkeit entgegenzubringen, sie bei all ihren Problemen und Ängsten zu unterstützen und sie zu befähigen, zu aktiven Subjekten ihrer eigenen Geschichte zu werden. Es geht darum, sie zu Menschen zu machen, die vom christlichen Glauben ergriffen handeln.

Die Enzyklika *Populorum Progressio* (26. März 1967) spricht von der umfassenden Entwicklung des ganzen Menschen und aller Menschen. Medellín spricht von der umfassenden *Befreiung* des ganzen Menschen und aller Menschen. Das ist ein weiter gehender Ausdruck. Die Worte *Entwicklung* und *Unterentwicklung* bezeichnen eine freie Gesellschaft, in der alle die Möglichkeit haben zu wachsen, einige (die Entwickelten) wachsen schneller, andere (die Unterentwickelten) langsamer. Die Worte erinnern daran und setzen eine freie, unabhängige Gesellschaft voraus. Im Gegensatz dazu setzt Befreiung eine unterdrückte Gesellschaft voraus, in der die Menschen in einer unterdrückenden Abhängigkeit leben, so dass ihr Leben menschenunwürdig ist. Befreiung setzt eine unmenschliche Welt voraus. Das ist eine Welt, in der die Menschen Sklaven sind, in der sie gezwungen sind, unmenschlich zu leben, und nicht das Geringste für ein würdiges Leben besitzen.

[3] Neue Evangelisierung. Förderung des Menschen. Christliche Kultur, Santo Domingo 1992; nachfolgend angegeben mit: Santo Domingo.

Deshalb will Befreiung oder Theologie der Befreiung auf der Basis des christlichen Glaubens eine historische Praxis schaffen, um die ökonomische, soziale und politische Ordnung zu verändern und zu erneuern.

Die Umkehr (Veränderung) von Mentalitäten und von gesellschaftlichen Strukturen soll hervorgehoben werden: »Wir werden keinen neuen Kontinent haben ohne neue und erneuerte Strukturen; es wird vor allem keinen neuen Kontinent geben ohne neue Menschen, die im Lichte des Evangeliums wirklich frei und verantwortlich zu sein wissen« (Medellín 1,3). Es geht um die Befreiung von jeglicher Art von Knechtschaft durch die Sünde des Einzelnen und der Gesellschaft, die Befreiung von all dem, was den Menschen und die Gesellschaft zerreißt und seinen Ursprung im Egoismus, im Geheimnis des Bösen hat, und um die Befreiung für die fortschreitende Menschwerdung in der Perspektive auf die Gemeinschaft mit Gott und den Menschen, deren Höhepunkt die vollkommene Gemeinschaft des Himmels ist, wo Gott alles in allem ist und es keine Tränen mehr gibt (vgl. Puebla 482).

Armut der Kirche

Das andere Schlüsselwort ist Armut. Wir können sagen, dass sich der Höhepunkt der Theologie und der evangelisatorischen Pastoral in der klaren, prophetischen, vorrangigen (nicht exklusiven) und solidarischen Option für die ausgegrenzten Armen, für die verelendeten Massen findet. In Wirklichkeit ist dies eine Option für »mehr Sein« statt »mehr Haben«.

Die Kultur Lateinamerikas wird heute mehr und mehr vom Konsumismus bestimmt, ein Ausdruck, der weiter reicht als Kapitalismus. Er ist die neue Lebensphilosophie, die die Menschen von Tag zu Tag mehr vereinnahmt. Der Konsumismus ist auf das Engste verbunden mit dem quantitativen Fortschritt (quantitative Entwicklung), dessen Gesetze der Gewinn, die Produktion, das »Mehr-Haben« sind. Motor ist eine sich stets weiter verfeinernde Technisierung, die sich von der Zunahme an Konsum und zunehmendem Verbrauch natürlicher Ressourcen (ökologisches Problem) aufrecht erhält im Zeichen des größten Konsums, des meisten Geldes, der maximalen Kaufkraft. Der Konsumismus ist eine materialistische Lebensphilosophie, die den Menschen im Laufe seines Lebens immer mehr materialisiert. Der Mensch lebt für die Dinge und nicht mehr für den Menschen. Die Gesellschaft hat ihre Funktionsfähigkeit verloren.

Angesichts dieser Herrschaft des Materiellen über den Menschen wird die vorrangige Option für die Armen im Lichte des Evangeliums eine Option zugunsten des Menschen; es ist eine Option zugunsten des menschlichen Seins; eine Option für die Rettung des Menschen, den sie aus dem Strudel des Konsumismus befreit, der ihn auf fatale Weise verschlingt und umbringt. Deshalb ist die vorrangige Option für die Armen eine Option zugunsten des ganzen Menschen und aller Menschen.

Die Geburtenkontrolle durch Sterilisation und Abtreibung, die Atomwaffendiskussion, die Kriege im eigenen Land, die lokalen Guerillagruppen haben kein anderes Ziel, als eine Ideologie am Leben zu erhalten, die die Menschheit in den Tod treibt. Was sich heute im Bereich der internationalen Politik abspielt, wiederholt sich auf nationaler, regionaler und lokaler Ebene: Es geht darum, sich möglichst viele Reichtümer zu verschaffen. Es findet eine Anhäufung von Gütern in den Händen weniger statt! Jeder ist um die eigene Sicherheit besorgt. Imperialistische Tendenzen führen zu einer zu einem konsumistischen Taumel, dem die Menschheit zum Opfer fällt. Eine neue Form des Kolonialismus ist entstanden, der das eigene Reich, die eigene Vorherrschaft, den eigenen Lebensgenuss garantieren soll, eine ungeheuer egoistische, anti-geschwisterliche, anti-evangelische Mentalität, die dem anderen keinerlei Respekt entgegenbringt. Das Zusammenleben der Menschen wird vom Gesetz des Dschungels regiert.

Vor diesem Hintergrund muss man immer wieder neu die prophetische, vorrangige und solidarische Option für die Armen stärken, ihre Forderung nach einem einfachen und genügsamen Leben als evangelisches Gegengift gegen den Virus, der das Innerste des Menschen zerstört.

Die Frage ist nicht: Kapitalismus oder Sozialismus, da sich beide innerhalb der konsumistischen Spirale befindet. Die Frage ist: Leben oder Tod für den Menschen und somit für das Universum.

Im Kontext dieser Überlegungen ist die Änderung des sozialen Ortes zu begreifen. Sich heute entschieden an die Seite des Armen zu stellen heißt in der Realität, sich entschieden auf die Seite des Mehr-Seins und nicht des Mehr-Habens zu stellen. Der soziale Ortswechsel bedeutet, nicht eine Gesellschaft zu unterstützen, deren Ideal das Mehr-Haben ist, sondern eine Gesellschaft zu unterstützen und zu verteidigen, deren Ideal das Mehr-Sein ist. Das ist eine neue Gesellschaft, die ihre Fundamente in der Liebe, der Gerechtigkeit, der Freiheit und der Wahrheit hat.

Die prophetische vorrangige und solidarische Option für die Armen meint jedoch nicht, sich für die einen und gegen die anderen zu entscheiden. Sie ist kein *Klassenkampf*. Es handelt sich vielmehr um die Wahl der einen zugunsten der anderen. Geschwisterlichkeit und gegenseitiger Respekt kennzeichnen diese Option. Medellín ist deshalb ein ziemlich großer Schritt nach dem Zweiten Vatikanum. Welche Welt muss die Kirche evangelisieren? Für welche Welt muss sich die Kirche im Namen des Evangeliums einsetzen?

Nicht für die Welt des quantitativen Fortschritts, die Welt des Mehr-Habens und Mehr-Könnens. Im quantitativen Fortschritt der entwickelten Welt kündigt sich das Reich Gottes nicht an. Im Gegenteil: Dieser Prozess ist oftmals das Ergebnis der Ausbeutung der Schwächeren und der Aufgabe vieler menschlicher Werte.

Darüber hinaus kann sich die Kirche nicht zufrieden geben mit der Welt, in der wir leben, indem sie lediglich einige Teile dieser Welt an den richtigen Platz rückt oder instand setzt. Nein, es ist nötig, die ganze Maschine auseinander zu nehmen und eine völlig neue zu montieren. Es geht um eine neue Weltordnung. Wenn wir von Ordnung sprechen, verstehen wir darunter eine völlig neue ökonomische, soziale und kulturelle Ordnung. Die neue Gesellschaft wird eine Gesellschaft des Mehr-Seins jedes menschlichen Geschöpfes sein müssen, nicht eine Gesellschaft des Mehr-Habens, obgleich sie das Haben nicht ganz ausschließt. Die Welt Medellíns ist die Welt der Armen auf allen Ebenen.

Schluss

Die große Herausforderung, vor der die Evangelisierung der Kirche in der Welt von heute steht, liegt in der aktiven Teilnahme am Aufbau einer völlig neuen Gesellschaft, nicht aus der Perspektive der Wohlhabenderen, sondern aus der Perspektive der Armen, Ausgeschlossenen und Überflüssigen. Was Medellín und später Puebla für das Leben der Kirche in Lateinamerika entschieden haben, das haben wichtige Begegnungen und Dokumente der Weltkirche für die ganze Welt entschieden.

Es mag genügen, sich an die 1971 zusammengetretene römische Bischofssynode zu erinnern, die in ihrem Dokument *Über die Gerechtigkeit in der Welt* einleitend festhält, dass der Einsatz für Gerechtigkeit und die Teilnahme an der Transformation der Welt die konstitutive Dimension für die Mission der Kirche im Blick auf die Erlösung und Befreiung des Menschengeschlechtes von allen unterdrückenden Situationen ist. Dieser Text gab wegen des Ausdrucks »konstitutive Dimension« Anlass zu heftigen Diskussionen. Einige, die damit nicht einverstanden waren, traten dafür ein, lediglich »ganzheitliche Dimension« zu lesen. Diese Diskussion wird 1979 im Dokument der Konferenz von Puebla wieder aufgegriffen.

Die Bischofssynode von 1974 beschäftigte sich mit dem Thema »Die Evangelisierung in der Welt von heute«; daran anknüpfend gibt Paul VI. in *Evangelii Nuntiandi* (8. Dezember 1975) eine ganzheitliche Orientierung über die Befreiung und die Förderung des Menschen – Entwicklung und Befreiung –, indem er sagt: »In der Tat bestehen enge Verbindungen anthropologischer Natur, denn der Mensch, dem die Frohbotschaft gilt, ist kein abstraktes Wesen, sondern sozialen und wirtschaftlichen Problemen unterworfen; Verbindungen theologischer Natur, da man ja den Schöpfungsplan nicht vom Erlösungsplan trennen kann, der hineinreicht bis in die ganz konkreten Situationen des Unrechts, das es zu bekämpfen, und der Gerechtigkeit, die es wiederherzustellen gilt. Verbindungen schließlich jener ausgesprochen biblischen Ordnung, nämlich der der Liebe: Wie könnte man in der Tat das neue Gebot verkünden, ohne in der Gerechtigkeit und im wahren Frieden das echte Wachstum des Menschen zu fördern?« (*Evangelii Nuntiandi* 31)

Papst Johannes Paul II. erklärt in seinen Enzykliken *Redemptor Hominis* (4. März 1979), *Dives in Misericordia* (30. November 1980) und *Laborem Exercens* (14. September 1981), dass »auf der Basis der zeitgenössischen Wirtschaft und materialistischen Zivilisation offenkundig ein fundamentaler Fehler, oder besser gesagt, ein Gesamt von Fehlern, oder gar ein defekter Mechanismus beruht, der es der Menschheitsfamilie nicht erlaubt, sich aus solchen überaus radikalen ungerechten Situationen zu befreien«; oder: »Die Situation des Menschen in der heutigen Zeit scheint in der Tat noch fern zu sein von den objektiven Forderungen der sittlichen Ordnung wie auch von den Forderungen der Gerechtigkeit und mehr noch von der sozialen Liebe [...]. Der Mensch darf nicht Sklave der Dinge, Sklave der Wirtschaftssysteme, Sklave der Produktion, Sklave der eigenen Produkte werden [...]. Der Umfang des Problems führt uns zur Prüfung der Strukturen und Mechanismen im Bereich der Finanzen und des Geldwertes, der Produktion und des Handels, die mit Hilfe von verschiedenen politischen Druckmitteln die Weltökonomie beherrschen: sie zeigen sich unfähig, die aus der Vergangenheit überkommenen Ungerechtigkeiten aufzufangen oder den Herausforderungen und ethischen Ansprüchen der Gegenwart standzuhalten [...]«; auch versichert der Papst, dass es notwendig ist, immer wieder Solidarität zu bekunden mit den arbeitenden Menschen, und dass die Kirche in dieser Sache sehr engagiert ist, sie als ihre Mission und ihren Dienst, einen Beweis ihrer Treue zu Christus betrachtet, um so wahrhaft die Kirche der Armen zu sein.

Also muss die Sorge um die Befreiung unserer Brüder und Schwestern auf der Grundlage der klaren und prophetischen, vorrangigen und solidarischen Option für die Armen unsere ganze menschliche und christliche Existenz bestimmen. Ohne diese werden wir niemals eine neue Ordnung, niemals neue, freie und verantwortliche Menschen haben, die Subjekte ihrer eigenen Geschichte sind.

Literatur

Nordosten: Herausforderungen für die Mission der brasilianischen Kirche (= CNBB 31, Nr. 99).

PAPST PAUL VI. 1975, Apostolisches Schreiben über die Evangelisierung in der Welt von heute *Evangelii Nutiandi*, hrsg. v. Sekretariat der Deutschen Bischofskonferenz, Bonn (in: Arbeitshilfen 66).

Die Kirche in der gegenwärtigen Umwandlung Lateinamerikas im Lichte des Konzils, Medellín 1968, in: Dokumente der II. und III. Generalversammlung des Lateinamerikanischen Episkopates in Medellín und Puebla 1979 (= Stimmen der Weltkirche Nr. 8), hrsg. v. Sekretariat der Deutschen Bischofskonferenz, Bonn, 14–133.

Die Evangelisierung Lateinamerikas in Gegenwart und Zukunft, Puebla 1979, in: Dokumente der II. und III. Generalversammlung des Lateinamerikanischen Episkopates in Medellín und Puebla 1979 (= Stimmen der Weltkirche Nr. 8), hrsg. v. Sekretariat der Deutschen Bischofskonferenz, Bonn, 135–355.

François Houtard

Die Konferenz in Medellín

Die Konferenz in Medellín (1968) war das Ergebnis eines langen Prozesses, der zugleich mit der inneren Erneuerung des lateinamerikanischen Katholizismus und dem Zweiten Vatikanischen Konzil in Zusammenhang stand. Sie war ganz klar eine Initiative, die Beschlüsse des Konzils umzusetzen, doch sie hätte nicht den Einfluss gehabt, den sie hatte, wenn der Boden nicht schon seit vielen Jahren geebnet gewesen wäre durch die Arbeit an der Basis auf verschiedenen Gebieten: Pastoral, Ideologie, Katholische Aktion, Soziallehre, Theologie, Ökumene etc. Die Eindrücke, die ich hier wiedergeben kann, sind natürlich auf die konkreten Erfahrungen begrenzt, die ich in diesen Jahren machen konnte.

Die Gründung des CELAM (Gesamtlateinamerikanischer Bischofsrat) im Jahr 1952 ließ eine neue Situation in der katholischen Kirche Lateinamerikas entstehen. Das Lateinamerikanische Episkopat begriff die Bedeutung dieses Vorschlags Papst Pius' XII. nicht und stimmte für Rom als Sitz des Rats, was der Heilige Stuhl zugunsten Bogotás, der an zweiter Stelle stehenden Stadt, ablehnte. In den 1950er Jahren hatten bestimmte Bewegungen einen sehr wichtigen Einfluss in Lateinamerika, so unter anderem die J.O.C. (Jeunesse Ouvrière Chrétienne, Christliche Arbeiterjugend, 1924 von Pater Joseph Cardijn in Belgien gegründet, inzwischen eine internationale Organisation; in Lateinamerika: Juventud Obrero Cristiana). Die Bewegung hatte auf dem Kontinent Bedeutung gewonnen, einerseits wegen ihres internationalen Engagements und andererseits aufgrund der Tatsache, dass junge lateinamerikanische Priester, die in Europa (vor allem in Belgien und Frankreich) studiert hatten, mit ihr in Kontakt getreten waren, und dass europäische Ordensleute, die der J.O.C. nahe standen, nach Lateinamerika geschickt worden waren. Darauf werde ich mich im Folgenden konzentrieren.

1953 fand in Havanna ein Kongress der Bewegung für Mittelamerika und die Karibik statt, an dem ich zusammen mit Mons. Joseph Cardijn teilnahm. Dieser Organisation gehörten mehrere Hundert junge Arbeiter und Bauern an und Arbeiterpriester oder der Bewegung nahe stehende Priester. Es wurde über die Arbeitssituation der jungen Leute diskutiert, aber auch über die Bedingungen einer konkreten Umsetzung des Evangeliums und somit über die Verantwortung der Kirche als Institution.

Die J.O.C. in Lateinamerika hatte vor allem mit den jungen Arbeitern in den Großstädten, aber auch mit verschiedenen Landarbeitern gearbeitet. Das Leben der Arbeiterjugend in Lateinamerika war hart. Von Mexiko bis Argentinien war die Ausbeutung die gleiche: sehr lange Arbeitszeiten, schlechte Arbeitsbedingungen, Hungerlöhne, Unterkunft in armen Vierteln oder gar Elendsbehausungen; kurz gesagt: Bedingungen, die an den Beginn der Industrialisierung erinnern. Die Arbeiterpriester gewannen durch den Kontakt mit der Arbeiterjugend automatisch »Bewusstsein«, und die Methode der Bewegung »sehen, urteilen, handeln« ließ sie die gesellschaftlichen Mechanismen besser verstehen und die Kraft des Evangeliums als Motivation für den Dienst an den Ärmsten entdecken. Dies veranlasste die Priester häufig dazu, Verantwortung auf anderen Gebieten zu übernehmen, ob bei der Erneuerung der Liturgie, der Bibelarbeit, der Pastoral, oder indem sie ihre Arbeit unter Anwendung der gleichen Methodologie auf andere soziale Gruppen, insbesondere Studenten, ausweiteten.

Der Einfluss der Bewegung war also deutlich außerhalb ihres unmittelbaren Wirkungsbereichs spürbar. So war z.B. nach der Revolution in Bolivien im Jahr 1952 der Arbeitsminister ein ehemaliger Präsident der J.O.C. und dehnte daher den Wirkungsbereich der Bewegung auf die politische Ebene aus. In Kuba war der Arbeiterpriester der J.O.C. ein Jesuit, der die Tatsache hervorhob, dass es durch die Bewegung mehr Berufungen für die Jesuiten gegeben hatte als durch das elitäre Jesuitenkolleg in Belém (Brasilien).

Diese Einbindung von Laien und Priestern in die gesellschaftliche Realität problematisierte nun auch das soziale Denken und die Soziallehre der Kirche. Es wurde möglich, dass die klassischen Dokumente zur sozialen Frage auch in den christlichen Milieus besser bekannt wurden. Tatsache ist, dass ein großer Teil dieser Milieus sich damit zufrieden gab, die Christdemokratie zu stärken, die trotz des guten Willens einer Großzahl ihrer Mitglieder ein Teil der Rechten gegenüber radikaleren Bewegungen werden sollte.

Nachdem ich im Lauf des Jahres 1954 in einem Zeitraum von etwa sechs Monaten mit der J.O.C. in allen lateinamerikanischen Ländern, von Mexiko bis Argentinien, Kontakt aufgenommen hatte,

hatte ich die Gelegenheit, mir der Funktion der Bewegung, ihrer Bedeutung als Basis für die Bewusstwerdung der katholischen Kreise, aber auch der Härte der sozialen Bedingungen und der allgemeinen Ausbeutung in der Arbeitswelt bewusst zu werden und ebenso des großen Elends auf dem informellen Arbeitssektor. Einige Ausflüge in ländliche Gebiete, besonders in Guatemala, ermöglichten es mir auch, das Drama der Kleinbauern zu begreifen, die mehr und mehr von den Großstädten wegen der Rückständigkeit auf dem Land und einer fehlenden Agrarpolitik absorbiert wurden. In bestimmten Fällen wurden Leiter der Bewegung, die ich kannte, gefangen genommen oder sogar ermordet. Dies war besonders in Guatemala der Fall.

Nach meiner Rückkehr aus Lateinamerika hatte ich die Gelegenheit, einen Artikel über die gesamte Situation in einer amerikanischen Zeitschrift namens *Commonweal* zu veröffentlichen. Sie wurde von einer Gruppe von für die Zeit sehr fortschrittlichen Laien herausgegeben und war recht weit verbreitet. Mons. Luigi Ligutti, ein amerikanischer Priester italienischer Herkunft und Beobachter des Heiligen Stuhls bei der FAO (Welternährungsorganisation), wurde auf diesen Artikel aufmerksam, von dem er mehrere tausend Kopien anfertigte, um die amerikanischen Katholiken über die gesellschaftlich-religiöse Situation in Lateinamerika zu informieren. Meine Untersuchungen zum amerikanischen Katholizismus, besonders in Chicago, hatten ihn ziemlich beeindruckt. Sie brachten ihn auf die Idee zu versuchen, eine ähnliche Untersuchung über den lateinamerikanischen Kontinent durchzuführen.[1]

Mons. Ligutti lud mich nach Rom ein, wo wir bei mehreren römischen Dikasterien Interesse für dieses Projekt zu wecken versuchten. Unsere Bemühungen stießen auf völlige Gleichgültigkeit, was dem amerikanischen, an größere Effektivität gewöhnten Prälaten stark missfiel. Er beschloss, selbst die Mittel aufzutreiben, die für die Untersuchung nötig waren, um das Projekt im Zeitraum von 1958 bis 1962 durchzuführen. Es bezog sich auf verschiedene Aspekte der gesellschaftlich-religiösen Situation: die Probleme der Landbevölkerung, die Urbanisierung, die Arbeiterbewegungen, die demographische Entwicklung etc. und die Auswirkungen all dieser Aspekte auf die religiöse Situation in Lateinamerika. So entstanden mehrere Bände über die Lage der Kirche in den verschiedenen Ländern, insbesondere in Bezug auf die pastorale Ausstattung, das Personal, die pädagogischen,

1 Vgl. Houtard 1957.

medizinischen und sozialen Einrichtungen, den Protestantismus, die Gewinnung von Priestern, die religiöse Mentalität etc. Ein Band über eine Maßnahme zur Volkserziehung in Kolumbien wurde von Camilo Torres redigiert. Das alles wurde in ca. 40 Bänden veröffentlicht, ein größerer Teil davon Monographien über die einzelnen Länder. Ein zusammenfassender Band beschloss das Projekt.

Diese Arbeit war nicht immer leicht, denn zu dem Zeitpunkt, als ein erstes Vorbereitungstreffen in Rio de Janeiro stattfinden sollte, erfuhr ich von Dom Helder Camara, damals Weihbischof von Rio de Janeiro und Sekretär der Bischofskonferenz, dass der Heilige Stuhl über die Nuntien allen Episkopaten einen Brief geschickt hatte, um sie vor einer solchen Studie zu warnen. Doch dann teilte er mir mit, dass er eine Lösung gefunden habe: Als Sekretär der CNBB (Brasilianische Bischofskonferenz) bat er mich, diese Arbeit für das brasilianische Episkopat zu erledigen. Das war eine Idee, die mich dazu brachte, das Gleiche in den anderen lateinamerikanischen Ländern zu wiederholen, zum Glück mit Erfolg.

Die Untersuchung war gerade abgeschlossen, als Johannes XXIII. ankündigte, ein Konzil, das Zweite Vatikanum, einberufen zu wollen. Sofort baten mich der Präsident des CELAM, Monsignore Rafaël Larrain, der Bischof von Concepción, und der Vizepräsident Dom Helder Camara, diese Untersuchung auf etwa hundert Seiten zusammenzufassen, die in drei Sprachen, Spanisch, Englisch und Französisch, veröffentlicht werden und an alle am Konzil teilnehmenden Bischöfe verteilt werden sollte.

Die lateinamerikanischen Bischöfe hatten die Absicht gehabt, den Sekretär des CELAM nach Rom kommen zu lassen, um die Kommunikation zwischen den Bischöfen des Kontinents zu vereinfachen. Dies hätte schon bei der Eröffnung des Konzils geschehen sollen. Die römische Kurie lehnte dies ab. Wenige Wochen später kündigte das afrikanische Episkopat die Einrichtung eines Sekretariats in Rom an, ohne um Genehmigung zu fragen, und sofort danach folgten die Verantwortlichen des CELAM dieser Initiative und holten ihren Sekretär nach Rom. Auf deren Wunsch war ich, dank der Intervention von Kardinal Suenens, zum Experten des Konzils ernannt worden, um die lateinamerikanischen Bischöfe und insbesondere Dom Helder Camara zu begleiten. Während des Konzils war ich nicht nur Sekretär der Unterkommission, die die Konstitution *Gaudium et spes* vorbereitete, sondern arbeitete auch recht intensiv mit Dom Helder zusammen, um Dokumente und Kommentare zu den Konzilstexten zu verbreiten und am Rande des Konzils Begegnungen über Fragen wie z.B. die Armut in der Welt zu organisieren oder an ihnen teilzunehmen.

Nach dem Ende des Konzils ging es darum, über die verschiedenen Aspekte seiner Umsetzung auf dem lateinamerikanischen Kontinent nachzudenken. Da sie dafür ein hervorragendes Instrument besaß (den CELAM), beschloss die Gruppe der diesem Rat angehörenden Bischöfe, die auf dem Zweiten Vatikanischen Konzil eine sehr wichtige, vorantreibende Funktion gehabt hatten, eine Konferenz über die Umsetzung der Dynamik des Konzils in Lateinamerika zu veranstalten, und zwar in Medellín, vier Jahre nach dem Ende des Zweiten Vatikanums. Inzwischen fanden zahlreiche Treffen zur Vorbereitung dieses Ereignisses statt. Sie behandelten so unterschiedliche Themen wie die Soziallehre, die Pastoral, die Liturgie, das Laienapostolat etc.

In den vier Jahren, die das Konzil von der Versammlung in Medellín trennten, wurde ich öfter gebeten, an diesen Treffen teilzunehmen. Dies geschah aus dem einfachen Grund, dass ich der Koordinator der sozio-religiösen Forschung auf dem Kontinent gewesen war, einer Forschung, die in bestimmten Fällen die empirische Grundlage für die Reflexion war, sowohl für eine kontextuelle Theologie als auch für die Zielsetzung der Pastoral und Sozialen Aktion. So sollte ich z.B. in Mar del Plata (Argentinien) an der Konferenz über die sozialen Auswirkungen des Zweiten Vatikanums teilnehmen. Einen Monat zuvor hatte der Militärputsch stattgefunden. Man überlegte lange, ob man eine solche Konferenz abhalten sollte oder nicht. Schließlich entschied man sich dafür. Es kamen etwa 200 Teilnehmer, Laien und Priester aus dem ganzen Kontinent, um zu versuchen, die Grundzüge der sozialen Probleme Lateinamerikas zu analysieren. Ich möchte nicht unerwähnt lassen, dass sie von zwei besonders triumphalistischen Reden der Militärs, die die Macht ergriffen hatten, eröffnet wurden, dem Staatsgouverneur und dem Bürgermeister der Stadt, die als gute Oberste vor allem über die Bedeutung der Verbindung von Armee und Kirche sprachen! Ich erinnere mich, dass ich bei der Rückkehr nach Buenos Aires den Kardinal der Stadt begleitete, in einem Flugzeug, das, wie sich herausstellte, ein Militärflugzeug war, und dass wir auf dem Flughafen im Stadtzentrum mit einer sehr kriegerisch klingenden, von einer Eliteeinheit gespielten Musik begrüßt wurden! Einige Bischöfe, insbesondere in Argentinien, schienen den Widerspruch zwischen Evangelium und Militärdiktatur kaum vorherzusehen. Die meisten anderen Teilnehmer der Konferenz vergingen vor Ungeduld, weil sie in ein Räderwerk geraten waren, dessen Tragik sich erst später herausstellen sollte.

Weitere Konferenzen fanden statt. In Quito nahm ich an einer Konferenz im Instituto de Pastoral teil, auf der über die Strukturen der Kirche, die nötige Dezentralisierung und die Basisgemeinden nachgedacht wurde. Ausgehend von den sozio-religiösen Studien wurden verschiedene Vorschläge zur Umsetzung im liturgischen oder katechetischen Bereich gemacht.

Später lud mich der CELAM, der die Versammlung von Medellín sorgfältig vorbereitet hatte, dazu ein, an dieser als Experte teilzunehmen. Zunächst ging ich nach Medellín, um an einem Kongress über Katechese in Lateinamerika teilzunehmen, der sich an der konkreten Realität orientierte. Dort erfuhr ich vom Präsidenten des CELAM, dem Bischof von Brasília, der zu diesem Zeitpunkt schon nach Bogotá gekommen war, dass der Heilige Stuhl sein Veto gegen meine Teilnahme an der Konferenz in Medellín eingelegt hatte. Vier Experten waren schon von der Liste gestrichen worden: Pater Velasquez aus Mexiko, Pater Gonzalo Arrollo S. J. aus Chile, Gust Van Istendael, der Generalsekretär der Confédération mondiale du Travail (Vereinigung Christlicher Gewerkschaften), und ich. Nach harten Verhandlungen wurde Gust Van Istendael wieder auf die Liste aufgenommen, die drei anderen jedoch nicht.

Der Präsident des CELAM erklärte mir, dass die Vorbereitung der Konferenz außerordentlich schwierig und manchmal heikel gewesen sei, weil der Heilige Stuhl eine fast vollständige Kontrolle verlangte. Er war es, der die vorgeschlagenen Redner akzeptierte oder ablehnte, der bestimmte, wie viele Minuten sie sprechen durften und schließlich die Wahl der Experten kontrollieren wollte. Der Erzbischof sagte mir, dass sie so viele Kämpfe führen mussten, dass sie schließlich den letzten verloren hatten, eben den, bei dem es um die Experten ging. Doch er ergänzte: »Wenn die Konferenz in Medellín nicht in die von uns gewünschte Richtung geht, werde ich eine neue Konferenz einberufen und Sie als Experten einladen!«

Doch die Konferenz verlief sehr positiv. Sie war insbesondere der Ort, an dem wichtige Überlegungen zum Engagement der Kirche für die Ärmsten stattfanden. Sie legitimierte die Entwicklung der kirchlichen Basisgemeinden ebenso wie die Befreiungstheologie. Man kann sogar sagen, dass sich die Kirche in Richtung einer so tief greifenden Erneuerung entwickelte, dass dies zugleich den Beginn einer Gegenbewegung dazu auslöste.

Die neue Kontrolle des CELAM seitens des Heiligen Stuhls und eine Politik der immer häufigeren Ernennung konservativer Bischöfe führten in den folgenden Jahren zu einer Offensive gegen die kirchlichen Basisgemeinden und die Befreiungstheologie. Der kirchlichen Zentrale in Rom gelang es so, in einem gewissen Umfang die in Medellín und indirekt auf dem Zweiten Vatikanischen Konzil eingeschlagenen Positionen zu verändern und die Institutionalisierung des lateinamerikanischen Katholizismus wieder in die Hand zu nehmen und ihr eine »restaurative« Richtung zu geben. Zwar ist die von Medellín ausgehende konziliare Erneuerung nicht aus Lateinamerika verschwunden; manchmal lebt sie im Verborgenen fort. Doch die sozioreligiöse Realität ist dialektisch und nicht linear, weil sie von unablässig interagierenden Akteuren bestimmt wird, was unsere Zuversicht nährt, dass der Geist von Medellín seinen Wirkraum zurückerobern wird.

Literatur

HOUTARD, F., *Aspect sociologique du Catholicisme américain,* Paris 1957.

José Oscar Beozzo

Medellín, das Ereignis und seine Rezeption in der Kirche Lateinamerikas

Einleitung

Medellín ist zu einer Art Ikone der neueren Kirchengeschichte geworden, zu einem Zeichen für die wachsende Bedeutung der katholischen Kirche Lateinamerikas, nicht nur zahlenmäßig,[1] sondern auch auf pastoralem und theologischem Gebiet.

Die Dokumente von Medellín waren Gegenstand zahlreicher nicht-wissenschaftlicher und wissenschaftlicher Publikationen. Geringer war das Interesse an der historischen Rekonstruktion des Ereignisses selbst sowie an seiner Rezeption.

Bei jedem kirchlichen Treffen, insbesondere bei so wichtigen wie Generalversammlungen oder Konzilien, die dazu da sind, das Leben der Kirche nachdrücklich zu bestimmen, müssen immer folgende drei Aspekte betrachtet werden: das Treffen an sich, die Dokumente, die daraus hervorgehen, und schließlich seine Rezeption.

Die Rezeption ist der wichtigste Maßstab, um den Grad der Relevanz zu bestimmen, denn sie lässt erkennen, welche Bereiche aus dem Konzil in den Alltag der Kirche übernommen werden konnten, welche dagegen nicht aufgenommen und welche bewusst aufgegeben wurden.

Yves Congar definiert Rezeption als »den Prozess, durch den ein Gebilde zu einer Wahrheit wird. Das ist eine Bestimmung, die nicht aus sich selbst heraus kommt und die erkennt, dass die verkündete Maßnahme eine für sein Leben sinnvolle Regel ist. Rezeption ist mehr als Gehorsam. Sie ist ein eigener Beitrag der Zustimmung, e-

[1] Die Anzahl der Katholiken in Lateinamerika stieg von 58,6 Millionen (Gesamtzahl der Katholiken: 266,5 Millionen) im Jahr 1900 auf 481,1 Millionen (Gesamtzahl: 1,057 Milliarden) im Jahr 2000, das heißt von 21,98% auf 45,50% aller Katholiken. Diese Daten sind dem *Lexikon für Theologie und Kirche*, Bd. 11 (2001), 242–244, entnommen, die Prozentangaben stammen vom Autor des Artikels.

ventuell des Urteilens. Darin drückt sich das Leben eines Gebildes aus, das sich seiner spirituellen Fähigkeiten bedient.«[2]

Medellín stellt ein einzigartiges und exemplarisches Ereignis im kirchlichen Leben nach dem Zweiten Vatikanum dar. Es verdient, sowohl als Rezeptionsprozess des Konzils als auch als innovatives Geschehen mit tief greifenden Konsequenzen für das Leben der Kirchen Lateinamerikas und der Karibik und als Quelle der Inspiration für andere Orte der Kirche betrachtet zu werden. Medellín hat wiederum einen eigenen Rezeptionsprozess erlebt.

Nachdem wir dem Prozess der Rezeption des Konzils, der in Medellín während der II. Gesamtlateinamerikanischen Bischofsversammlung stattgefunden hat, eine ausführliche Studie gewidmet und ihn als Prozess einer treuen, kreativen und selektiven Rezeption beschrieben haben, werden wir uns jetzt mit zwei weiteren Aspekten seiner Rezeption beschäftigen.[3]

Der erste hängt mit der besonderen und innovativen Rezeption von verschiedenen Themen und Perspektiven in Medellín zusammen, die während des Zweiten Vatikanums erörtert wurden. Wir wählen eines – das Thema Frieden und Gewalt – davon aus, wegen seiner direkten Auswirkungen auf den lateinamerikanischen Kontinent und aufgrund seiner weltweiten Bedeutung. Der zweite Aspekt hängt mit der Ernüchterung zusammen, die im Laufe der Zeit eingetreten ist: Welche Relevanz hat das Erbe von Medellín noch und wie ist seine Rezeption zu beschreiben?

Im Rahmen dieser Untersuchung beschreiten wir drei unterschiedliche Wege: Wir untersuchen, in welcher Weise spätere Versammlungen von Kirchenvertretern, insbesondere die Konferenzen in Puebla (1979) und Santo Domingo (1992), an das Erbe Medellíns anknüpften; wir bedienen uns der Auswertungen theologischer Zeitschriften oder pastoraler Begegnungen aus Anlass des zehn-, zwanzig- und dreißigjährigen Jubiläums von Medellín und lassen schließlich Priester und Theologen mit Bezug zur II. Gesamtlateinamerikanischen Bischofsversammlung zu Wort kommen, um ihre Meinung

[2] Congar 1972, 370; vgl. die neueren Artikel von Lanne 1994 und Antón 1996.

[3] Vgl. Beozzo 2002. In einer älteren, kürzeren Version ist dieser Text in Italien in französischer Sprache erschienen: *Medellín: Inspiration et racines*, in: J. Doré/A. Melloni (Hg.), Volti di Fine Concilio – Studi di Storia e Teologia sulla Conclusione del Vaticano II, Bologna 2000, 361–394, und in Brasilien in der Zeitschrift REB: *Medellín: inspiração e raízes*, in: REB 59, fasc. 232, Dez. 1998, 822–850.

zur lebendigen Rezeption Medellíns in ihrem Leben, ihren Diözesen oder ihren Ländern zu hören.

1. Die spezielle Rezeption von Medellín: Frieden versus institutionalisierte und revolutionäre Gewalt

Auf dem Zweiten Vatikanum wurde das Thema Frieden erörtert und im zweiten Teil von *Gaudium et spes* (GS 77–82)[4] weiterentwickelt. Darin flossen sehr unterschiedliche Forderungen zusammen (vgl. GS 77–82).

Im Hintergrund stand offensichtlich die traditionelle Lehre der Kirche vom »gerechten Krieg« mit ihrer dreifachen Funktion: den Krieg als Übel zu verurteilen, mögliche Schäden zu begrenzen und die Kriegsführung so human wie möglich zu gestalten.[5]

Diese Lehre wurde durch die Katastrophe der beiden Weltkriege (1914–1918 und 1939–1945) in ihren Grundfesten erschüttert. Konnte man angesichts der immensen Kosten dieser Kriege, des Verlustes zahlreicher Menschenleben und der enormen materiellen Schäden (Zerstörung ganzer Städte, der Infrastruktur in den Bereichen Transport, Energie und Rüstung) und angesichts der großen Umweltschäden, der Vernichtungslager und der Atombomben, die in Hiroshima und Nagasaki auf die schutzlose Zivilbevölkerung abgeworfen wurden, den Krieg noch als »gerechtes« Mittel zur Entscheidung von Konflikten zwischen Nationen und Völkern betrachten?

Pius XII. zeigte sich offen für die wachsenden Zweifel in der Öffentlichkeit und der Konservativen. Er wurde zum Sprachrohr der Progressiven innerhalb der ethischen Reflexion über diese Frage und wirkte in gewisser Weise ausgleichend für die Lehre seiner Zeit. »Pius XII. verurteilte alle Kriege, die nicht zum Zweck der Selbstverteidigung geführt wurden. Frühere Formulierungen hatten, gemäß der Tradition des ›gerechten Krieges‹, eine Vielzahl von Gründen für das Ergreifen von Waffen für legitim erklärt. Doch aufgrund seiner Erfahrungen bestand Pius XII. darauf, dass der einzige moralisch legitime Grund für den Krieg die Selbstverteidigung sei.«[6]

Das Gewicht dieser Frage nahm im Oktober 1962 auf dem schon in Rom tagenden Konzil durch die Kuba-Krise, die die Welt an

4 Die Konzilsdokumente sind zitiert nach: Rahner/Vorgrimler (Hg.) [26]1994.

5 Vgl. Cahill 2001. Zur Konzilsdebatte über Krieg und Frieden vgl. Hünermann 2001.

6 Himes 2001, 49.

den Rand einer nuklearen Katastrophe brachte, dramatisch zu. Papst Johannes XXIII. bezog im April 1963 in der Enzyklika *Pacem in terris* dazu Stellung:

»Mehr und mehr hat sich in unseren Tagen die Überzeugung unter den Menschen verbreitet, daß die Streitigkeiten, die unter Umständen zwischen den Völkern entstehen, nicht durch Waffengewalt, sondern durch Verträge und Verhandlungen beizulegen sind. Freilich gestehen Wir, daß diese Überzeugung meist von der schrecklichen Zerstörungsgewalt der modernen Waffen herrührt, von der Furcht vor dem Unheil grausamer Vernichtung, die diese Art von Waffen herbeiführen kann. Darum widerstrebt es in unserem Zeitalter, das sich rühmt, Atomzeitalter zu sein, der Vernunft, den Krieg noch als das geeignete Mittel zur Wiederherstellung verletzter Rechte zu betrachten.« (126–127)

Das Neue bei Johannes XXIII. ist seine Abkehr von der traditionellen Position und sogar von der Pius' XII., indem er sich auf eine radikalere Position zugunsten des Friedens hin bewegt: Selbst in Fällen von Rechtsbruch könne der Krieg angesichts der grenzenlosen Zerstörungsgewalt der neuen Waffen nicht als geeignetes Mittel zur Wiederherstellung des Rechts betrachtet werden.

Bei der Diskussion von *Gaudium et spes* während der vierten Konzilsperiode stießen drei unterschiedliche Positionen – zeitweise heftig – aufeinander: die der radikalsten Pazifisten, die auf der Linie Johannes' XXIII. waren; die Auffassung der Konzilsteilnehmer, welche die traditionelle Lehre vom »gerechten Krieg« für richtig hielten, unterstützt von denjenigen, die in einer Welt des Misstrauens und des Kalten Krieges den Besitz von Atomwaffen als wirkungsvolles Mittel zur Abschreckung betrachteten, durch die der Frieden erhalten werden könne; und schließlich die Position derjenigen, welche die Diskussion in eine andere Richtung lenkten: das Thema der Bedrohung des Friedens aufgrund der Kluft der Ungleichheit zwischen den sozialen Klassen und den verschiedenen Ländern und aufgrund des Elends, des Hungers und der Unterentwicklung von zwei Drittel der Menschheit.

In dem Dokument selbst überwiegt ein Kompromiss zwischen den beiden ersten Positionen, während die dritte eher im Hintergrund blieb und nur hier und da sichtbar werden konnte, wie bei der Verurteilung des Rüstungswettlaufs: »Darum muß noch einmal erklärt werden: Der Rüstungswettlauf ist eine der schrecklichsten Wunden der Menschheit, er schädigt unerträglich die Armen.« (GS 81)

Medellín widmete mit großer Klarheit seine beiden ersten Dokumente Themen, die auf dem Konzil keinen eigenen Raum gehabt hatten: das eine der Frage der Gerechtigkeit und das andere der Frage des Friedens. Medellíns mutige und klare Position innerhalb der konkreten Situation Lateinamerikas lässt sich in einer der pastoralen Stellungnahmen zusammenfassen: »Der Kampf gegen das Elend ist der eigentliche Krieg, dem sich unsere Nationen stellen müssen.« (Medellín 2,29)[7]

Gemäß diesem Standpunkt eröffnet Medellín seine Reflexion über den Frieden mit dem Motto aus *Populorum Progressio*: »Wenn ›Entwicklung der neue Name für Frieden ist‹, so ist die lateinamerikanische Unterentwicklung mit den ihr eigenen Charakteristiken in den verschiedenen Ländern eine ungerechte Situation, die den Frieden bedrohende Spannungen fördert.« (Ebd., 2,1)

Medellín teilt diese Spannungen in drei Gruppen ein: diejenigen, die aus dem Konflikt zwischen der Konfrontation der sozialen Klassen und dem internen Kolonialismus hervorgehen, diejenigen, die aus dem äußeren Neokolonialismus resultieren, und diejenigen, die zwischen den Ländern Lateinamerikas entstehen.

In der ersten Gruppe sind die unterschiedlichen Formen sozioökonomischer, politischer, kultureller, rassistischer und religiöser Ausgrenzung zusammengestellt: die krassen Unterschiede zwischen den sozialen Klassen, die zunehmende Frustration der gesellschaftlichen Gruppen, die von jeher in ihren Ländern übersehen worden sind; die unterschiedlichen Formen von Unterdrückung durch die herrschenden gesellschaftlichen Gruppen und Schichten, wobei mit einer »beklagenswerten Gleichgültigkeit der begünstigten Schichten gegenüber dem Elend der Marginalschichten« die Unterdrückung noch vergrößert wird, und die unrechtmäßig ausgeübte Macht bestimmter herrschender Schichten, die schnell zu Gewalt greifen, »um drastisch jeden Versuch der Reaktion zu unterdrücken.« (Ebd., 2,2–6).

Die Spannungen nahmen durch das gewachsene Bewusstsein der unterdrückten Schichten deutlich zu, woran Paul VI. in seiner Ansprache an die Bauern in Bogotá erinnerte: »Aber heute ist das Problem größer geworden, weil ihr euch eurer Bedürfnisse und eurer

[7] Die Kirche in der gegenwärtigen Umwandlung Lateinamerikas im Lichte des Konzils, Medellín 1968; nachfolgend angegeben mit: Medellín.

Leiden bewusst geworden seid und nicht tolerieren könnt, dass diese Situation andauert, ohne sie auf geeignete Weise zu bekämpfen.«[8]

Die zweite Gruppe von Spannungen hatte ihre Wurzeln auf internationaler Ebene, sowohl im ökonomischen als auch im politischen Bereich. Wirtschaftlich zeigte sich der Neokolonialismus in der zunehmenden Verzerrung des internationalen Handels, wie der Verschlechterung der Handelsbeziehungen zwischen den Rohstoff liefernden Ländern und den Industrienationen; der Flucht wirtschaftlichen und menschlichen Kapitals; der Steuer-, Gewinn- und Dividendenflucht; in der zunehmenden Verschuldung, der Macht internationaler Monopole und des internationalen Geldimperialismus, die geradewegs zu einer wirtschaftlichen Diktatur ohne Ausweg führen (vgl. Medellín 2,8–9). In politischer Hinsicht wurde der konstante Druck kritisiert, der durch den Imperialismus »jeder ideologischer Herkunft« auf die lateinamerikanischen Länder ausgeübt wurde und sogar Formen direkter Intervention annahm. In der Praxis erfolgten diese Interventionen im Laufe des letzten Jahrhunderts fast alle von Seiten der Vereinigten Staaten (vgl. ebd., 2,10).

Die dritte Gruppe umfasste die Spannungen zwischen verschiedenen Ländern des Kontinents, die auf einen übertriebenen Nationalismus oder den Rüstungswettlauf zurückzuführen sind. Unter Berufung auf *Populorum Progressio* wurde dieser Rüstungswettlauf unumwunden verurteilt: »Wenn so viele Völker Hunger leiden, wenn so viele Familien im Elend sind, wenn so viele Menschen in Unwissenheit dahinleben … wird jedes die Kräfte erschöpfende Rüstungsrennen ein unerträgliches Ärgernis.« (Ebd., 2,11–13)

Nachdem sich die ganze Reflexion auf den Krieg und den Frieden aus der Perspektive der Dritte-Welt-Länder konzentriert hatte, konnte sich die Versammlung von Medellín dem Phänomen der Gewalt in Lateinamerika nicht verschließen. In diesem Zusammenhang findet sich auch eine neue Formulierung für dieses heikle Problem, das von Medellín als gravierendes Dilemma behandelt wurde. Man führte in die Analyse der Gewalt und ihrer Ursachen das Konzept struktureller und institutionalisierter Gewalt ein, der primären Gewalt, die häufig den verzweifelten Widerstand der von der Gesellschaft unterdrückten Sektoren in Form von revolutionärer Gewalt hervorruft.

Medellín zählt die zunehmende Bewusstwerdung dieser verarmten und unterdrückten Sektoren zu den Zeichen der Zeit (vgl. ebd., 2,7).

[8] Paul VI. 1968.

Papst Paul VI. verurteilte in seiner Eröffnungsrede der II. Konferenz aufs heftigste die große unterdrückerische Ungleichheit zwischen den Menschen eines Landes und sie begünstigende Systeme ebenso wie den gewalttätigen Kampf, das Blutvergießen und die Anarchie. Er hatte die zunehmenden Auseinandersetzungen zwischen der Bevölkerung und den Militärdiktaturen und den Systemen der politischen Oligarchien des Kontinents vor Augen, ebenso wie das Phänomen der immer einflussreicheren Guerillas auf dem Land und in den Städten, die in Kolumbien einen hervorragenden Priester und Sozialwissenschaftler, Pater Camilo Torres Restrepo, in ihren Bann gezogen hatten, der am 15. Februar 1966 bei Kampfhandlungen starb. Sein Tod löste im Land und auf dem ganzen Kontinent heftige Reaktionen aus und seine Person wurde, ähnlich wie Che Guevara, zu einem Symbol des legitimen Aufstands der Armen.[9]

Camilo Torres war kein Einzelfall und stieß in verschiedenen Priester- und Laienbewegungen auf Sympathien, so bei SAL (Priester für Lateinamerika) und Golconda[10] in Kolumbien, den Priestern der Dritten Welt in Argentinien und später bei den Christen für den Sozialismus in Chile und anderen Ländern.[11]

Medellín stellt eine enge Verbindung her zwischen Frieden und dem Kampf für Gerechtigkeit und die Überwindung von Ungleichheit und Elend, denn all dies ist ein permanenter, tödlicher Krieg gegen die Armen. Hier wird der Versuch unternommen, die verschiedenen Formen von Gewalt zu unterscheiden, die in ihrem Ursprung identifiziert werden: »Wenn der Christ an die Fruchtbarkeit des Friedens glaubt, um zur Gerechtigkeit zu gelangen, glaubt er auch, daß die Gerechtigkeit eine unumgängliche Bedingung für den Frieden ist. Er übersieht nicht, daß sich Lateinamerika in vielen Gebieten in einer Situation der Ungerechtigkeit befindet, die man institutionalisierte Gewalt nennen kann. Nämlich dann, wenn durch Unzulänglichkeit der Strukturen der industriellen und landwirtschaftlichen Unternehmen, der nationalen und internationalen Wirtschaft, des kulturellen und politischen Lebens ›ganze Völker das Notwendigste entbehren und in einer Abhängigkeit leben, die sie an der Initiative und Verantwortung sowie am kulturellen Aufstieg hindert‹ (*Populorum Progressio* 30) und auf diese Weise fundamentale Rechte verletzt werden. Eine solche Situation erfordert vollständige, kühne, dringende und tief

9 Vgl. Pérez/Castañeda 1996.

10 Vgl. Darío 1995.

11 Vgl. Richard 1976; Eagleson (Hg.) 1975.

greifend erneuernde Umwandlungen. Es darf uns darum nicht wundern, daß in Lateinamerika ›die Versuchung zur Gewalt‹ aufbricht. Die Geduld eines Volkes, das jahrelang Bedingungen erträgt, die schwerlich von denjenigen akzeptiert würden, die ein besseres Bewußtsein der Menschenrechte haben, darf nicht mißbraucht werden« (Medellín 2,16).

Nachdem er das Schlussdokument von Medellín erhalten und gelesen hatte, sagte Paul VI. während der Audienz zu Mons. Eduardo Pironio, dem Generalsekretär des CELAM (Lateinamerikanischer Bischofsrat), dass er der Stellungnahme des Dokuments zur institutionalisierten Gewalt zustimme. Er schlug dennoch vor, ein Beispiel hinzuzufügen, um zu illustrieren, worum es ging. Tatsächlich wurde das offizielle Dokument durch einen Auszug aus der Enzyklika *Populorum Progressio* ergänzt, den wir oben zitiert haben und in dem Beispiele für strukturelle Gewalt gegeben wurden. Dadurch wurde dem Vorschlag Pauls IV. entsprochen.[12]

Die innovative theoretische Reflexion über Krieg und Frieden im Kontext Lateinamerikas beendete in keiner Weise das Dilemma und die Ratlosigkeit der Pastoralmitarbeiter angesichts der Gewalt auf dem Kontinent. Dies wird ganz deutlich in dem Passus, in dem die Bischöfe die Notwendigkeit des Kampfes für den Frieden hervorheben, auch unter zuweilen dramatischen Bedingungen: »Wenn wir also die Gesamtheit der Verhältnisse unserer Länder erwägen, wenn wir in Betracht ziehen, daß der Christ dem Frieden den Vorzug gibt, wenn wir die große Schwierigkeit des Bürgerkrieges bedenken, seine Logik der Gewalt, die greulichen Übel, die er mit sich bringt, das Risiko, eine ausländische Intervention – so widerrechtlich sie auch sei – zu provozieren, die Schwierigkeit, eine Regierung der Gerechtigkeit und Freiheit – hervorgegangen aus einem Prozeß der Gewalt – zu errichten, dann wünschen wir sehnlich, daß die Dynamik des bewußt gewordenen und organisierten Volkes sich in den Dienst der Gerechtigkeit und des Friedens stellt.« (Ebd., 2,19)

Indem Medellín bei der Beschäftigung mit dem Thema Frieden eine eigene Perspektive entwickelt, die sich vom Zweiten Vatikanum unterscheidet, lenkt es den Blick auf Themen, die für Lateinamerika,

[12] Der hinzugefügte Passus ist ein Zitat aus *Populorium Progressio* 30 und befindet sich in Absatz 16 des Dokuments 2 von Medellín, *Friede*, zweite Aussage des damaligen stellvertretenden Sekretärs der CELAM, P. Cecílio de Lora, einer der Initiatoren der II. Konferenz, in einer öffentlichen Vorlesung in der Nationalen Universität Bogotá, Kolumbien (04.09.1998).

Afrika und Asien von zentraler Bedeutung sind, aber während des Konzils wenig Beachtung gefunden haben. Es beleuchtet das Thema Gewalt unter einem neuen Aspekt, indem es die Aufmerksamkeit auf die strukturelle Gewalt des Hungers, der Krankheit, der fehlenden Arbeit und Erziehung lenkt, unter der die überwiegende Mehrheit der Bevölkerung in der Dritten Welt permanent leidet. Medellín verhinderte, dass nur der Aufstand der Armen als »Gewalt« betrachtet wurde, der so oft ein verzweifelter Schrei ist angesichts der Unsensibilität oder gar Repression von Regierungen, die geschaffen wurden, um Privilegien zu erhalten und auf politischer, wirtschaftlicher und sozialer Ebene antidemokratische Strukturen zu stabilisieren.

Medellín ergänzt und bereichert das Zweite Vatikanum durch eine Art treue, aber zugleich kreative, selektive und sehr eigene Rezeption.

Einige der Grundsätze von Medellín könnten in diesem Augenblick vertieft und aktualisiert werden, in dem die weltweiten Bemühungen um Entwicklung und der Kampf gegen die Ungleichheit abgenommen haben und die Unsensibilität von Regierungen reicher Länder und der großen internationalen Organisationen gegenüber Tragödien wie der AIDS-Epidemie in den armen Ländern oder den Genoziden in den afrikanischen Bürgerkriegen gewachsen ist.

Mit dem Zusammenbruch der Sowjetunion und dem Ende des Kalten Krieges träumte die Menschheit davon, dem so genannten »Gleichgewicht des nuklearen Schreckens« zu entfliehen und den Frieden auf neuen Grundlagen zu errichten, indem die immensen Geldsummen, die für den Rüstungswettlauf ausgegeben worden waren, in den Kampf gegen Armut und Hunger investiert würden.

Diese Hoffnungen wurden dann zerstört durch die Aufgabe diplomatischer Bemühungen und den Krieg, der durch die einzige hegemoniale Militärmacht, die Vereinigten Staaten, begonnen wurde, die unter dem Segen der UNO, mit einer großen Koalition von Ländern im Schlepptau, 1991 den ersten Golfkrieg führten. Mit seiner ablehnenden Haltung zu diesem Krieg war Johannes Paul II. fast isoliert in einer Weltöffentlichkeit, in der man den Krieg als Grundlage für die Schaffung einer sichereren, friedlicheren und vertrauenswürdigeren Welt verkaufte. Die Ereignisse des 11. September 2001 stützten die Kriegslogik, die sehr bald auf Afghanistan und später auf den Irak angewendet wurde. Die Bedrohung des Friedens erhielt neue Konturen und Rechtfertigungen: von Kriegen, die unter dem Deckmantel »humanitärer« Interventionen geführt wurden, oder von so genannten »Präventivkriegen«, die unter dem Vorwand geführt wurden, mit unilateralen Aktionen und sogar ohne die Zustimmung einer internationalen Instanz wie die Vereinten Nationen den Terrorismus zu bekämpfen. Dies ist ebenso beim zweiten Golfkrieg geschehen, der von den Vereinigten Staaten und Großbritannien geführt wurde. Die Weltöffentlichkeit reagierte mit Befremden. Nach einem Aufruf des III. Weltsozialforums in Porto Alegre wurden am 15. Februar 2003 in Tausenden Städten auf der ganzen Welt parallel Großdemonstrationen für den Frieden organisiert. Trotz dieser Demonstrationen und der Verurteilung des Krieges und der so genannten »Bush-Doktrin« durch die Mehrheit der Kirchen wurde der Irak angegriffen und besetzt.[13] Durch die Bush-Doktrin maßen sich die Vereinigten Staaten das Recht an, Präventivkriege zu führen und nukleare Waffen gegen Drittländer ohne Nuklearwaffen einzusetzen, wenn sie – unilateral – meinen, ihre eigene Sicherheit stünde auf dem Spiel.[14] Diese Position steht in klarem Widerspruch zu ihrer früheren Doktrin, nach der Massenvernichtungswaffen, chemische, biologische und nukleare Waffen kontrolliert und vernichtet werden mussten, um die Sicherheit und den Frieden in der Welt zu fördern.

Regierungen und Öffentlichkeit in Ländern wie Brasilien und Südafrika blieben den Positionen Medellíns treu, indem sie den Golfkrieg verurteilten und erklärten, dass ihr Krieg ein Krieg gegen den

[13] Zur Verurteilung des Irakkrieges durch die Kirchen vgl. für den Heiligen Stuhl: Johannes Paul II., *Discorso al Corpo Diplomatico: Tre imperativi per cambiare, Rom, 13. Januar 2003*, in: Il Regno 3, 1. Februar 2003, 65–68. Vgl. auch: Brunelli, Gianfranco, *Guerra in Iraq: Il no del Papa*, in: Il Regno 4, 15. Februar 2003, 73–76; C. Migliore/J.-L. Tauran, 2003, *Di fronte alla crisi irachena*, in: Il Regno 5, 1. März 2003, 129–132; für die katholische Kirche in Brasilien: *Nota da Presidência e CEP da CNBB – 37ª Reunião, Brasília* (Erklärung des Vorstandes und der Bischöflichen Pastoralkommission der Brasilianischen Bischofskonferenz – 37. Versammlung in Brasília), 19. Februar 2003; für die anglikanische Kirche, zusammen mit der katholischen Kirche Englands: *Canterbury e Westminster: i dubbi sulla guerra*, in: Il Regno 5, 1. März 2003, 131 (engl.: *Statement from the Archbishop of Canterbury and the Cardinal Archbishop of Westminster*, http://jmm.aaa.net.au/articles/10690.html; für die evangelischen Kirchen Lateinamerikas und der Karibik, Mitglieder des CLAI (Rat der Kirchen Lateinamerikas): *Declaración del CLAI sobre la guerra en Irak*, Quito, 25. März 2003. Der Weltkirchenrat, in Absprache mit der Konferenz Europäischer Kirchen, dem Nationalrat der Kirchen Christi in den USA und dem Rat der Kirchen des Mittleren Ostens, die von der Evangelischen Kirche Deutschlands (EKD) eingeladen worden waren, sprach sich entschieden für den Frieden und die Verurteilung des geplanten Einmarschs in Irak aus; vgl. www.luteranosbrasil.com

[14] Zu den Veränderungen in der Militär- und Sicherheitspolitik der Vereinigten Staaten seit dem 11. September 2001 vgl. *Military Affairs*, in: Encyclopaedia Britannica, Book of the Year, 2003, 277–278.

Hunger, das Elend und die Ungleichheit sei und dass alle anderen Konflikte durch Gespräche, Verhandlungen und im Kontext multilateraler Verhandlungen unter dem Schutz der UNO gelöst werden müssten.

2. Untersuchungen der Rezeption von Medellín im Verlauf der letzten drei Jahrzehnte

Zu verschiedenen Zeiten ist versucht worden, die Rezeption Medellíns in den Kirchen des Kontinents auszuwerten.

Wir greifen einige dieser Versuche heraus, die sich durch ihren ausgeprägten institutionellen Charakter, die ihnen zugrunde liegende Untersuchungsmethode oder die Intensität in der theoretischen Reflexion auszeichnen.

Auf der XV. Generalversammlung des CELAM, die vom 29. Oktober bis 3. November 1974 in Rom stattfand, wurde empfohlen, »die Untersuchung, die Vertiefung, die Aktualisierung und die Verbreitung der Schlussdokumente von Medellín fortzuführen, eines Wortes, das ein ›Zeichen des Verpflichtung‹ sein wollte und auf ›ein neues historisches Zeitalter‹ hinwies, ›das eine Klarheit, um zu sehen, eine Hellsichtigkeit, um zu erkennen, und eine Solidarität, um zu handeln, erfordert‹.«[15]

CELAM-Studienwoche 1976

Diese Empfehlung wurde auf einer Studienwoche (Bogotá, 23.-28. Februar 1976) umgesetzt, die im Rahmen der VII. Koordinationsversammlung stattfand, der ersten Generalversammlung, bei der die Vorsitzenden des CELAM, die Vorsitzenden der Bezirke, die Verantwortlichen der Bereiche, alle Bischöfe, die Mitglieder der Bischofskommissionen und die Generalsekretäre sowie geladene Fachleute zusammenkamen. Das Treffen hatte folgenden Ausgangspunkt: »Weil der Rat nun 20 Jahre im Dienste der lateinamerikanischen Kirche tätig ist, hat sich die Versammlung zum Ziel gesetzt, die Konferenz von Medellín zu untersuchen, über ihren Inhalt nachzudenken, nach Kriterien und Möglichkeiten der Aktualisierung von Punkten, die dies erfordern, zu suchen, eine Synthese der grundlegenden Aspekte jedes Dokuments zu erstellen und ihre Lehren zu verbreiten.«[16]

15 CELAM 1975.
16 Urrea H. 1982.

Die fast acht Jahre nach Medellín erstellte Bilanz enthielt zwei verschiedene Arten von Beiträgen: interne, die aus den verschiedenen Abteilungen und Sitzungen des CELAM stammten, und externe von geladenen Fachleuten und Theologen, von denen einige mit der II. Gesamtkonferenz zusammengearbeitet hatten. Die Beauftragten des CELAM befassten sich mit jedem einzelnen der sechzehn Dokumente von Medellín, beschäftigten sich mit der Geschichte seiner Rezeption, aber auch mit den neuen Situationen und Herausforderungen für die lateinamerikanische Kirche. In Wirklichkeit war diese Organisation seit 1972, nach der Wahl Alfonso Lopez Trujillos zum Generalsekretär des CELAM, nicht mehr der Motor für die Umsetzung der Beschlüsse von Medellín gewesen, sondern zu einer Bremse für die dort getroffenen Entscheidungen geworden. Die Spannungen entstanden besonders in Bezug auf die Mönche und Nonnen, die die Grundgedanken von Medellín begeistert aufgenommen hatten und einen eigenen Verband von Theologen und Theologinnen und eine eigene Organisation besaßen. Diese Lateinamerikanische Konföderation der Ordensleute (CLAR) verfügte über eine relativ große Autonomie gegenüber dem CELAM. Jahre später wird die CLAR unter die Aufsicht des Heiligen Stuhls gestellt, auf Druck des CELAM, dem ihr Einfluss, ihre Ausbreitung und ihre im Widerspruch zu der neuen, konservativeren Linie sowohl des CELAM als auch des Heiligen Stuhls stehende Denkweise missfielen. Berater wie Gustavo Gutiérrez, einer der wichtigsten Experten von Medellín, besonders für das Dokument zum Thema Frieden, waren schon aus dem Beraterteam des CELAM ausgeschlossen worden. Er wurde gar nicht erst zu der Studienwoche eingeladen, auf der eine substanzielle Studie zur Rezeption Medellíns erstellt und in einem über 500 Seiten starken Band veröffentlicht wurde.[17]

Die Studienwoche war umso aufschlussreicher, als die neue Leitung des CELAM keinen Hehl aus ihrer Absicht machte, die progressive Seite Medellíns zu »zähmen«, die zur Gründung von Basisgemeinden, zur Sozialpastoral, zu einer radikaleren Inkulturation und zur Befreiungstheologie geführt hatte und sich einer freieren Interpretation dieses kirchlichen Ereignisses widersetzte.

Zehn Jahre nach Medellín widmete die Kommission zur Erforschung der Kirchengeschichte Lateinamerikas (CEHILA) ihr jährliches Symposium, das in Melgar (Kolumbien) stattfand, der Rezeption

[17] Vgl. CELAM 1977.

Medellíns in Lateinamerika,[18] zur gleichen Zeit, als Enrique Dussel ein umfangreiches Werk über das erste Jahrzehnt nach Medellín im Leben der lateinamerikanischen Gesellschaft und Kirche verfasste.[19]

Die Rezeption von Medellín in Puebla

Die Vorbereitung der III. Lateinamerikanischen Bischofskonferenz, die 1978, zehn Jahre nach Medellín, in Puebla (Mexiko) stattfinden sollte, löste einen intensiven Prozess der Diskussion, der Akzeptanz, der Ablehnung und einer wirklichen Rezeption von Medellín aus. Es kam zu einem wahren Kirchenkampf, der geführt wurde, um das Erbe Medellíns und seiner wichtigsten Anschauungen zu bewahren. Der Tod Papst Pauls VI. im Jahr 1978 und Papst Johannes Pauls I. im selben Jahr hatten eine zweimalige Verschiebung der III. Konferenz zur Folge, die schließlich von dem inzwischen gewählten Papst Johannes Paul II. für Anfang 1979 (27. Januar bis 13. Februar) einberufen wurde.

In einer scharfsichtigen Synthese fasst Leonardo Boff in zehn Punkten zusammen, welche positiven Auswirkungen von Puebla er in einer schwierigen kirchlichen Auseinandersetzung sah, in der sich schon der Kurs des neuen Pontifikats abzeichnete und die darauf hinwies, was João Batista Libânio als »Rückkehr zur großen Disziplin« und zum Versuch, die lateinamerikanischen Kirche wieder »auf Linie zu bringen«, bezeichnete.[20]

Im Folgenden geben wir die zehn Punkte von Leonardo Boff, die mit einer Erklärung zum Dokument von Puebla beginnen, wieder:

»Der Text ist allein aus sich selbst nicht verständlich. Um ihn zu verstehen, muß man ihn lesen im Kontext des Weges, den die Kirche geht, und des umfassenden Prozesses, den sie erlebt. Puebla ist eine Momentaufnahme innerhalb eines langen Prozesses, der schon mit dem Zweiten Vatikanischen Konzil und mit Medellín beginnt. Deshalb liegt der Ausgangspunkt der Analyse des Dokuments nicht eigentlich in den verschiedenen Theologien, sondern in der pastoralen Praxis, um die sich die Kirche seit zehn Jahren bemüht und die inzwischen bestimmend ist. Vom Handeln einer engagierten Kirche aus, die sich mehr und mehr bemüht, von der Peripherie her zu handeln und zu denken, gewinnt der Text an Gewicht. Wer den Bezug zu die-

[18] Vgl. CEHILA 1979.
[19] Vgl. Dussel 1979.
[20] Vgl. Libânio 1984.

ser kirchlichen Praxis übersieht, dem mag das Papier theologisch mittelmäßig und pastoral wenig bedeutsam erscheinen. Aber, wie gesagt, was den Weg der Kirche seit Medellín kennzeichnet, ist der Wechsel ihres gesellschaftlichen Ortes. Hieraus ergibt sich, daß die Kirche ihren Auftrag neu definiert und sich in die Gesellschaft der Unter-Menschen begibt. Die wesentlichen Entscheidungen, die das Bild der Kirche prägten, waren und sind auch weiterhin etwa folgende: Die Kirche taucht in das Volk ein, begibt sich unter die Armen und setzt sich für die Befreiungsbewegung, für eine Stärkung der Teilkirche und für die Schaffung und Ausbreitung der kirchlichen Basisgemeinden ein.

Dabei bedeutet dieser geschichtliche Standortwechsel für die Kirche – was Puebla an verschiedenen Stellen auch ausdrücklich anerkennt (Nr. 79, 88 etc.)[21] – Missverständnisse, Verfolgungen und, in mehr als einem Fall, sogar die höchste Prüfung des Martyriums. Wer diesen Weg der Kirche nicht würdigt, wird Puebla und die Bestätigung – die Firmung –, die es für die in Medellín empfangene Taufe bedeutet, nicht verstehen können.

Auf der Grundlage dieser Hermeneutik meinen wir zehn Schwerpunktthemen ausmachen zu können, die das ganze Gewebe des Dokuments trotz der spürbaren Brüche durchziehen. Die Themen bekräftigen, bestätigen und vertiefen die Kirche auf ihrem schon in Medellín eingeschlagenen Weg.

Bestätigung der Methode: Aus der sozialen Wirklichkeit gelebter und reflektierter Glaube.

Drei prophetische Anklagen

Die Situation der äußersten Armut und institutionalisierten Ungerechtigkeit (Nr. 46, 536, 562, 1259 etc.) ›steht in enger Verbindung mit dem Ausdehnungsprozeß des liberalen Kapitalismus‹ (Nr. 437) [...] Um sein Projekt verwirklichen zu können, braucht das System Gewaltregime, die die Bischöfe in Puebla scharf verurteilen, weil sie wachsende Unterdrückung (Nr. 508; vgl. Nr. 46, 793) und ständige Verletzungen der Menschenwürde (Nr. 41, 1259) erzeugen.

Die zweite Verurteilung, die mit dem Kapitalismus zu tun hat (Nr. 547), trifft die Doktrin der Nationalen Sicherheit, weil sie ›die umfassende Mitbeteiligung des Volkes an den politischen Entschei-

[21] *Die Evangelisierung Lateinamerikas in Gegenwart und Zukunft*, Puebla 1979; nachfolgend angegeben mit: Puebla (hier der Schreibweise des zitierten Autors folgend).

dungen unterdrückt‹ (Nr. 547) und sich ›als ein Absolutum darstellt, das die Einzelpersonen ausschaltet und in dessen Namen die Unsicherheit des einzelnen institutionalisiert wird‹ (Nr. 314) […].

Die dritte Verurteilung wird gegen den Marxismus (Nr. 543–546) ausgesprochen. Der Rahmen, in dem das geschieht, ist die Tradition der Sozialenzykliken. Gleichwohl wird anerkannt, daß ›er aus einer positiven Kritik am Fetisch des Marktes und an der Mißachtung des Wertes der menschlichen Arbeit entstanden ist‹ (Nr. 543).

Die gesellschaftliche und politische Dimension des Glaubens

Wenn die Diagnose der gesellschaftlichen Wirklichkeit zu der Anklage führt, daß wir in einer ›ständigen Verletzung der menschlichen Würde‹ (Nr. 41), in einem ›schweren strukturellen Konflikt‹ (Nr. 1209) und in einer ›Situation der sozialen Sünde‹ (Nr. 28) leben, dann kann auch die Therapie nicht anders als sozial sein. Die Bischöfe sagen ganz unzweideutig, daß ›unser gesellschaftliches Verhalten integrierender Bestandteil unserer Nachfolge Christi‹ ist (Nr. 476). Noch nie in der Geschichte des christlichen Bewußtseins wurde die politische und gesellschaftliche Dimension des Glaubens so stark hervorgehoben. Ausdrücklich heißt es: ›Die Kirche muß alle die kritisieren, die den Bestätigungsraum des Glaubens auf das persönliche und familiäre Leben einengen, jedoch Beruf, Wirtschaft, Gesellschaft und Politik davon ausnehmen wollen, als ob es in diesen Bereichen nicht um Sünde, Liebe, Gebet und Vergebung ginge‹ (Nr. 515; vgl. 824). Der Politik wird vielleicht das größte Lob, das ihr je gespendet wurde, an der Stelle zuteil, an der die Bischöfe sagen, ›sie ergebe sich aus dem innersten Kern des christlichen Glaubens‹ (Nr. 516) und stelle ›eine Form der Verehrung des einzigen Gottes‹ dar (Nr. 521; vgl. 291). […].

Vorrangige Option für die Armen und gegen die Armut

Die gesellschaftliche und politische Dimension des Glaubens vergeschichtlicht sich in einer feierlichen Option für die Armen, die die Bischöfe in Puebla mit großem Mut trafen. Allein schon durch diesen Schritt bekräftigte Puebla die gesellschaftliche und politische Dimension des Glaubens und schrieb sich endgültig ein in die Geschichte des Erdteils. […] Die Kirche hat sich in Puebla vorrangig für die Armen und gegen die Armut entschieden. ›Die Armen‹ sind hier die, die Ungerechtigkeiten erleiden, insofern ihre Armut das Produkt von Mechanismen der Verarmung und Ausbeutung ist (Nr. 30, 1160). Armut ist also ein Übel und eine Ungerechtigkeit. Für die Armen zu optieren impliziert, sich für die Gerechtigkeit zu entscheiden, sich an ihrer Seite für die Veränderung der Gesellschaft zu engagieren und gegen ungerechte Armut und für eine gerechte und brüderliche Gesellschaft zu kämpfen. […].

Aber die Armen haben nicht nur Bedürfnisse, die es zu befriedigen gilt, sondern sie besitzen auch Würde, Kräfte zur Veränderung der Geschichte und ein evangelisatorisches Potential (Nr. 1147). Deshalb macht die Kirche sich die Kämpfe, Ängste und Hoffnungen der Armen zu eigen, um gemeinsam mit ihnen eine gerechtere und freiere Form des Zusammenlebens herbeizuführen (Nr. 1154, 1156, vgl. 40).

Verteidigung und Förderung der Würde der menschlichen Person

Die ständigen Verletzungen der Menschenrechte, besonders der Armen, sind eine Wunde, aus der unser lateinamerikanischer Kontinent unentwegt blutet. Deshalb kann die Verteidigung der Würde der menschlichen Person ›ein unverwechselbares Gebot sein, das Gott in dieser Stunde an unseren Erdteil richtet‹ (Nr. 320); sie ist ›eine schwerwiegende Verpflichtung‹ (Nr. 316) und gehört als ›integrierender Bestandteil‹ (Nr. 1254, 1283) und ›evangelischer Wert‹ (Nr. 1254) zum Evangelisierungsauftrag. […]

Option für die ganzheitliche Befreiung

Ein Schwerpunkt, der sich wie ein roter Faden durch den ganzen Puebla-Text hindurchzieht, ist das Thema Befreiung. Der Begriff bildet ein Grundelement der gesamten Losung des Dokuments: Schaffung von Gemeinschaft und aktiver Mitwirkung durch einen Prozeß ganzheitlicher Befreiung. Zu den Dingen, ›die unsere Kirchen allen als etwas Ursprüngliches und Wichtiges anzubieten haben‹, zählt ›ihr Sinn für Erlösung und Befreiung‹ (Nr. 386). Die drängende Notwendigkeit der Befreiung ist als Antwort auf all die schrecklichen Herausforderungen zu verstehen, die die gesellschaftlichen Widersprüche und die konkreten Fälle von Unterdrückung stellen. Die Bischöfe greifen in Puebla auf eine Formulierung aus *Evangelii Nuntiandi* zurück: ›Die Kirche hat die Pflicht, die Befreiung von Millionen menschlicher Wesen zu verkünden, von denen viele ihr selbst angehören‹ (*Evangelii Nuntiandi* 30, Puebla 26). Eine solche Befreiung gehört ›zum eigentlichen Kern der Evangelisierung‹ (Puebla 480) und ist ein integrierender, unaufgebbarer und wesentlicher Bestandteil des Auftrags der Kirche (Nr. 355, 476, 480, 562, 1254, 1283), die allen Menschen ›eine gerade für unsere Tage eindringliche Botschaft für die Befreiung zu vermitteln hat, freilich immer im Rahmen des umfassenden Heilsplans‹ (Nr. 479). Auch muß die Befreiung umfassend sein und auf zwei sich ergänzenden und voneinander nicht trennbaren Polen – »Befreiung von jeglicher Art von Knechtschaft [...] und Befreiung für ein fortschreitendes Wachsen im Sein‹ (Nr. 482) – beruhen und alle Relationen der Wirklichkeit umgreifen (vgl. 483). [...]

Option für die kirchlichen Basisgemeinden

Eines der greifbarsten Phänomene, in denen sich in den letzten Jahren über den ganzen lateinamerikanischen Erdteil hin der Geist Gottes bekundet, ist die Tatsache, daß an der Basis unter den Armen und Unterdrückten die Kirche neu entsteht. Diese Gruppen haben es vermocht, ein Glaubensleben in Gemeinschaft zu entwickeln und Schritte einer Befreiung zu versuchen, die aus dem Glauben entsteht und vom Glauben genährt wird. Die Bischöfe bestätigen, daß das Experiment gültig ist (Nr. 156), und erklären, daß die ›Basisgemeinden ein Motiv für Freunde und Hoffnung‹ (Nr. 96, 262, 1309) und ›Brennpunkt der Evangelisierung und Motoren der Befreiung‹ (Nr. 96) sind. Sie sind ein Teil des Reichtums, den unsere Kirche allen anzubieten hat (Nr. 368). [...]

Schließlich legen die Bischöfe sozusagen einen Eid ab, ›entschlossen die kirchlichen Basisgemeinden zu fördern, zu orientieren und zu begleiten‹ (Nr. 648). Denn sie sind die ersten Zeichen der Hoffnung und der Freude (Nr. 1309), und durch sie wird die Zukunft auf dem lateinamerikanischen Erdteil real.

Ein entschiedenes, aber Reinigung forderndes Ja zur Volksreligiosität

Wer für die Armen optiert, muß sich auch für die Religion des unterprivilegierten Volkes und seine Kultur entscheiden. Die Kultur des Volkes ist ganz in eine religiöse Weltsicht eingebettet. Der Text erkennt an, daß der Volkskatholizismus als eine Form, in der die Armen und Kleinen (Nr. 447) die Botschaft des Evangeliums leben, seine Berechtigung hat. [...]

Es gibt auch negative Aspekte, wie Aberglauben, Fatalismus und Ritualismus (Nr. 456), die eine Herausforderung an die Evangelisierung sind. Aber nichts hindert, daß die Kirche die Volksreligiosität (Nr. 506, 465) und andere religiöse Ausdrucksformen auch in der Liturgie verwendet. Denn wenn die Kirche diese Elemente nicht aufnähme, wäre sie nicht mehr universal (Nr. 462). Daraus ergibt sich die

Notwendigkeit, die Menschen zu wachsender Personwerdung und zu ›einer befreienden Solidarität‹ (Nr. 466) zu führen.

Vorrangige Option für die Jugend
Fast die Hälfte der Bevölkerung der Länder Lateinamerikas besteht aus jungen Menschen von weniger als 18 Jahren. Dies stellt ein enormes Kapital an Hoffnung und Kraft zur Erneuerung von Kirche und Gesellschaft (Nr. 1170, 1178) dar. Doch der größte Teil dieser Menschen ist dazu verurteilt, ihre Jugend nicht leben zu können. Wie Erwachsene sind sie in den Produktionsprozeß eingespannt (Nr. 1176) und bilden die verarmten Massen. Viele von ihnen werden daran gehindert, ihre Fähigkeiten zu entfalten, zur Erneuerung des gesellschaftlichen Ganzen beizutragen, weil die Regierungssysteme sie unterdrücken (Nr. 1179). Da der junge Mensch Träger der Zukunft ist, optiert die Kirche auch in besonderer Weise für ihn: ›Die Kirche setzt ihr Vertrauen auf die Jugend‹ (Nr. 1186).

Förderung und Befreiung der Frau
Obwohl das Thema nicht im Mittelpunkt der Diskussionen in Puebla stand, ist die bewußte Art, mit der es behandelt wurde, doch beachtlich und kann für die Zukunft ungeahnte Perspektiven eröffnen. Der Blickpunkt der Bischöfe in Puebla ist der der Armen. Frauen erscheinen als die Gruppe von unterdrückten Menschen, die am meisten unterdrückt sind, da sie zum einen Frau und zum anderen arm sind (Nr. 834). Die Kirche hat selbst dazu beigetragen, daß die Frau an den Rand des Geschehens gedrängt wurde, weil sie ihr in der Pastoral keinen Raum zur Mitwirkung und Mitbestimmung eröffnete (Nr. 839). Jedoch: Die Kirche unterstützt das Bestreben der Frau nach Befreiung und ganzheitlicher menschlicher Förderung (Nr. 847) und sagt ihr, daß sie – als Frau – an der Veränderung der Gesellschaft mitwirken muß (Nr. 848). Ausdrücklich heißt es, daß sie in Organen für pastorale Planung und Koordinierung, in der Katechese usf. mitwirken soll (Nr. 845). Ferner soll die Möglichkeit neuer Ämter eröffnet werden.«[22]

Zum Schluss zieht Boff eine positive Bilanz von Puebla: »Die Richtung, die die Kirche seit Medellín eingeschlagen hat, wird bestätigt. Die großen Entscheidungen der letzten Jahre werden eindeutig bekräftigt. Wenn es in der Vorbereitungsphase da und dort Sorgen gab,

[22] Boff ²1984, 80–95.

um die Grundlinie der Kirche, die ihr Augenmerk auf Befreiung, soziale Gerechtigkeit, Menschenrechte, Option für die Verarmten und auf eine neue Form des Zusammenschlusses, das heißt auf die Basisgemeinden, richtet, dann sind jetzt alle Gespenster vertrieben. Die Richtung der Kirche wurde allgemein akzeptiert. Der Fortschritt besteht nicht so sehr in einer Entwicklung nach vorn als vielmehr in einem Wachsen in die Breite und in die Tiefe. Diese Basis, die die Bewegung trägt, ist jetzt breiter und offiziell anerkannt. Wenn Medellín sozusagen die Taufe der lateinamerikanischen Kirche bedeutet, dann kann man in Puebla ihre Bekräftigung, ihre Firmung sehen.«[23]

Die positiven Ergebnisse, auf die Leonardo Boff hinweist, waren im Wesentlichen die Bewahrung der zentralen Anschauungen von Medellín. Diese widersetzten sich einer konservativen Interpretation des Zweiten Vatikanums und hoben seine Kontinuität mit der Vergangenheit hervor (eine Interpretation, die tatsächlich von einer Minderheit der Konzilsteilnehmer vertreten wurde) und nicht das Neue, das die »Konzilsmehrheit« in Bewegung gesetzt hatte.

Die auf dem Konzil unterlegene Minderheit setzte sich schließlich in der römischen Zentrale durch und verbreitete von Rom aus die Interpretation, die sie als die einzig legitime ausgab, nämlich diejenige, die zwanzig Jahre nach dem Zweiten Vatikanum, am Vorabend der 1985 einberufenen außerordentlichen Synode, ihren endgültigen Ausdruck in dem Buch fand, in dem der Journalist Vittorio Messori seine Interviews mit Kardinal Joseph Ratzinger veröffentlichte, *Rapporto sulla Fede*.[24]

3. Das zwanzigjährige Jubiläum der Versammlung von Medellín und die Konferenz in Santo Domingo

Anlässlich des zwanzigjährigen Jubiläums der Versammlung von Medellín führte CEHILA in Buenos Aires eine neue Untersuchung über die Folgen von Medellín durch, für die in verschiedenen Ländern des Kontinents die Bischöfe und Experten, die an Medellín teilgenommen hatten, interviewt wurden. Die Ergebnisse wurden in einer Sonderausgabe der Revista Eclesiástica Brasileira mit dem Titel »Medellín,

[23] Ebd., 91.
[24] Messori 1985.

vinte anos depois« (»Medellín. Zwanzig Jahre danach«) veröffentlicht.[25]

Die IV. Lateinamerikanische Bischofskonferenz in Santo Domingo fand 1992 innerhalb eines neuen kirchlichen Kontextes statt. Diese Konferenz entfernte sich recht weit von Medellín, besonders von seiner Methode, in der die Realität in ihrer Komplexität und mit ihren Herausforderungen immer der Ausgangspunkt für die biblisch-theologische Reflexion und die Definition der pastoralen Optionen gewesen war.

In ihrem Schlussdokument greift sie jedoch einige Grundgedanken Medellíns wie die zentrale Bedeutung des Armen und das Engagement der Kirche für seine Befreiung auf:

»Wir schließen uns den Rufen der Armen an. Wir übernehmen mit erneuertem Elan die vorrangige Option für die Armen im Sinne des Evangeliums in Fortsetzung von Medellín und Puebla. Diese Option, die weder ausschließlich gilt, noch jemanden ausschließt, wird unsere gesamte Evangelisierung nach dem Vorbild Jesu Christi erleuchten. In diesem Licht fordern wir dazu auf, eine neue wirtschaftliche, soziale und politische Ordnung im Einvernehmen mit der Würde aller und jedes einzelnen Menschen zu fördern, Gerechtigkeit und Solidarität voranzutreiben und für alle Menschen Horizonte der Ewigkeit zu eröffnen« (Santo Domingo 296).[26]

4. 30 Jahre Medellín: Kritische Bewertungen und Zeugnisse

Medellín in Zeitschriften und Büchern

Dreißig Jahre nach Medellín gab es erneute Bemühungen, im kirchlichen Kontext Einfluss zu gewinnen.

25 REB 48/4 (1988). Die Zeitschrift enthält die folgenden zehn Artikel zur Rezeption Medellíns in verschiedenen Ländern: J.O. Beozzo, *Medellín: vinte anos depois (1968–1988) – Depoimentos a partir do Brasil*, 771–805; J. Comblin, *Medellín: vinte anos depois – Balanço temático*, 806–829; R. Ramirez, *Medellín e Puebla – Um ponto de vista americano*, 830–841; M. Diaz M., *A voz profética de Medellín*, 842–859; I. Buyst, *Medellín na Liturgia*, 860–875; M. Salinas, *O itinerário da Igreja dos pobres no Chile, vinte anos depois de Medellín*, 876–879; G. Melendez, *Significado de Medellín para a Igreja Católica na América Central*, 880–896; M.A. Puente de Guzmán, *Medellín: Vinte anos depois – Significado para a Igreja do México*, 897–905; M. Moyano L., *Medellín: vinte anos depois – O testemunho de uma mulher que o viveu por dentro*, 906–913; M. Duran E., *Medellín: vinte anos depois – Legado para a Igreja do Paraguai*, 914–915.

26 *Neue Evangelisierung. Förderung des Menschen. Christliche Kultur,* Santo Domingo 1992; nachfolgend angegeben mit: Santo Domingo.

Die in Peru erscheinende Zeitschrift *Páginas* veröffentlichte eine umfangreiche Ausgabe mit neun Beiträgen unter dem Titel »30 años de Medellín: vigencia y novedad« (»30 Jahre Medellín: Gültiges und Neues«).[27] Das Editorial erläutert die Absicht dieses Rückblicks und dieser Bilanz: »Páginas widmet diese Ausgabe der Erinnerung an dieses zentrale Ereignis im Leben unserer Kirche. Gleichzeitig nehmen die verschiedenen Artikel, die dieses Heft enthält, nicht nur die Konferenz von Medellín und ihre Konsequenzen in den Blick, sondern denken über die zukünftigen Herausforderungen nach, denen sich eine lebendige und volksnahe Kirche in der heutigen Zeit stellen muss. Vieles hat sich seit 1968 geändert, das nicht nur in Lateinamerika, sondern auch im studentenbewegten Europa ein besonderes Jahr war. Trotzdem gibt es eine Forderung, die noch immer die gleiche ist, obwohl die Antworten, die sie verlangt, andere Formen und sogar andere Inhalte haben: Es gilt die Ungerechtigkeit und die Armut auszumerzen, die durch die immer größer werdende Kluft der Ungleichheit in allen Bereichen zunehmen. Der Aufruf von Medellín, Gerechtigkeit zu schaffen, um den Frieden zu verwirklichen, ist immer noch gültig, auch wenn die Art und Weise, wie dies getan wird, heute vielleicht anders ist, als wir uns das vor 30 Jahren vorgestellt haben.«[28]

In Brasilien beschäftigte sich die REB (Revista Eclesiastica Brasileira) in einer Ausgabe mit dem Titel »Medellín, 30 anos« (»30 Jahre Medellín«) mit der II. Konferenz. Im Verlauf von 20 Jahren wurden zehn verschiedene Artikel diesem Thema gewidmet, von Autoren aus Brasilien und verschiedenen Ländern Latein- und Nordamerikas. Dieses Mal war die Publikation weniger umfangreich und belief sich auf vier Beiträge, die alle aus Brasilien stammen.[29]

[27] Páginas 23 (152), August 1998. Die Ausgabe enthält folgende Artikel: G. Gutiérrez, *Actualidad de Medellín*, 6–17; R. Ames C., *Un movimiento de vida busca nuevas expresiones*, 18–27; L.F. Crespo, *La juventud, un símbolo de la Inglesia*, 28–36; L.A. Gómez de Souza, *Una mirada desde Medellín*, 37–40; *A 30 años de Medellín. Mesa redonda con Rafael Roncagliolo, Alberto Adrianzén, Francisco Chamberlain, Catalina Romero*, 41–54; J. Dammert B., *Vivencia de Medellín*, 55–59; M. Moyano L., *Medellín: una experiencia de comunión*, 60–63; J. Castillo A., *Medellín: Semana Internacional de Catequesis*, 64–67.

[28] Ebd., 4.

[29] REB 58 (232), Dezember 1998. Die Zeitschrift enthält folgende Beiträge: F. Moras, *Evangelização das classes médias e solidariedade com os pobres: o legado de Medellín*, 787–821; J.O. Beozzo, *Medellín, inspiração e raízes*, 822–850; P. Suess, *Medellín e os sinais dos tempos*, 851–895; J.M. Pires, *A Igreja da América Latina a partir de Medellín*, 920–928.

Der Chefredakteur, Eloy Piva, erläuterte im Editorial der Zeitschrift: »Medellín 1968. Dreißig Jahre nach einem der wichtigsten Ereignisse für die Kirche in Lateinamerika! Es ist an der Zeit, Bilanz zu ziehen, zu sehen, wo wir nun stehen, dieses Ereignis neu zu würdigen und die Impulse, die von ihm ausgegangen sind, aufzugreifen. So lassen sich Fortschritt und Tradition, Wandel und christliche Identität miteinander verbinden. Medellín ist jedoch kein isoliertes geschichtliches Ereignis. Es ist vor allem ein Ausdruck und eine Deutung des Zweiten Vatikanums. Es bringt seinerseits das Selbstverständnis der Kirche in jener Zeit zum Ausdruck und charakterisiert somit das Verständnis ihrer Mission und ihres Verhältnisses zur Welt. Medellín macht das Bewusstsein und eine Leidenschaft der Kirche für die Evangelisierung in Lateinamerika deutlich. Es zeigt die Inspiration, das Bemühen und die Entschlossenheit, sich mit der sozio-religiösen Realität in jenem geschichtlichen Moment des Kontinents auseinander zu setzen, um Prioritäten zu setzen und die Sprache der Heilsbotschaft Jesu Christi der historischen Situation, in der sich die Menschen befinden, anzupassen.«[30]

Es gab auch eine Neuauflage der Schlussdokumente von Medellín, die bei den Edições Paulinas erschien, mit einem Anhang, der drei Beiträge unter dem provokanten Titel »Trinta anos depois, Medellín é ainda atual« (»Nach 30 Jahren ist Medellín noch aktuell«) enthielt.[31]

Angesichts der nahezu gleichgültigen Haltung vieler offizieller Bereiche gegenüber der Geschichte und obwohl die Konferenz von Medellín im Bewusstsein und in der Praxis der Basisgemeinden und der Sozialpastoral der lateinamerikanischen Kirche äußerst lebendig ist, bleibt die Frage zu klären, wie die Zukunft des Erbes von Medellín aussieht. Die Antwort von Francisco Catão in seiner Untersuchung im Anhang der Schlussdokumente ist sehr facettenreich:

»Am Beginn eines neues Jahrtausends, dreißig Jahre nach Medellín, entdecken wir, dass das Grundproblem, das durch die Konferenz zur Sprache gebracht wurde, nach wie vor auf dem Programm steht und durch die lateinamerikanische Kirche gelöst werden muss. Wir erkennen auch, dass Medellín das Modell der Befreiungspastoral geprägt hat, das sich bis heute behauptet hat, wenn nicht in der Realität, so doch zumindest in der Vorstellung der lateinamerikanischen Kir-

[30] Ebd., 40.

[31] Padin, *Educação libertadora proclamada em Medellín*, 227–236; G. Gutierrez, *A atualidade de Medellín*, 237–252; F. Catao, *Aos trinta anos de Medellín*, 235–284; jeweils in CELAM 1998.

che. Genau dies muss in Betracht gezogen werden, unabhängig davon, wie man die historischen Erscheinungsformen beurteilt, die die so genannten Befreiungstheologien später angenommen haben. Schließlich erkennen wir auch, dass die Geschenke Gottes, wie das Zweite Vatikanum und Medellín, etwas Endgültiges sind und nicht veralten. Sie werden auch in Zukunft ein Aufruf des Geistes an die Kirche sein, dem man mit einer Haltung des spirituellen Gehorsams begegnen muss. Sie ist zweifelsohne eine kritische, aber spirituelle Haltung, die sich der Tatsache bewusst ist, dass es nicht unsere Vorstellungen sind, sondern der Geist, der die zweitausend Jahre alte Kirche zu einem Ort führt, den sie vielleicht selber nicht kennt.«[32]

In Mexiko widmete die Zeitschrift des Centro Nacional de Comunicación Social, CENCOS, der II. Konferenz eine Ausgabe mit dem Titel »A 30 años de Medellín« (»30 Jahre nach Medellín«). Sie hebt im Editorial den Sinn ihrer Bemühung hervor, nachdem sich eine frühere Ausgabe mit dem Massaker von Tlatelolco in Mexiko-Stadt und Humanae Vitae beschäftigt hatte: »[...] doch 1968 hat für CENCOS eine andere, sehr große Bedeutung durch die II. Allgemeine Lateinamerikanische Bischofskonferenz, die in Medellín, Kolumbien, stattfand. Dieses Ereignis ist ein wirklicher Wendepunkt in der Geschichte der katholischen Kirche Lateinamerikas, und dies aus zwei Gründen: Zum einen folgten die lateinamerikanischen Bischöfe der Aufforderung des Zweiten Vatikanischen Konzils, die Kirche zu einer Kirche im Dienste der Welt zu machen. Sie beschlossen, zunächst eine Analyse der politischen und wirtschaftlichen Situation am Ende der sechziger Jahre zu erstellen, um die Richtlinien für ihr Handeln festzulegen. Die Bedeutung im innerkirchlichen Bereich liegt darin, dass es ab diesem Zeitpunkt nicht der Vatikan ist, der den besonderen Kurs der Kirche in dieser Region bestimmt, sondern die Kirchenleitung vor Ort. In diesem Sinne ist Medellín der Ausgangspunkt für eine Geschichte, die, obwohl sie von großen Spannungen zwischen den lateinamerikanischen Bischöfen und zwischen diesen und der römischen Kurie geprägt ist, eine nie da gewesene Erfahrung kirchlicher Autonomie darstellt.

Zum anderen sollte der Inhalt des Schlussdokuments von Medellín und seine sozialen Auswirkungen hervorgehoben werden. Die Tatsache, dass dieses von der lateinamerikanischen Realität ausgeht, bewirkte, dass die Bischöfe die institutionalisierte Gewalt und die strukturelle Sünde anprangerten, die in Militärdiktaturen, Unterdrü-

32 Ebd., 283–284.

ckung, sozialer Ungleichheit, Elend etc. zum Ausdruck kommt. Angesichts dieser Situation stellte sich die katholische Hierarchie auf die Seite der Armen und erneuerte und stieß eine kirchliche Bewegung an, die in allen Ländern für die sozialen Prozesse von großer Bedeutung war.«[33]

Medellín im Zeugnis von Kirchenvertretern: Bischöfe, Priester und Theologen

Anlässlich des dreißigjährigen Jubiläums von Medellín, bei einer Tagung, die im August 1998 in Riobamba/Ecuador zur Erinnerung an Leben und Werk Mons. Leonidas Proaño 10 Jahre nach seinem Tod (1988) stattfand,[34] führten wir bei den etwa siebzig Bischöfen und Theologen, die aus verschiedenen Ländern Lateinamerikas gekommen waren, eine Umfrage durch. Wir baten sie um die schriftliche Beantwortung zweier Fragen:

a) Welche Bedeutung hatte Medellín für Sie persönlich?
b) Welche wesentlichen Aspekte Medellíns sind von Ihrer Kirche aufgegriffen worden?

Wir wählen fünf Antworten aus, die die sprachliche, geografische und konfessionelle Vielfalt der Anwesenden zum Ausdruck bringen und die Übereinstimmungen, aber auch die Besonderheiten der unterschiedlichen Regionen und Länder Argentinien und Chile, Mexiko und Brasilien, erkennen lassen. Sie zeigen auch die unterschiedlichen Ansichten und Sichtweisen verschiedener Teilnehmer: eines methodistischen Bischofs, dreier katholischer Bischöfe und eines ebenfalls katholischen Theologen.[35]

Federico Pagura,[36] der methodistische Bischof von Rosario/Argentinien, gab folgende Stellungnahme ab:

33 CENCOS 296, November 1998, 3.
34 *Coordinación de pastoral diocesana* 1998.
35 Die Originale der Stellungnahmen befinden sich in meinem persönlichen Archiv in São Paulo/Brasilien.
36 Geboren in Arroyo Seco, Santa Fé/Argentinien (09.02.1923), methodistischer Bischof von Rosário/Argentinien, 1978–1996 Präsident des CLAI (Rat der Kirchen Lateinamerikas), einer der Präsidenten des Weltkirchenrats und eines der größten evangelischen Dachverbände Lateinamerikas; vgl. CLAI 1995.

»Mir war es nicht vergönnt, nach Medellín zu kommen, weil es sich um eine römisch-katholische Konferenz, ein römisch-katholisches Dokument handelte. Trotzdem war die Arbeit Medellíns in unserer (argentinischen evangelisch-methodistischen) Kirche Anlass für eingehende Betrachtungen und Überlegungen. Ich kann dazu Folgendes sagen:

- Einer unserer Pastoren konnte an den Sitzungen als brüderlicher Beobachter teilnehmen und sagte uns nach seiner Rückkehr aus Medellín: ›Ich glaube, dass der Heilige Geist in diesen Sitzungen sehr gegenwärtig war und dass, wenn diese Arbeiten und Überlegungen in den kommenden Jahren vertieft und weiterentwickelt werden, die noch immer nicht verstummten Klagen der Reformation des 16. Jahrhunderts Gehör finden und unsere Anfragen und ungerechtfertigten Konflikte in Lateinamerika und der Karibik zu einer Lösung kommen.‹

- Zu diesem Staunen und der Dankbarkeit, welche die Öffnung dieser Konferenz für Repräsentanten unserer evangelischen Kirchen in uns auslöste, kam die Dankbarkeit für die wertvollen Arbeiten und Schlussdokumente, die für unsere Pastoren, Theologen und führenden Laien bis heute eine Quelle der Inspiration sind.

- Aus ökumenischer Sicht haben die späteren Konferenzen (Puebla und Santo Domingo) unseres Erachtens nicht die gleiche prophetische Bedeutung und ökumenische Perspektive wie Medellín. Vielleicht könnten die Neuentdeckung der Werte und ein intensives Nachdenken über die Schlussdokumente von Medellín der Schlüssel für einen neuen Impuls zur Erneuerung der katholischen Kirche und zu weiteren Fortschritten im Bereich der Ökumene sein.«

Samuel Ruiz G.,[37] der Bischof von San Cristóbal de las Casas in Chiapas/Mexiko, der als junger Bischof am Konzil teilgenommen hatte und einer der Vertreter seines Landes in Medellín war, antwortete auf die erste Frage:

[37] Samuel Ruiz G., am 03.11.1924 in Irapuato/Mexiko geboren, am 02.04.1949 zum Priester geweiht, am 14.11.1959 zum Bischof von San Cristóbal de Las Casas ernannt; nachdem er am Zweiten Vatikanum (1962–1965) und an der Versammlung von Medellín (1968) teilgenommen hatte, wurde er zu einem Symbol für indigene Pastoral und Inkulturation des Evangeliums im Hochland von Chiapas und ein unermüdlicher Kämpfer für die Rechte der indigenen Völker. Er war Vorsitzender der Vermittlungskommission während des Aufstands der indigenen Bevölkerung in dieser Region.

»Es ist sehr schwierig, ein Ereignis zu überblicken, an dem ich sehr direkt beteiligt war. Denn ich habe im missionarischen Umfeld von Melgar/Kolumbien an einer vorbereitenden Sitzung teilgenommen und später einen Bericht über die Evangelisation in Lateinamerika erstellt. Wenn ich einen Aspekt dieser Erfahrung zusammenfassen sollte, würde ich sagen, dass Medellín für mich der Zeitpunkt war, an dem ich begriff oder erlebte, was der Satz ›ich glaube an die heilige katholische, apostolische und römische Kirche‹ bedeutet.

- Als Mitglied des CELAM war ich kurz zuvor in die Abteilung Mission und dann zu den Sitzungen, die den Entwurf des offiziellen Arbeitsdokuments vorbereiteten, eingeladen worden. Kolumbien präsentierte ein eigenes Dokument, das im Archiv verblieb. Dabei gewann ich Einblick in eine lateinamerikanische Kirche, die selbst in ihrer Hierarchie menschliche, zuweilen unwürdige Konflikte erlebt hatte. Ich war Zeuge (und in einigen Fällen Opfer) von Manipulationen, und gleichzeitig sah ich das Zeugnis des Glaubens, der Demut und des Mutes großer Kirchenmänner.

- Ich wurde eingebunden in eine in der Geschichte untergegangene Kirche, die auf die Herausforderungen antwortete, die Lateinamerika angesichts eines ökumenischen Zweiten Vatikanischen Konzils darstellte. Dieses war ein Ereignis von universeller Bedeutung mit spezifisch europäischen Fragestellungen. Medellín war einiges mehr als eine ›Übersetzung des Konzils‹ für unseren Kontinent: Es war die Geburt einer reifen und erleuchtenden lateinamerikanischen Kirche.

- Ich kam in direkten Kontakt mit der ökumenischen Dimension und der beginnenden ›Entwicklung‹ einer vatikanischen Kirche, die von Kardinal Samoré repräsentiert wurde.

Kardinal Samoré erkannte die Weisheit und Kongruenz der theologischen Reflexion; man erlebte das Zeugnis der evangelischen Christen, die nicht nur mit Respekt teilnahmen und Gemeinschaft erlebten, sondern auch begründet darum baten, bei der abschließenden Messfeier die Eucharistie empfangen zu dürfen; es war erbaulich zu erleben, dass Kardinal Samoré einwilligte, dass die evangelischen Christen die erste Ausgabe der Dokumente erstellten (wenn auch erst nach einer Prüfung durch Rom), und sah, dass es keine wesentliche Änderung geben würde. Beides kostete ihn sein Leben, er wurde aus seinen Aktivitäten herausgerissen und danach verlassen und vergessen.«

Auf die zweite Frage: »Welche Aspekte von Medellín haben die mexikanische Kirche am meisten beeinflusst?« antwortete er:

»Die klare Option für die Armen; die Klarheit in Bezug auf die Bedeutung von Gewalt; die Erklärungen zum Thema Gerechtigkeit. Bedauerlicherweise sind die Überlegungen zur indigenen Pastoral nicht explizit übernommen, jedoch innerhalb anderer Themen aufgegriffen worden.«

Sergio Torres,[38] Theologe in der Diözese Talca (Chile), der zurzeit als Priester in der Hauptstadt Santiago arbeitet, schrieb über die Bedeutung Medellíns:

»Für mich hatte die Konferenz in Medellín eine sehr große emotionale Bedeutung. Zu dieser Zeit war ich ein enger Mitarbeiter von Mons. Manuel Larrain, dem Bischof von Talca, der als Präsident des CELAM die Idee hatte, eine Konferenz zu organisieren, um die Ergebnisse des Konzils auf Lateinamerika anzuwenden. Leider kam er vorher bei einem Unfall ums Leben. Was mich betrifft, so bestätigte mich Medellín in einigen Optionen, die ich schon als Mitglied der chilenischen Kirche, die zu jener Zeit große Fortschritte machte, ergriffen hatte. Medellín gab mir ein Bewusstsein für die Lebenswirklichkeit des Kontinents, denn bis zu diesem Zeitpunkt war ich sehr auf meine Diözese konzentriert gewesen. Medellín öffnete mir die Tür für eine besser strukturierte Analyse der Abhängigkeiten, der Formen von Gewalt und der befreienden Bildung.«

Bei der Antwort auf die zweite Frage wies er auf die großen Auswirkungen der Konferenz in seiner Diözese hin:

»Als Mitglied einer Diözese und der chilenischen Kirche glaube ich, dass Medellín die pastorale Ausrichtung dieser Kirche bestätigt hat. 1962 verfassten die Bischöfe einen Hirtenbrief über *Die soziale und politische Pflicht.* Das Episkopat unterstützte die Agrarreform und die Bischöfe setzten sie in ihren Diözesen um. Die Synoden in Santiago 1967 und in Talca 1969 übernahmen die Beschlüsse des Zweiten Vatikanums. Medellín verhalf zu einer gründlicheren Analyse der Wirklichkeit, bestätigte die Option für die Basisgemeinden und förderte das religiöse Leben bei der ausgegrenzten Bevölkerung. Die Bischöfe begannen ein einfacheres und weniger abgeschottetes Leben zu führen. Außerdem ebnete Medellín den Weg dafür, dass die Kir-

[38] Geboren in Chile, Mitbegründer der Bewegung »Christen für den Sozialismus« und der »Vereinigung von Dritte-Welt-Theologen«, deren Vorsitzender er war, und einer der Initiatoren von »Amerindia«, einer Gruppe lateinamerikanischer und karibischer Theologen und Bischöfe.

che die Erfahrung der Unidad Popular nicht offen und ›a priori‹ verurteilte.«

Der in den Nordosten Brasiliens gekommene Antônio Fragoso, Bischof der Diözese Crateús im Bundesstaat Ceará, ehemaliger nationaler Koordinator der J.O.C. (Christliche Arbeiterjugend) und Konzilsvater beim Zweiten Vatikanum, gab folgende Stellungnahme zu Medellín ab:

»[Es war] für das Lateinamerikanische Episkopat und seine Kirchen die Gelegenheit, neu – innerhalb des Kontextes Lateinamerikas – über das Zweite Vatikanum nachzudenken:

- Die Einführung von P. Affonso Felipe Gregory,[39] Direktor des CERIS (Centro de Estatística Religiosa e Investigações Sociais, Zentrum für religionsbezogene Statistik und Sozialforschung) über die amerikanische Realität ermöglichte es, die Analyse, die theologische Reflexion und die pastoralen Anliegen in ihrem Kontext zu sehen.

- Medellín war ein Versuch, die Kirche aus der Perspektive der gesellschaftlichen Situation des Volkes (Indigene, Afroamerikaner, Bauern, Verarmte) zu betrachten und die Christen zu einem gemeinsamen verändernden pastoralen Handeln aufzurufen.

- Es ist ein Versuch, das Zweite Vatikanische Konzil auf Lateinamerika anzuwenden, die Suche nach einem inkarnierten Gesicht der Kirche und nach einem kirchlichen Pluralismus anzustoßen. Durch Gottes Gnade – der Heilige Geist ›schwebte‹ über der Konferenz, machte sie zu einem prophetischen und kreativen Ereignis – gab es einen ›offiziellen‹ Schritt hin zu einer ›inkulturierten‹ Evangelisation, der nicht die Reproduktion des ›Christentums‹ in den Vordergrund stellt, sondern die Tür zu einer ›Volkskirche‹ öffnet.

Was die Rezeption von Medellín in der Diözese Crateús betrifft, so habe ich Folgendes beobachtet:

- die Gründung von CEBs (kleinen lebendigen Basisgemeinden) und den Versuch, eine besondere, auf die Bedürfnisse der CEBs eingehende Pädagogik zu entwickeln.

- Ziele, die von Laien, Ordensschwestern, Patres und dem Bischof in zahlreichen und zuweilen spannungsreichen Gesprächen vereinbart wurden, um ‚zu einer Kirche des Volkes und der Befreiung zu werden‹.

[39] Heute Bischof der Diözese Imperatriz im Bundesstaat Maranhão.

- Zunehmende Bemühungen um eine ›volksnahe Interpretation der Bibel‹ in Abstimmung mit dem CEBI (Centro de Estudos Biblicos, Zentrum für biblische Studien).

- Eine kreative und partizipative Liturgie, die viele Elemente der Volkskultur integriert, etc.«

Tomás Balduino OP,[40] Bischof von Goiás, einer der Vorsitzenden des Indianermissionsrats (CIMI) und der Kommission für Landpastoral (CPT) in Brasilien, berichtete:

»Medellín bedeutete für mein Leben ein Erfülltwerden vom Geist Gottes, mit der klaren Erkenntnis der Chance, die die Perspektiven des Zweiten Vatikanums für unseren Kontinent bieten, insbesondere in Bezug auf die Armen. Medellín war für die im Dienste dieses Kontinents stehende Kirche eine unzerstörbare Zukunftshoffnung. Es bedeutete auch die Anerkennung Lateinamerikas als Ort der Verkündigung des Evangeliums für die Welt auf der Grundlage des evangelischen Potenzials der Indios, der Schwarzen, der Bauern.«

Zu den wichtigen Aspekten, die von der Kirche aufgenommen wurden, äußerte er Folgendes:

Die Option für die Armen; die Kraft der Evangelisierung, die in Bezug zu den Sakramenten oder der Sakramentalisierung eine vorrangige Stellung erlangte; das Wort Gottes erhielt wieder seinen ursprünglichen Platz, indem es nicht nur Einfluss auf die Liturgie bekam, sondern vor allem auch auf das Leben in der Gemeinschaft; die Bewusstwerdung des unterdrückten Volkes hinsichtlich seiner eigenen Befreiung. Dies war dann eine Hilfe beim Entstehen verschiedener pastoraler Ansätze für Ausgegrenzte oder Randgruppen wie dem CIMI und der CPT, die einen großen Einfluss auf die gesamte Pastoral der neuen Kirche hatten.«

Ergebnis

In diesem historischen Rückblick auf die Beziehungen zwischen dem Zweiten Vatikanischen Konzil und den Kirchen Brasiliens und Lateinamerikas und auf die Rezeption des Konzils und der Versammlung von Medellín haben wir uns vor allem auf den Prozess der Re-

[40] Geboren in Posse (Bundesstaat Goiás) am 31.12.1922, am 04.07.1948 zum Dominikanerpriester ordiniert, vom 26.11.1967 bis 07.02.1999 Bischof der Diözese Goiás; Mitbegründer des CIMI und der CPT und einer ihrer Vorsitzenden.

zeption des Konzilsereignisses und ganz besonders des Ereignisses von Medellín konzentriert und deren Originalität hervorgehoben.

Es muss darauf hingewiesen werden, dass die Rezeption dieser Ereignisse in der brasilianischen und lateinamerikanischen Kirche nicht isoliert gesehen werden darf, da die eine Impulse von der Brasilianischen Bischofskonferenz (CNBB) und die andere Impulse vom CELAM erhielt.

Es kam, besonders während des Konzils und unmittelbar danach, zu einer intensiven und tief greifenden Interaktion zwischen den verschiedenen Kirchen des Kontinents, eines der wichtigsten Ergebnisse des Konzils, das sich in der Durchführung der II. Generalversammlung des Lateinamerikanischen Episkopates und später der III. und IV. Konferenz in Puebla und Santo Domingo zeigte.

Ihr sichtbarstes Ergebnis war die Herausbildung einer neuen Identität dieser Kirchen, bei der man von da an von einer »lateinamerikanischen Pastoral, Theologie und Kirche« sprechen kann.

Der hier gewählte Weg, die mögliche Verbindung zwischen dem Konzil und den lateinamerikanischen Kirchen zu erkunden, hat deutlich gemacht, welchen Vorteil es bietet, zwei von ihrer Intention her so nah beieinander liegende Ereignisse und Momente wie die Versammlung von Medellín und das Konzil, angereichert durch eigene Erfahrungen, in Beziehung zu setzen.

Andererseits hatte diese Entscheidung die Vernachlässigung anderer Aspekte zur Folge; am schwersten wiegt vielleicht die Tatsache, dass wir im Laufe dieser Untersuchung den Alltag des kirchlichen Lebens nur wenig betrachtet haben, den Ort, an dem man tatsächlich das Ausmaß und die Tiefe der konkreten Rezeption des Konzils und Medellíns überprüfen kann.

Doch gerade wenn man die Dynamik der kirchlichen Basisgemeinden, der Sozialpastoral, der Laienbewegungen, der biblisch-theologischen Reflexion in Lateinamerika untersucht, kann man sagen, dass das Zweite Vatikanische Konzil, das in Medellín neu reflektiert und neu artikuliert wurde, in Brasilien und in Lateinamerika und der Karibik einen privilegierten Ort für seine Rezeption und für neue, einzigartige pastorale und theologische Entwicklungen gefunden hat.

Literatur

ANTÓN, A. 1996, *La ›recepción‹ en la Iglesia y eclesiologia*, in: Gregorianum 77/1 (1996), 57–96.

BEOZZO, J. O. 2002, *Das Zweite Vatikanische Konzil (1962–1965) und die Kirche in Lateinamerika/Vatican II and the Church in Latin America*, in: K. Korschke (Hg.), Transkontinentale Beziehungen in der Geschichte des Außereuropäischen Christentums – Transcontinental Links in the History of Non-Western Christianity, Wiesbaden, 219–242.

BOFF, L. ²1984, *Aus dem Tal der Tränen ins Gelobte Land. Der Weg der Kirche mit den Unterdrückten,* Düsseldorf.

CAHILL, L.S. 2001, *A tradição cristã da guerra justa: Tensoes e desenvolvimento,* in: Concilium 290/2 (2001), 75–85.

CEHILA 1979, *La Iglesia latinoamericana de Medellín a Puebla,* Bogotá.

CELAM 1975, *Plan Global de Actividades 1975–1978. Objetivos específicos n. 7, 4, Medellín,* Bogotá, 16–17.

CELAM 1977, *Medellín. Reflexiones en el CELAM,* Madrid.

CELAM 1998, *Conclusoes da Conferência de Medellín – Texto Oficial,* São Paulo.

CLAI 1995, *Por eso es que tenemos Esperanza. Homenaje al Obispo Federico J. Pagura,* Quito.

CONGAR, Y. 1972, *La réception comme réalité ecclésiologique*, in: Revue des Sciences Philosophiques et Théologiques 56 (1972), 369–403.

COORDINACIÓN DE PASTORAL DIOCESANA 1998, *Encuentro de Riobamba – 10⁰ aniversario de la Pascua de Mons. Proano – 30⁰ aniversario de Medellín,* Riobamba.

DARÍO, J. 1995, *La Revolución de las Sotanas: Golconda a 25 años después,* Bogotá.

Die Evangelisierung Lateinamerikas in Gegenwart und Zukunft, Puebla 1979, in: Dokumente der II. und III. Generalversammlung des Lateinamerikanischen Episkopates in Medellín und Puebla 1979 (= Stimmen der Weltkirche Nr. 8), hrsg. v. Sekretariat der Deutschen Bischofskonferenz, Bonn, 135–355.

Die Kirche in der gegenwärtigen Umwandlung Lateinamerikas im Lichte des Konzils, Medellín 1968, in: Dokumente der II. und III. Generalversammlung des Lateinamerikanischen Episkopates in Medellín und Puebla 1979 (= Stimmen der Weltkirche Nr. 8), hrsg. v. Sekretariat der Deutschen Bischofskonferenz, Bonn, 14–133.

DUSSEL, E. 1979, *De Medellín a Puebla. Una década de sangre y esperanza. 1968–1979,* Mexico.

EAGLESON, J. (Hg.) 1975, *Christians and Socialism – Documentation of the Christian for Socialism Movement in Latin America,* Maryknoll/New York.

HIMES, K. 2001, *A retórica religiosa da guerra justa*, in: Concilium 290/2 (2001).

HÜNERMANN, P. 2001, *Le ultime settimane del concilio*, in: G. Alberigo, Storia del concilio Vaticano II. Il quarto periodo e la conclusione del concilio (settembre-dicembre 1965), Bd. V, Bologna, 375–492.

JOHANNES XXIII. 1963, Enzyklika *Pacem in Terris*, Vatikan.

LANNE, E. 1994, *La notion ecclésiologique de réception*, in: Revue Théologique de Louvain 25/1 (1994), 30–45.

LIBÂNIO, J.B. 1984, *A volta à grande disciplina*, São Paulo.

MESSORI, V. 1985, *Rapporto sulla fede – Colloquio con il Cardinale Joseph Ratzinger,* Cinisello.

Neue Evangelisierung. Förderung des Menschen. Christliche Kultur, Santo Domingo 1992, in: Schlußdokument der IV. Generalversammlung der lateinamerikanischen Bischöfe in Santo Domingo (= Stimmen der Weltkirche Nr. 34), hrsg. v. Sekretariat der Deutschen Bischofskonferenz, Bonn.

PAUL VI. 1967, Enzyklika *Populorum Progressio,* Vatikan.

PAUL VI. 1968, *Ansprache an die Landarbeiter von Mosquera/Kolumbien, 23. August 1968,* in: Acta Apostolicae Sedis 1968, 623f.

PÉREZ, G./CASTAÑEDA, J. 1996, *Camilo Torres Restrepo, Profeta para Nuestro Tiempo,* Bogotá.

RAHNER, K./VORGRIMLER, H. (Hg.) ^{26}1996, *Kleines Konzilskompendium. Sämtliche Texte des Zweiten Vatikanums,* Freiburg i.B.

RICHARD, P. 1976, *Cristianos por el socialismo. Historia y documentación,* Salamanca.

URREA H., H. 1982, *XII. Las reuniones de coordinación y regionales. Los Planes Globales*, in: Consejo Episcopal Latinoamericano (Hg.), CELAM, Elementos para su historia 1955–1980, Bogotá, 184.

Gustavo Gutiérrez

Die theologische Herausforderung der Armut

Die Rede von der »vorrangigen Option für die Armen« ist altbekannt. Stück für Stück wurde sie durch die Erfahrung und Reflexion lateinamerikanischer Christen verschiedener Kirchen entwickelt und auf der Bischofskonferenz von Puebla 1979 präsentiert und akzeptiert. Der Ausdruck ist neu, aber der Inhalt ist sehr alt; er ist in der biblischen Botschaft enthalten.

Ich möchte hier einige Überlegungen vorstellen, die mit der heutigen Auffassung von Armut beginnen, um dann über »die vorrangige Option für die Armen« Wort für Wort nachzudenken. Abschließend werde ich einige Anmerkungen zu den drei Ebenen dieser Sichtweise machen.

Ein neues historisches Bewusstsein

Wir werden uns der Komplexität von Armut immer stärker bewusst, nicht zuletzt durch die Berichte der Weltbank oder der UNDP (Entwicklungsprogramm der Vereinten Nationen), in denen über die Multidimensionalität von Armut gesprochen wird. Armut hat verschiedene Gesichter: ökonomische, rassische, geschlechtliche (Frauen sind ärmer als Männer), kulturelle. All dies bedeutet Armut und stellt mehr als nur ein ökonomisches Problem dar. Dieses Bewusstsein von der Komplexität ist sehr wichtig und es ist auch sehr biblisch. Tatsächlich sind die Armen in der Bibel nicht nur mittellos; arm sind auch Menschen wie Zachäus, die aus den verschiedensten Gründen verachtet werden: Menschen mit schlimmer Krankheit, Menschen, die das Gesetz ignorieren, Frauen, in der Öffentlichkeit bekannte Sünder, Kinder. Um Armut heutzutage verstehen zu können, ist es entscheidend, sich dieser Vielfalt bewusst zu sein. Es stimmt, dass an den ökonomischen Aspekten die Dringlichkeit des Problems deutlich wird, was uns jedoch nicht davon befreit, unser Bewusstsein von der Komplexität der Armut zu schärfen. Die großen internationalen Institutionen gehen in der heutigen Zeit sehr sensibel mit diesen Problemen um, wie im Buch der Weltbank *Voices of the Poor* bezeugt ist. Wir bezeichnen arme Menschen als bedeutungslose Menschen. Menschen können wie gesagt aus ökonomischen, kulturellen, rassischen und geschlechtlichen Gründen bedeutungslos sein. Die Armen sind die »Bedeutungslosen«, die »nicht relevanten« Menschen in unserer Gesellschaft und sogar in unseren Kirchen. Unlängst haben Mitarbeiter internationaler Einrichtungen begonnen, von der Multidimensionalität der Armut zu sprechen. Diese Multidimensionalität beschreibt genau das, was wir seit mehreren Jahrzehnten mit dem Wort »Komplexität« auszudrücken versucht haben.

Eine weitere aktuelle Tatsache ist die weltweite Präsenz von Armut. Die Menschen sind sich der Existenz der Armen in ihren Dörfern und Städten schon immer bewusst gewesen. Sie waren auch hilfsbereit. Die wunderschöne Geschichte des Dienstes an den Armen zeigt sich am Vorhandensein von Armenregistern in den Städten: Die Städte wurden gezwungen, den darin erfassten armen Menschen zu helfen. An der Tatsache, dass arme Menschen in unserer Nähe leben, hat sich nichts geändert, doch darüber hinaus sind wir uns mittlerweile auch der weltumfassenden Realität der Armut bewusst. Der Großteil der Menschheit leidet unter Armut. Dieses Bewusstsein ist relativ neu und die Menschen brauchen Zeit, um über das enorme Ausmaß und die Ursachen dieser Armut zu sprechen.

Viel bedeutender ist, wie wir heute die schreckliche Wirklichkeit von Armut erklären. Tatsächlich sehen wir seit einigen Jahrzehnten die Situation der Armut nicht mehr als eine unausweichliche Tatsache oder ein Schicksal an, sondern als ein Ergebnis menschlicher Ursachen, seien es soziale, ökonomische, kulturelle oder mentale. Lange Zeit hat man geglaubt, dass manche als arme, andere als reiche Menschen geboren werden. Man ging davon aus, dass dies der Wille Gottes sei. So gesehen hatten die Armen die demütige Pflicht, ihre Lebensumstände und die Unterstützung durch die Reichen zu akzeptieren, während die Reichen die Verpflichtung hatten, mit den Armen einfühlsam umzugehen. Armut wurde als eine Tatsache angesehen.

Heute ist uns bewusst, dass Armut sowohl menschliche als auch sozio-kulturelle Ursachen hat. Das bedeutet, dass wir die Möglichkeit haben, die Situation zu ändern. Dieses Verständnis ist nicht nur in der Geschichte der Christenheit neu, sondern auch in der Geschichte der Menschheit überhaupt. Aus diesem Grund sprach Papst Johannes Paul II. häufig über die Ursachen der Armut. Armut ist eine Tatsache, aber sie kann nicht ohne ihre Ursachen betrachtet werden. Ich denke, dass diese Sicht der Armut und die Kenntnis ihrer Ursachen unsere Auffassung von diesem menschlichen Zustand verändert haben. Die

Lateinamerikanischen Bischofskonferenzen (Medellín 1968; Puebla 1979; Santo Domingo 1992) haben diese Sichtweise betont. Für Christen ist es heutzutage nicht möglich, den beiden Anforderungen, die die Armut stellt, zu entkommen: den unmittelbaren menschlichen Bedürfnissen Beachtung zu schenken und gleichzeitig zu versuchen, die Armut zu eliminieren, indem ihre Ursachen bekämpft werden.

Die Kluft zwischen Arm und Reich, zwischen armen und reichen Ländern und zwischen armen und reichen Menschen innerhalb eines Landes, ist eine unbestreitbare Tatsache. Aus allen offiziellen Berichten, beispielsweise denen der UNDP, geht hervor, dass die Kluft immer größer wird. Wenn wir über unseren Glauben nachdenken wollen, so müssen wir die Bibel und die christlichen Traditionen immer unter Einbeziehung ihrer gegenwärtigen Situation lesen und interpretieren. Die Situation der Armut heute ist nicht die gleiche wie vor fünfzig oder vor hundert Jahren. Die Realität hat sich verändert. Unsere Aufgabe ist es, diese Realität zu analysieren und unser Verständnis der biblischen Bedeutung von Armut im Lichte dieser Situation neu zu überdenken.

Das Resultat dieser Überlegungen ist, dass Armut eine weltweite und unmenschliche Situation darstellt. Letztendlich bedeutet Armut Tod, ungerechten und frühen Tod. Das kann zum einen den körperlichen Tod aufgrund von Hunger oder Krankheit bedeuten. Es bedeutet aber auch den kulturellen Tod. Anthropologen erinnern uns gerne daran, dass Kultur Leben ist. Wenn wir also eine Kultur verachten, dann vernichten wir in gewisser Weise die Menschen, die dieser Kultur angehören. Wenn wir nicht die volle Würde der Frauen in unserer Gesellschaft anerkennen, vernichten wir auch sie in gewisser Weise. Dies ist ein kultureller Tod, ein Tod in dem Sinne, dass man zu jemandem sagt: »Du bist kein ganzer Mensch.« Das Gleiche gilt für die Rassen, die als minderwertig angesehen werden. Man könnte noch viel mehr Beispiele nennen, aber letztendlich bedeutet Armut immer Tod. Die Dominikaner in Lateinamerika sagten im 16. Jahrhundert über die Indianer: »Sie sterben vor ihrer Zeit.« Dies geschieht heutzutage immer noch. Schreckliche Tragödien tragen sich in Afrika zu: Menschen sterben vor ihrer Zeit, sogar an Krankheiten, die es in der Welt der Reichen nicht mehr gibt. Ich kann mich sehr gut an eine christliche Gemeinde erinnern, in der eine alte Frau einen Satz folgendermaßen begann: »Weil wir alte Menschen dem Tod näher sind …« Eine junge Frau aus der Gemeinde jedoch erwiderte: »Nein, Großmutter, in Peru ist das nicht wahr! In Peru sind die Kinder dem Tod näher!«

All die genannten Aspekte sind Aspekte des Todes, seien sie physisch oder kulturell: Menschen haben weder die Gelegenheit noch die Mittel, ein wirklich humanes Leben zu führen. Wenn Armut also letzten Endes Tod bedeutet, ist sie eine Herausforderung für die Art und Weise unserer Nachfolge Jesu Christi, für unsere Spiritualität. Wir Christen müssen den Sieg des Lebens verkünden. Das ist die Bedeutung der Auferstehung. In der Bibel wird die Auferstehung niemals als ein Wunder angesehen; das Ereignis ist zu groß dafür. Im Falle von Lazarus z.B. sprechen wir von einem Wunder, aber nicht von Auferstehung. Tatsächlich handelt es sich lediglich um die Rückkehr zum Leben, was aber nichts an der grundsätzlichen Tatsache verändert, dass Lazarus sterben wird. Die wahre Auferstehung ist der Sieg des Lebens über den Tod, und sie ist Mittelpunkt des Evangeliums. Dies ist der Wille Gottes, und die ungerechte Realität eines frühen Todes ist gegen Gottes Lebens-Willen. Mit Leben meine ich das gesamte Leben, sowohl das spirituelle als auch das materielle Leben.

Deshalb ist Armut nicht nur ein soziales Problem, mit dem sich die Soziallehre der Kirche befassen muss. Sie ist mehr als das. Armut berührt menschliches und christliches Bewusstsein, sie berührt unser Christsein als Jünger Jesu und offenbart, wie wir über die Realität und über Gott denken. Jedoch ändert dies in keiner Weise die Tatsache, dass Armut auch ein weltweites soziales Problem darstellt. Das Engagement für die Armen eröffnet uns eine Perspektive, um über unseren Glauben nachzudenken, um über unsere Jüngerschaft zu reflektieren, unser Christsein. Wenn wir die Perspektive der Armen übernehmen, dann werden neue Aspekte der christlichen Offenbarung sichtbar.

Die vorrangige Option für die Armen

Alle Gedanken über die theologische, christliche und humane Herausforderung der Armut kann man in diesem einen Gedanken zusammenfassen: Als Christen haben wir die Pflicht, eine »vorrangige Option für die Armen« zu treffen. Ich möchte dies nun kurz erörtern.

Zunächst die Armen. Wir meinen damit die wirklich Armen, die materiell Armen, also Armut, so wie wir sie im ersten Teil dieser Überlegungen charakterisiert haben. Die »vorrangige Option für die Armen« ist keine Option für die Armen im Geiste, die sich auf die Menschen bezieht, die ihr Leben in Gottes Hand legen. Die Armen im Geiste sind die Heiligen. Es ist nicht schwierig, sich für sie zu entscheiden, es sind so wenige … Die Option für die Armen ist eine

Option für die wirklich Armen und damit für den Großteil der Menschheit. Die wirklich Armen sind die »Nicht-Menschen«, die Bedeutungslosen in unserer Gesellschaft; wie schon gesagt: Man kann nicht nur aus ökonomischen, sondern auch aus geschlechtlichen, rassischen oder kulturellen Gründen bedeutungslos sein.

Die Rede von der »vorrangigen Option« ist mit einer zentralen Aussage der christlichen Botschaft verbunden, mit der allumfassenden Liebe Gottes. Gott liebt jeden, egal ob arm oder nicht arm. Vorrang muss immer in Relation zur Universalität verstanden werden. Als Christ, der an den Gott Jesu Christi glaubt, muss ich den Armen Vorrang einräumen, aber ich kann deshalb nicht sagen, dass die Nicht-Armen für mich ohne Bedeutung sind. Das wäre keine christliche Haltung. Obwohl wir die Universalität berücksichtigen, fordern wir gleichzeitig, dass einige Menschen an erster Stelle stehen. Darin liegt kein Gegensatz, sondern eine Spannung, so wie wir Spannungen zwischen Handeln und Gebet, zwischen Aktion und Kontemplation finden. Es ist nicht möglich, Universalität zu fordern, ohne die Vorrangigkeit angemessen zu berücksichtigen.

Woher kommt dieser Vorrang? Menschen, die außerhalb meines Kontinents leben, sagen mir manchmal: »Ich verstehe dich. Du sprichst so engagiert über die Armen, weil du Lateinamerikaner bist.« Dagegen wende ich ein: Der Vorrang der Armen kommt nicht daher, dass ich Lateinamerikaner bin. Ich spreche in erster Linie über die Armen, weil ich Christ bin. Vielleicht ist es hilfreich, dass ich Lateinamerikaner bin, aber das ist nicht mein Hauptbeweggrund. Ebenso ist die Analyse der Realität, die ja unbestreitbar für diese Fragen von großer Relevanz ist, nicht der eigentliche Grund für die vorrangige Option für die Armen. Genauso wenig ist es das menschliche Mitgefühl im besten Sinne des Wortes, wobei ich seine große Bedeutung natürlich nicht bestreiten möchte.

Gelegentlich wird behauptet, dass alle Armen gute und großzügige Menschen seien und dass man alles von den Armen gelernt habe, aber das ist auch nicht der Grund. Wer das behauptet, hat sich nicht wirklich lange mit den Armen auseinandergesetzt. Denn die Armen sind Menschen; unter ihnen gibt es gute, aber auch schlechte Menschen. Augustinus behauptet, dass sowohl Gnade als auch Sünde in einem Menschen existieren. Das gilt genauso für die Armen wie für die Reichen. Manche Menschen scheinen das Bedürfnis zu haben, die Armen zu idealisieren, um sich ihnen verpflichtet zu fühlen. Tragische Konsequenz davon ist die Frustration. Besser ist es, sich von

Anfang an bewusst zu sein, dass es auch unter den Armen gute und schlechte Menschen gibt.

Der Hauptgrund für die »vorrangige Option für die Armen« ist also nicht, dass die Armen gute Menschen sind. Der Hauptgrund ist, dass Gott gut ist. Die vorrangige Option für die Armen ist eine theozentrische, eine am Gott Jesu Christi orientierte Option. Wenn dazu noch die Analyse der Realität, das menschliche Mitgefühl und die Erfahrung von Großzügigkeit der Armen hinzukommen, umso besser. Das jedoch ändert nicht den Hauptbeweggrund: der Glaube an den Gott Jesu Christi. Dieser Gott liebt uns um unserer selbst willen, nicht wegen unserer Qualitäten. Das entspricht der zutiefst menschlichen Sehnsucht: um seiner selbst willen geliebt zu werden und nicht für seine Qualitäten, die man eines Tages verlieren kann.

Deshalb kann man auch nicht einfach das Wort »vorrangig« weglassen. Es ist kein Wort, das unnötigerweise mit dem Ausdruck »Option für die Armen« verbunden wird. Wenn die Vorrangigkeit wegfällt, fällt damit auch die Grundlage für die Option weg, nämlich der Gott unseres Glaubens. Natürlich ist diese Vorrangigkeit, wie ich bereits erwähnte, immer spannungsreich bezogen auf die Universalität. Das ist eine der Grundspannungen in unserem Leben.

Das Wort »Option« ist vielleicht das schwächste Element in dem Ausdruck »vorrangige Option für die Armen«. Es bezieht sich auf die Tatsache, dass diese Haltung und dieses Engagement dem freien Willen entspringen. Das bedeutet natürlich nicht, dass sie beliebig sind. Auch der Glaube ist ein Akt der Freiheit. In diesem Sinne ist die vorrangige Option für die Armen tatsächlich eine Option, die gemeint ist, wenn wir von der »vorrangigen Option für die Armen« sprechen.

Option bedeutet auch den Versuch, die Welt der Armen zu betreten, auch wenn die Wege dorthin sehr unterschiedlich sind. Das heißt nicht, dass Solidarität mit den Armen gleichzusetzen ist mit einem Imitieren der Armen. Das ist unmöglich. Es ist falsch, sehr falsch, sich der Nachahmung der Armen in der Weise zu verschreiben, dass man seinerseits auf elementare Lebensgrundlagen verzichtet. Wir können die Armen nicht nachahmen. Wir müssen stattdessen versuchen, den Armen in asymptotischer Bewegung immer näher zu kommen und uns gleichzeitig der Tatsache bewusst bleiben, dass es unmöglich ist, ein wirklich armer Mensch zu werden. Deshalb ist das Ziel nicht, arm zu sein, sondern sich für die Armen zu engagieren. Es besteht kein Zweifel daran, dass sich Bischof Romero für die Armen engagiert hat, aber er selbst war nicht gerade ein bedeutungsloser Mann. Er war Erzbischof in El Salvador! Er war kein Armer unter den Armen, aber er verschrieb sich gänzlich der Sache der Armen und er hat sein Leben für dieses Engagement gegeben. Das Gleiche trifft für die Jesuiten in El Salvador zu. Sie sind nicht bedeutungslos; Ignacio Ellacuría war nicht bedeutungslos. Er war ein Philosoph und Theologe, ein wichtiger Mann in seinem Land. Doch wurden er und seine Gefährten umgebracht, weil sie sich für die Armen engagiert hatten.

Wir dürfen nicht in die Falle dieser idealisierten, verklärten Vorstellung vom »Leben wie die Armen« geraten. Das mag für eine sehr kurze Zeit möglich sein, aber nicht ein ganzes Leben lang. Arm zu sein ist genauso wie Indianer oder Afrikaner zu sein, es ist ein Schicksal, betrifft das ganze Leben. Es ist nicht nur eine Art Sabbatjahr. Natürlich fordert das Engagement für die Armen Entbehrungen in unserem Leben und sogar auch eine gewisse Armut. Aber eine mechanische Nachahmung ist unmöglich. Der Kernpunkt ist die Solidarität, die Entscheidung dafür ist freiwillig, eine Option.

Engagement für die Armen bedeutet auch, Freunde in dieser Welt der Armen zu haben. Ohne diese freiwillige Liebe, die Freundschaft ausmacht, kann man sich nicht wirklich für die Armen engagieren. Engagement für die Armen bedeutet nicht, dass wir uns für eine bestimmte soziale Klasse, für ein Geschlecht, eine Rasse oder für eine Kultur einsetzen. All das hat einen hohen Stellenwert, aber das eigentliche Engagement bezieht sich primär auf greifbare Personen. Sich für die Armen einzusetzen heißt ein Stück weit das eigene Leben mit ihnen zu teilen. Dies ist eine asymptotische Bewegung, durch die wir uns den Bedingungen, unter denen die Armen leben, immer weiter annähern. Niemals jedoch werden wir diese Realität wirklich erreichen können.

Die drei Dimensionen der Option für die Armen

Bei der vorrangigen Option für die Armen kann man drei Dimensionen oder Ebenen unterscheiden. Um die Bedeutung und die Reichweite dieser Option zu erfassen, müssen wir diese verschiedenen Aspekte berücksichtigen.

Natürlich ist die pastorale Ebene betroffen. Doch es geht dabei nicht nur um die Verteilung von Menschen bei der Aufgabe der Evangelisierung oder um das methodologische Problem der Verkündigung des Evangeliums. Es geht um mehr. Die Option für die Armen bedeutet, in ihre Welt einzutreten. Nach den Evangelien hat die Verkündigung der Frohen Botschaft in Galiläa, einer zu Zeiten Jesu verachteten Provinz Israels, ihren Anfang genommen. Wer diese Option ergreift, muss sich über Orte, Probleme und Sorgen im Klaren sein, um das Evangelium zu verkünden und um dazu beizutragen, Gerechtigkeit in der Welt zu schaffen.

Aber das ist noch nicht alles. Die vorrangige Option für die Armen hat auch schwerwiegende Folgen für die Theologie. Wir haben bereits festgestellt, dass Armut als unmenschliche Situation, als ein früher und ungerechter Tod, eine Herausforderung für das Verständnis von Glauben und für seine Vermittlung darstellt. Gelegentlich haben ausgebildete Theologen Schwierigkeiten mit diesem Argument, da viele von ihnen Armut nur als ein soziales Problem sehen. Ich bin der Meinung, dass wir über diese Denkweise hinausgehen müssen. Darin bestehen die Ziele und die Praxis der verschiedenen Befreiungsstheologien. Diese Sichtweise hat eine Konsequenz, nämlich die Notwendigkeit, die christliche Botschaft unter Berücksichtigung der Situation der Armen zu reflektieren.

Der verborgenste Aspekt liegt schließlich in der spirituellen Dimension. Diese Option ist ein Weg, Jesus nachzufolgen, sein Jünger zu sein. Das Engagement für die Armen hat seinen Ursprung in der bedingungslosen Liebe Gottes. Letztendlich bedeutet Solidarität mit den Armen eine Begegnung mit Jesus Christus selbst (vgl. Mat 25). Spiritualität ist das Rückgrat dieser Option. In der Spiritualität erlangt die Option ihre tiefste Bedeutung und größte Reichweite. Auf der verborgensten Ebene stellt die Option für die Armen eine spirituelle Erfahrung dar.

Die vorrangige Option für die Armen und der interreligiöse Dialog

Die Vielzahl der Religionen ist, wie wir wissen, eine sehr alte menschliche Realität. Weder die großen und besser bekannten noch die weniger verbreiteten Religionen sind erst gestern entstanden. Doch die damit verbundene Problematik trat erst unlängst in das theologische Bewusstsein. In der Vergangenheit führte ihre Existenz zu praktischen Problemen, sodass mit Blick auf ihren heilsgeschichtlichen Wert Überlegungen zur missionarischen Arbeit der christlichen Kirchen angestellt wurden. In den letzten Jahrzehnten wurde die Existenz nichtchristlicher Religionen zu einer grundlegenden Frage für den christlichen Glauben. Alle Wissenschaftler aus diesem Bereich stimmen überein, dass die Theologie der Religionen, so wie wir sie heute vorfinden, ziemlich neu ist; ihr Weg ist gesäumt von Schwierigkeiten. Heute findet in der Kirche eine bedeutende Debatte zu dieser Problematik statt. Sie stellt ohne Zweifel eine heikle Angelegenheit dar, mit der sich bereits wichtige Texte des kirchlichen Lehramts genauso wie breit angelegte theologische Studien befasst haben. Die Existenz von Millionen von Menschen, die in diesen Religionen ihre Beziehung zu Gott, zu einem Absoluten oder zum Urgrund des Lebens finden, stellt eine Herausforderung für mehrere zentrale Punkte des christlichen Glaubens dar. Gleichzeitig – es ist wichtig, dies zu unterstreichen – bietet eine solche Herausforderung dem christlichen Glauben Elemente und Möglichkeiten der Selbstreflexion und der erneuten Analyse der heutigen Bedeutung und Reichweite der Erlösung in Jesus Christus.

Wir befinden uns hier auf einem neuen und herausfordernden Gebiet. Dabei ist die Versuchung groß, sich zurückzuziehen und an allen Positionen, die als sicher angesehen werden, festzuhalten. Auf jeden Fall kann eine Theologie der Religionen nicht entwickelt werden, ohne dass ein interreligiöser Dialog praktiziert wird; wir stehen damit noch immer am Anfang. Theologie ist auch dabei immer der zweite Schritt. Zwar haben sich viele schon dieser Aufgabe verschrieben, doch muss noch viel mehr geleistet werden.

Die moderne Mentalität ist die Folge wichtiger Veränderungen auf dem Gebiet menschlichen Wissens und des sozialen Lebens. Besonders in Westeuropa haben diese Veränderungen im Zuge der Verbesserung des Lebensstandards und der ungleichen Entwicklung, die der Kontinent im Vergleich mit den anderen Ländern unseres Planeten nahm, stattgefunden. Diejenigen, die mit den Problemen des religiösen Pluralismus leben müssen, kommen in der Regel aus den ärmeren Ländern der Erde. Das ist vielleicht einer der Gründe, warum, wie bereits erwähnt, diese Fragen, die in diesen Ländern entstanden sind, erst in letzter Zeit ins Blickfeld der christlichen Kirchen der so genanten entwickelten Welt geraten sind; genauer gesagt erst dann, als diese Menschen begannen, ihre Stimme in den verschiedenen Bereichen der internationalen Gemeinschaft zu erheben. Infolgedessen können Antworten auf die Fragen, die in erster Linie aus Asien, aber auch aus Afrika und Lateinamerika an die christlichen Kirchen gerichtet werden, nicht allein auf einer religiösen Ebene liegen, sondern müssen stets den sozialen Kontext, d.h. die Situation der Armen, mitberücksichtigen. Religion und Armut sind in der Tat zwei untrennbar aufeinander verwiesene Aspekte voller Konsequenzen für den Diskurs des Glaubens.

Víctor Codina

Medellín – 35 Jahre danach

1. Das Ereignis Medellín

Alles begann mit dem Zweiten Vatikanum. Die Kirche öffnete sich der modernen Welt und kehrte zu ihren von Gemeinschaft geprägten Wurzeln zurück. Doch in Bezug auf die Theologie und die Protagonisten des Konzils war der nordatlantische Einfluss auf dem Zweiten Vatikanum übermächtig. Aus diesem Grund beschloss Papst Paul VI., es auf andere Kontinente auszuweiten, und traf sich mit den Bischöfen Afrikas in Kampala, mit den Bischöfen Asiens in Manila und 1968 mit den lateinamerikanischen Bischöfen in Medellín.

Doch Medellín war viel mehr als eine Ausweitung und Übertragung des Zweiten Vatikanums auf Lateinamerika. Es war eine Relecture des Konzils aus der Perspektive eines Kontinents, in dem Ungerechtigkeit und Armut herrschten. Wie die in Medellín versammelten Bischöfe in den Konzilsdokumenten versichern, war es ein echtes Pfingstereignis.

Medellín erforscht die Zeichen der Zeit und sieht in der Sehnsucht nach sozialem Aufstieg und Befreiung ein Zeichen für die Präsenz des Heiligen Geistes auf dem Kontinent. Wie einst im Exodus ist die Gegenwart Gottes im Übergang von unmenschlichen zu menschlicheren Bedingungen zu spüren:

»So wie einstmals Israel, das erste Volk, die rettende Gegenwart Gottes erfuhr, als er es aus der Unterdrückung Ägyptens befreite, als er es das Meer durchschreiten ließ und es zum Land der Verheißung führte, so können auch wir, das neue Volk Gottes, nicht umhin seinen rettenden Schritt zu spüren, wenn die wahre Entwicklung ..., die für jeden einzelnen und für alle der Weg von weniger menschlichen zu menschlicheren Lebensbedingungen ist. [...]«[1] (*Populorum Progressio* 20).

[1] Einleitung zu den Entschließungen Nr. 6, in: *Die Kirche in der gegenwärtigen Umwandlung Lateinamerikas im Lichte des Konzils,* Medellín 1968; nachfolgend angegeben mit: Medellín.

Medellín will, bevor über die Strukturen der Kirche gesprochen wird, zunächst über die reale Situation des Volkes, die Gerechtigkeit, den Frieden, die Familie und die Demographie, die Erziehung und die Jugend nachdenken. Dabei entlarvt es strukturelle Ungerechtigkeit, institutionalisierte Gewalt, sündige Strukturen, die das Volk unterdrücken, Armut und Elend. Trotzdem lässt sich Medellín nicht zur Gewalt verleiten und befürwortet friedliche Formen des Kampfes und der Befreiung.

Medellín war eine Zeit der Gnade und der Erschütterung für Lateinamerika, das nun aufwachte und begann, die von ungerechter Armut geprägte Realität des Kontinents zu erkennen. Die lateinamerikanischen Bischöfe, von denen sich die meisten auf dem Zweiten Vatikanum ratlos und verloren gefühlt hatten, fanden nun ihren zentralen Bezugspunkt: die Realität der ungerechten Armut auf dem lateinamerikanischen Kontinent.

Die prophetische Linie Medellíns wurde trotz vieler Schwierigkeiten in Puebla weiterverfolgt; sie fand ihren Höhepunkt in der berühmten Option für die Armen:

»Mit erneuerter Hoffnung auf die belebende Kraft des Geistes machen wir uns wieder die Auffassung der 2. Vollversammlung zu Eigen, die eine klare und prophetische, vorrangige und solidarische Option für die Armen zum Ausdruck brachte, trotz der Abweichungen und Deutungen, mit denen manche dem Geist von Medellín seine Kraft nahmen, trotz der Unkenntnis und sogar der Feindseligkeit anderer […]. Wir bestätigen die Notwendigkeit der Umkehr der gesamten Kirche im Sinne einer vorrangigen Option für die Armen mit Blickrichtung auf deren umfassende Befreiung.« (Puebla 1134)[2]

Es gibt auch neue charismatische Persönlichkeiten unter den Laien, die sich für die Befreiung des Volkes engagieren, neue lateinamerikanische Bischöfe, die dem Volk nahe stehen (Helder Cámara, Proaño, Casaldáliga, Arns, Méndez Arceo, Romero, Angelleli, Samuel Ruiz u.a.); die CLAR (Confederación Latinoamericana de Religiosos y Religiosas) spornt das religiöse Leben des Kontinents an, sodass es sich bei den Armen ausbreitet, Basisgemeinden werden gegründet, ein neues, prophetisches und österliches Bild von der Kirche der Armen entsteht, es gibt die ersten Märtyrer, das Wirken des Geistes in Lateinamerika gleicht einem Vulkanausbruch, einer wahren Ekklesiogenese.

2 Die Evangelisierung Lateinamerikas in Gegenwart und Zukunft, Puebla 1979; nachfolgend angegeben mit: Puebla.

Auf der anderen Seite stellt die lateinamerikanische theologische Reflexion, die seit Medellín diese neue soziale und kirchliche Praxis begleitet, den theologischen Aufruf zur Befreiung dar. Sie geht von einer besonderen spirituellen Erfahrung aus, der Präsenz Christi im Armen. Sie verwendet sozio-analytische Methoden, um die Realität zu verstehen. Sie geht dann zur hermeneutischen Vermittlung über, um diese Realität im Lichte des Wortes Gottes zu sehen, und mündet in eine praxisbezogene Vermittlung, weil sie entschlossen ist, diese Realität zu verändern. Wir können die Veränderung der kirchlichen Perspektive nicht untersuchen, ohne uns mit den theologischen Veränderungen in der Befreiungstheologie zu beschäftigen.

2. 35 Jahre sind vergangen

Wir stehen heute vor einer neuen politischen, sozialen und kirchlichen Situation. Wir leben in einer postmarxistischen und postmodernen Welt. Mit dem Fall der Berliner Mauer sind viele sozialistische Utopien zerstört worden. Die Spannungen zwischen Westen und Osten sind verschwunden und an ihre Stelle sind Spannungen zwischen Norden und Süden getreten. Durch die Globalisierung ist ein Welt-Dorf entstanden, in dem angefangen von den Hamburgern von Mac Donalds bis zum Internet alles gleichförmig geworden ist.

Der Kapitalismus ist neoliberal geworden: Er wird vollkommen von der Marktwirtschaft beherrscht, der Staat ist auf ein Minimum geschrumpft und kümmert sich nicht um die sozialen Bereiche, die Unternehmen werden privatisiert, die Grenzen werden für den Handel mit der ganzen Welt geöffnet, es gibt strukturelle Anpassungen, mächtige Konzerne werden von Abgaben befreit, die Politik wird in den Dienst der Wirtschaft gestellt, es wird verkündet, dass es »außerhalb des Neoliberalismus kein Heil gibt«. Und es heißt, dass wir am Ende der Geschichte angekommen sind (F. Fukuyama).

Dieser Neoliberalismus hat zu einem großen sozialen Ungleichgewicht geführt: Die Reichen (Individuen, Klassen und Staaten) werden immer reicher und die Armen immer ärmer. In der so genannten Dritten Welt hat dieser Neoliberalismus verheerende Folgen gehabt, die sich fortsetzen: Betriebe werden geschlossen, Arbeitslosigkeit, Armut und Elend nehmen zu, die Kinder sterben an Unterernährung, die Frauen tragen die ganze Last der Armut. Was momentan in einem vormals so reichen Land wie Argentinien geschieht, ist beispielhaft für alles, was in der Dritten Welt passiert.

Seit dem 11. September ist nichts mehr, wie es war. Der Terrorismus ist zu einem gemeinsamen Feind des Westens geworden und die islamischen Länder stehen im Verdacht, diesem Terrorismus den Boden zu bereiten. Die USA sind zu einem messianischen Volk geworden, das den Auftrag hat, die Menschheit vor dem Weltterrorismus zu retten, und sei es auf Kosten tausender unschuldiger Opfer.

Kulturell sind wir in der so genannten Postmoderne angekommen. Die erste Aufklärung (Kant und die Vernunft) und die zweite Aufklärung (Marx und die Revolution) werden kritisiert. Wir sind von Marx zu Nietzsche, von Prometheus zu Narziss übergegangen. Die Moderne hat Monster geschaffen: den kommunistischen Archipel Gulag, Auschwitz, Hiroshima. Wir leben in einem Jurassic Parc voller Monster, die uns verschlingen. Wie die Titanic sind wir mit dem Eisberg zusammengestoßen, auch wenn auf Deck noch immer die Geigen erklingen...

Wir erleben eine Krise der Geschichte, der Utopien der großen Erzählungen: Es bleiben uns nur die kleinen Geschichten des Alltäglichen, Geschichten voller Bedrückung wegen der unerträglichen Leichtigkeit des Seins (M. Kundera), wegen der Trivialität des Zeitalters der Leere (G. Lipovetzky). Man muss sich mit den kleinen Dingen zufrieden geben: einem Sonnenuntergang, einer wohlschmeckenden Frucht, einer angenehmen Gesellschaft (U. Eco). Das »carpe diem« des Horaz, ein Nutzen des flüchtigen Augenblicks, scheint die Losung der Postmoderne zu sein. Wir sind weit entfernt vom Mai 1968 mit seinen Utopien von einer besseren Welt. Jetzt geben wir uns mit dem Privaten, mit einem schönen Haus und einer Fernreise zufrieden. Diejenigen, die früher als Freiwillige nach Nicaragua gegangen sind, sind heute bei Greenpeace aktiv, diejenigen, die früher das Tagebuch von Che verkauft haben, verkaufen jetzt wohlriechende Kräuter.

Die Vernunft wurde entthront, es lebe das Gefühl, es lebe das »Denken light« in einer fragmentierten Welt, in der ein breit gefächertes Wertespektrum zur Auswahl steht, ein ethisches Menü, in der »alles gültig ist«, wenn nur ein individuelles Ziel verfolgt wird. Am Horizont taucht, entgegen aller Voraussagen der Säkularisierung, die Religion auf. Doch die Religion findet außerhalb der religiösen Institutionen statt.

Dieser esoterisch-religiöse Boom findet im New Age seinen typischsten Ausdruck. New Age ist keine Religion, hat aber religiösen Charakter (Danaels). Es ist eine Verschwörung auf dem Weg in eine neue Welt, in der eine wahrhaft spirituelle Befreiung erreicht wird in einem pantheistischen Mystizismus, in einer tiefen Verbundenheit mit der Umwelt. Das Heil ist in der Welt, Jesus ist nur ein großer Meister, der sich reinkarnieren wird, um zu zeigen, dass sich die Menschheit selbst retten kann. New Age ist eine Spiritualität, die zum universellen Heil führt, aber ohne Christus.

Wenden wir uns nach der Beschreibung dieser kulturellen und gesellschaftspolitischen Veränderungen nun der neuen Situation innerhalb der Kirche zu, die wir erleben. Nach dem ekklesialen Frühling der postkonziliaren Zeit befinden wir uns jetzt im ekklesialen Winter, wie ihn seinerzeit schon Karl Rahner diagnostizierte.

Diese neue Situation hat schon in den letzten Jahren des Pontifikats Pauls VI. begonnen und dauerte im Pontifikat Johannes Pauls II. an. Man begann, das Zweite Vatikanum mit Skepsis zu betrachten, man sprach von Restauration, erklärte, man müsse das Konzil richtig interpretieren, die Zeit des Experimentierens beenden, Übertreibungen vermeiden usw. Die Person Mons. Lefevbres ist ein extremes Beispiel für diese Tendenz. Doch ohne es überall so weit zu bringen, wird versucht, die Bedeutung des Konzils herunterzuspielen.

Die Symptome dieses ekklesialen Winters sind deutlich zu erkennen. 1972 erscheint erstmals die Zeitschrift Communio, um der Zeitschrift Concilium Einhalt zu gebieten, von der man meinte, sie sei zu weit gegangen. Auf Karl Rahner folgt nun Hans Urs von Balthasar, der später zum Kardinal ernannt wird, während es Bestrebungen gibt, Rahner post mortem zu verurteilen. Die Bischofsversammlungen verlieren ihre theologische und lehramtliche Funktion und werden auf ihre bloß administrative Bedeutung herabgesetzt. Im Gegenzug gewinnen die Nuntien ihre Vormachtstellung zurück. Man bremst den Ökumenismus, die prophetischsten unter den theologischen Stimmen in der Kirche werden zum Schweigen gebracht. Es gibt Konflikte mit den progressivsten religiösen Vereinigungen. Bischöfe werden nach Kriterien der doktrinären Überzeugung ernannt und in vielen Diözesen kommt es wegen der Ernennung konservativer Bischöfe zu Konflikten.

Das Laienamt wird ausgebremst und die laikalen Bewegungen, von denen viele deutlich spiritualistische und konservative Züge tragen, werden gefördert. Der Glaubenskongregation kommt unter den römischen Dikasterien eine herausragende Rolle zu. Der Codex Iuris Canonici von 1983 ist, obwohl er viele Male das Zweite Vatikanum zitiert, weit davon entfernt, sich dessen Geist voll und ganz zu Eigen zu machen. 1992 wird der katholische Katechismus veröffentlicht, obwohl der Vorschlag, einen Welt-Katechismus herauszugeben, auf dem Zweiten Vatikanum abgelehnt wurde. Das kirchliche Lehramt wird immer kompromissloser in Fragen der Sexualmoral, des Feminismus und des interreligiösen Dialogs. In der Ersten Welt lichten sich die Reihen in der katholischen Kirche langsam, aber sicher, und Millionen von Stimmen fordern einen neuen Stil der Kirche.

Obwohl das gläubige Volk in Lateinamerika Rom treu ist und viele dieser Spannungen dort nicht bekannt sind, hat man auch in den lateinamerikanischen Ländern die Veränderungen erlebt, die der ekklesiale Winter mit sich brachte. Schon in Puebla gab es Spannungen zwischen Gruppen, die den prophetischen Weg Medellíns verlassen wollten, und denjenigen, die ihn weitergehen wollten. 1984 veröffentlicht die Glaubenskongregation ihre erste Instruktion gegen die Befreiungstheologie, Libertatis nuntius, und Leonardo Boff wird ein Jahr lang zum Schweigen verurteilt. Die Instruktion von 1986, Libertatis conscientia, ist positiver, aber sie besteht darauf, dass sie vor dem Hintergrund ihrer Vorgängerin gelesen werden muss. 1986 erklärt Papst Johannes Paul II. in einem Brief an die in Itaicí versammelten brasilianischen Bischöfe, der von Kardinal Gantín verlesen wird, dass die Befreiungstheologie selbstverständlich notwendig und sinnvoll für Lateinamerika ist. Doch die Verfolgung der Theologen, der Buchreihe Teología y liberación und der CLAR dauert an. Neu ist auch eine gewisse Mutlosigkeit in den Basisgemeinden.

Diese Situation wurde auf der IV. Versammlung des Lateinamerikanischen Episkopats in Santo Domingo deutlich. Die Spannungen zwischen der CAL (Kommission für Lateinamerika) und dem CELAM (Lateinamerikanischer Bischofsrat) waren klar zu erkennen. Man wollte die Richtlinien von Medellín und Puebla zum Thema Armut aufgeben und den Schwerpunkt auf die Kulturen legen, ohne sich bewusst zu sein, dass das Thema Kulturen auf Dauer brisanter ist als das Thema Armut, weil es auch Fragen der Christologie, der Offenbarung und der biblischen Inspiration berührt. Man spricht nicht von Befreiung, sondern von der Verbesserung der sozialen Situation und von der christlichen Kultur, ein wirklich widersprüchliches und präkonziliares Konzept. Die lateinamerikanische Methode Sehen – Urteilen – Handeln wird durch pastorale Herausforderungen und pastorale Richtlinien ersetzt. Die Märtyrer unserer Zeit werden nicht erwähnt, nicht einmal die Bischöfe, und man kann sich gerade noch dazu durchringen, für die Desaster der Conquista und der ersten Evangelisierung um Vergebung zu bitten. Nach langen inneren Kämpfen sprach sich die Versammlung in ihrer Schlusserklärung für eine Bestätigung der Richtlinien von Medellín und Puebla und der evangelischen Option für die Armen aus (Santo Domingo 302).

Unter den positiven Elementen von Santo Domingo ist die intensive Beschäftigung mit den Aspekten moderner und indigener Kultur, den Menschenrechten, der Erde, der Ökologie, der Familie usw. hervorzuheben. Diese Themen zeigen, dass es in der lateinamerikanischen Kirche eine neue Sensibilität gibt, die sich von der Medellíns deutlich unterscheidet.

3. Drei Standpunkte

Angesichts dieser wirklich neuen Situation stellen wir uns die Frage, was zu tun ist. Ich meine in dieser neuen Situation drei sehr unterschiedliche Standpunkte zu erkennen.

a) Abschied von Medellín

Es gibt viele, die daran interessiert sind, Medellín ein für alle Mal von der kirchlichen Landkarte Lateinamerikas zu streichen, es als einen schlechten Moment zu betrachten, wie einen Albtraum, aus dem man aufgewacht ist.

Viele, die Medellín und die Befreiungstheologie vom Marxismus beeinflusst sahen, glauben, dass der ganze Elan schon mit dem Fall der Berliner Mauer zum Erliegen gekommen ist. Darüber hinaus werden die persönliche Krise von L. Boff, der Tod von J.L. Segundo und von C. Bravo, der Märtyrertod I. Ellacurías und der Eintritt von G. Gutiérrez in den französischen Dominikanerorden erwähnt. Für die Befreiungstheologie hat eine Zeit des Schweigens und der Ratlosigkeit begonnen.

Folglich, sagen diese Autoren, müsse man in die Zeit vor Medellín zurückkehren, die Option für die Armen vergessen, die so viele Probleme mit sich gebracht habe, Befreiung als aus der Mode gekommenes Wort aus dem Vokabular streichen, zum präkonziliaren Christentum zurückkehren, einen kompromisslosen Neoliberalismus befürworten und sich dem postmodernen Geist mit seinen kleinen Erzählungen und seiner Light-Idee völlig anpassen. Zu den Vertretern dieses Standpunkts gehören auch die Theologen des demokratischen Kapitalismus wie M. Novak. Der Kapitalismus ist nach Novak der neue Diener Jahwes, der, obwohl er von allen verflucht wird und sieht, wie ihn alle voller Abscheu betrachten, der Einzige ist, der Erlösung bringt.

Die Schlussfolgerung ist, dass man zurückgehen, den Irrweg verlassen und aufhören muss, von Armen und von Gerechtigkeit zu sprechen, und die Realität des modernen Neoliberalismus, der das lateinamerikanische Elend in Wohlstand verwandeln soll, als neues Zeichen der Zeit zu akzeptieren habe.

Aber: Kann die Kirche frisch-fröhlich Optionen, die von der Weltkirche akzeptiert worden sind, den Rücken kehren? Betonte Johannes Paul II. in seinem Schreiben vor dem dritten Jahrtausend nicht noch einmal, dass die Kirche die Option für die Armen erneuern und vertiefen muss? »Muß man aus dieser Sicht und eingedenk dessen, daß Jesus gekommen ist, um ›den Armen das Evangelium zu verkünden‹ (Mt 11,5; Lk 7,22), die Vorzugsoption der Kirche für die Armen und die Randgruppen nicht entschiedener betonen? Ja, man muß sagen, daß in einer Welt wie der unseren, die von so vielen Konflikten und unerträglichen sozialen und wirtschaftlichen Ungleichheiten gezeichnet ist, der Einsatz für Gerechtigkeit und Frieden ein tauglicher Gesichtspunkt der Vorbereitung und Feier des Jubeljahres ist.« (*Tertio Millennio Adveniente* 51)

In seinem Brief über den Beginn des neuen Jahrtausends schreibt der damalige Papst: »Es ist sicher nicht zu vergessen, dass niemand von unserer Liebe ausgeschlossen werden darf. Denn ›der Sohn Gottes hat sich in seiner Menschwerdung gewissermaßen mit jedem Menschen vereinigt‹ (GS 22). Wenn wir uns aber an die unmißverständlichen Worte des Evangeliums halten, dann ist in den Armen Christus in besonderer Weise gegenwärtig, was der Kirche eine vorrangige Option für sie auferlegt. Durch diese Option wird die Art der Liebe Gottes, seine Fürsorge und sein Erbarmen, bezeugt. Außerdem werden in die Geschichte gewissermaßen jene Samenkörner des Gottesreiches ausgesät, die Jesus selbst in das Erdreich seines Lebens gelegt hat, indem er denen entgegenkam, die sich wegen aller möglichen geistigen und materiellen Nöte an ihn wandten.« (*Novo Millennio Ineunte* 49)

b) Medellín geht genauso weiter

Dieser Standpunkt steht der oben beschriebenen Position entgegen und wehrt sie ab. Medellín und sein ganzer Kontext – so wird versichert – seien alles andere als eine Mode der 60er Jahre, sondern heute wichtiger und notwendiger denn je, weil die Zahl der Armen größer geworden sei und die ungerechte Armut noch mehr zugenommen habe. Man müsse wieder nach Medellín zurückkehren.

Die Vertreter dieses Standpunkts betonen, dass die Option für die Armen im Christentum und in der Theologie unverzichtbar und dass das Prinzip der Befreiung ein zentraler Grundsatz der Kirche seien, und sie bekräftigen, dass man weiterhin die Gekreuzigten unserer Welt vom Kreuz holen müsse (I. Ellacuría). Die Erinnerung an die Märtyrer ist heilig.

Die Verfechter dieses Standpunkts leugnen nicht den Zusammenbruch des Sozialismus, doch sie wollen nicht akzeptieren, dass dies eine Veränderung im Paradigma von Medellín bedeuten soll. Dies zu akzeptieren hieße, dass die Grundlage von Medellín und der Befreiungstheologie der Marxismus und nicht die Armen und ihre vom freimachenden Gott gewollte Befreiung sind. Folglich wollen sie nichts von Krise hören.

Die Vertreter dieses Standpunkts akzeptieren, dass sich die Kirche heute neuen Bereichen öffnen muss, wie z.B. den Indigenen, den Frauen, der Erde, der Ökologie, dem interreligiösen Dialog usw., doch sie bestreiten, dass dies die Gültigkeit Medellíns und seines Kontexts in Frage stellt.

Diesem Standpunkt kommt unbestritten das Verdienst zu, dass er nicht zurückgehen will, dass er mit Nachdruck den Schlüssel der Befreiung fordert in einer Welt, in der die Armen ausgegrenzt sind.

Doch hat all das Neue, das vor allem in den 90er Jahren und am Ende des Jahrtausends in Erscheinung getreten ist, keinerlei Auswirkungen auf den Befreiungsgedanken von Medellín? Hat die Befreiungstheologie nicht immer gesagt, dass man von der Realität ausgehen muss? Und hat somit eine Realitätsveränderung keine Folgen für die kirchliche Reflexion? Ist, was in Santo Domingo geschah, zufällig passiert?

c) Man muss noch weitergehen

Dieser dritte Standpunkt stellt eine Kritik der beiden ersten Positionen dar. Er akzeptiert die Vereinfachung des ersten Standpunkts nicht, nach dem Medellín und alles, was dazu gehört, eine vorübergehende Modeerscheinung gewesen ist oder ein marxistisches Nebenerzeugnis, das man nun neoliberal färben muss. Es ist eine Einstellung, die mit dem Rockefeller-Bericht von 1969 und den beiden Santa-Fe-Dokumenten, die die Berater für lateinamerikanische Fragen den Präsidenten Reagan und George Bush zukommen ließen, auf einer Linie liegt.

Aber die Vertreter dieses dritten Standpunkts glauben auch nicht, dass es genügt, bei der zweiten Position stehen zu bleiben, nicht so sehr aufgrund dessen, was sie behauptet – was akzeptabel ist –, sondern aufgrund dessen, was sie zu unterstellen scheint: dass alles gleich bleibt, es nur einige neue Themen gibt, wie die Frauen, die Erde, die Indigenen und die Afroamerikaner.

Ist wirklich nichts passiert? Ist wirklich alles noch genauso wie in den 68ern? Genügt es, immer wieder auf dem Gleichen zu bestehen? Können wir noch die gleiche Sprache wie in den 70er und 80er Jahren sprechen? Laufen wir nicht Gefahr, zu treuen Hütern der Erinnerung an die Vergangenheit zu werden, auch wenn es eine so heilige Erinnerung wie das Gedenken an die Märtyrer ist? Ist es nicht wahr, dass das, was Medellín über die Armen gesagt hat, heute zum Erbe der Weltkirche gehört, dem Zuckerstück gleich, das sich in der Kaffeetasse auflöst und das ganze Getränk süßt (C. Boff)? Vor welcher Aufgabe stehen wir heute?

Deshalb glauben einige Theologen (L. Boff, R. Muñoz, P. Trigo, P. Richard, D. Irarrázaval, J.B. Libanio, C. Boff u.a.), dass sich etwas Grundlegendes verändert hat, dass wir uns in einer Krisensituation befinden – was eine Theologie, die von sich sagt, dass sie von der Realität ausgeht, nicht befremden kann. Diese Krise bedeutet nicht, dass Medellín von der Bildfläche verschwunden ist, sondern dass man weitergehen, seewärts fahren muss, wie Johannes Paul II. in seinem pastoralen Schreiben vor Beginn des dritten Jahrtausends vorgeschlagen hat.

Ich persönlich gehöre zu dieser dritten Gruppe, und ich möchte im Folgenden erklären, warum ich diesen kritischeren Standpunkt einnehme.

Eine neue Analyse für eine neue Realität

Die lateinamerikanische Theologie geht immer von der Realität aus. Medellín analysiert die Realität, bevor es sich mit kirchlichen und pastoralen Themen beschäftigt. Es geht, um mit Ellacuria zu sprechen, darum, »die Realität zu begreifen«.

Diese Analyse geht von der Erfahrung einer Situation der Armut aus, die anstößt und für den Christen zu einer echten spirituellen Erfahrung wird (Mt 25,31–45). Der »Sitz im Leben« der lateinamerikanischen Theologie ist ein »Sitz im Tode« (J. Sobrino). Und die Armut ist kein Zufall, sondern entsteht, um die Sprache von Medellín zu verwenden, aus ungerechten und sündigen Strukturen. Daher die Bedeutung der Realitätsanalyse, der sozio-analytischen Vermittlung (ein von C. Boff geprägter Begriff). Diese sozio-analytische Vermittlung hat sich die Gesellschaftswissenschaften, unter anderem den Marxismus, zunutze gemacht. Dies ist einer der Gründe für die Ablehnung der Befreiungstheologie und die Angriffe auf sie.

Wie mehrfach gesagt wurde, ist die lateinamerikanische Theologie von der ersten zur zweiten Aufklärung übergegangen und will daher nicht nur den menschlichen Geist von seinen kindlichen Vorurteilen (Kant), sondern das Volk von der Armut (Marx) befreien. Anhand dieser Analysen gelangt man zum Begriff der Abhängigkeit, angesichts derer die Notwendigkeit der »Befreiung« entsteht. Nun sind sowohl die erste Aufklärung als auch die zweite Aufklärung Produkte der Moderne, die in die Krise geraten ist. Die Armut ist nicht zurückgegangen, im Gegenteil, die Vergötterung des Marktes (F. Hinkelammert) produziert neue Opfer, weshalb die Option für die Armen heute wichtiger denn je ist.

Doch wir müssen über die Moderne, über die Vernunft der Aufklärung, über die sozioökonomischen Analysen hinausgehen. Konkret heißt das: Wir müssen die sozio-analytische Analyse um eine anthropologische, kulturelle und religiöse Analyse ergänzen. Wir müssen die Vernunft der Aufklärung durch die symbolische Vernunft ergänzen, die den Ländern des Südens mehr entspricht, die weniger machistisch, aber feministischer als die Vernunft der Aufklärung ist.

Gewiss sind die Frauen, die Indigenen und Afroamerikaner, die Erde zu Objekten der Ausbeutung geworden. Doch sie sind nicht nur Ausgebeutete, sondern aktive Subjekte mit neuen Perspektiven, neuen Paradigmen. Die Frauen und die Indigenen sind nicht nur das Lumpenproletariat. Wir müssen von der Theologie der Klage, von der in Medellín und Puebla die Rede war, zur Theologie des Gesichts übergehen. Die Kategorie der sozialen Klasse ist zu eng gefasst gewesen, die kämpferische Vernunft ist inzwischen unzureichend. Deshalb haben seit den 90er Jahren die Theologie der Frau bzw. die feministische Theologie, die indigene und afroamerikanische Theologie und die ökologische Theologie einen großen Aufschwung erlebt.

Anders gesagt, vielleicht verstehen wir heute besser als in Medellín, dass der Arme nicht vom Brot allein lebt, dass er eine Kultur, eine Religion, ein Geschlecht, Träume und Utopien hat, eine Hoffnung auf ein besseres Morgen, weshalb er keinen kollektiven Suizid begeht. Das heißt, wie G. Gutiérrez von Anfang an gesagt hat: Das lateinamerikanische Volks ist arm und gläubig. Aber vielleicht wurde die Dimension des Glaubens von der Not der Armut verdunkelt. Viele

Entwicklungshilfeprogramme, die in der Ersten Welt erdacht wurden, sind in Lateinamerika aus eben diesem Grund gescheitert: weil sie diese kulturelle und religiöse Dimension nicht berücksichtigt haben.

Das war das Neue in Santo Domingo: die Einführung des Themas Kultur, auch wenn es dort nicht ausreichend in Bezug zur Armut artikuliert werden konnte.

Nennen wir ein konkretes Beispiel für diese neue Analyse einer neuen Realität. Wenn man vor Jahren in ein Stadtviertel ging, analysierte man die Armut, die Arbeit, die Wohnverhältnisse, das Trinkwasser, die Kindersterblichkeit usw. Heute genügt das nicht mehr, denn man muss auch die Kultur, das Geschlecht, die Utopien und Träume, die Religion, das Alter usw. einer Analyse unterziehen.

Eine neue theologische Reflexion

Nach Medellín hat die lateinamerikanische Befreiungstheologie begonnen, über die Realität nachzudenken. Sie setzte ihr den Begriff des Reiches Gottes entgegen, der im Zentrum des Evangeliums steht und das Paradigma der Befreiungstheologie darstellt (J. Sobrino). Mit großer Entschlossenheit wurde die Christologie entworfen (J. Sobrino, J.L. Segundo, L. Boff, H. Echegaray, C. Bravo u.a.), eine Christologie, die in der Nachfolge Jesu in seiner Option für die Armen mündet. Auch eine umfassende Ekklesiologie wurde entworfen, als Kirche der Armen, ein historisches Befreiungssakrament (I. Ellacuría, L. Boff, R. Muñoz, J. Sobrino, A. Parra u.a.). All dies ist bekannt.

Doch Unsicherheiten kommen auf, wenn wir uns fragen, um welches Reich es sich handelt. Wir können uns fragen, ob wir nicht zu messianisch mit der Ungeduld der Zeloten auf den Messias warteten, ob unser Verhältnis zum Volk nicht zu paternalistisch war, ob wir nicht zu voluntaristisch gewesen sind, zu fixiert auf den Klassenkampf, und andere Dimensionen des Menschen vergessen haben, ob wir nicht die theologische und spirituelle Kraft der Armen mit ihrer politischen Stärke verwechselt haben.

Das Reich Gottes ist voller Geheimnisse, es ist die Dimension »ad extra« der Trinität in der Heilsgeschichte, es ist Gott, der zu uns kommt, es ist Gott, der bei uns ist, es ist das Leben Gottes, der sich uns durch den Heiligen Geist mitteilt (Röm 5,5). Dieses Reich beginnt mit Jesus (Mk 1,14) und seine tiefste Bedeutung liegt im Zeichen des Jona, das heißt in dem österlichen Geheimnis von Tod und Auferstehung Jesu.

Die Beziehung des Reiches Gottes zur Geschichte hat sich im Lauf der Geschichte in unterschiedlicher Form geäußert. In den ersten Jahrhunderten entstand eine apokalyptische und spiritualistische Vorstellung vom Reich Gottes. Als Reaktion darauf entstand die millenaristische Strömung, zu deren Anhängern selbst Irenäus gehörte. Zur Zeit der mittelalterlichen christlichen Kirche wurde das Reich Gottes in einem ekklesiozentrischen Weltbild mit der Kirche gleichgesetzt. In der Moderne wurde der Begriff des Reiches Gottes säkularisiert und in historische Kategorien von Evolution, Fortschritt, Entwicklung, Zukunftsgestaltung übersetzt. Die moderne Theologie hat im Dialog mit der Moderne auch den Geschichts- und Evolutionsbegriff verwendet, um zu zeigen, dass das Reich Gottes mit unserer heutigen Realität zu tun hat. Sogar das Zweite Vatikanum sagt, dass der historische Fortschritt, obwohl man ihn vom Reich Gottes unterscheiden muss, eine große Bedeutung für das Reich Gottes hat (GS 39). Auch die Befreiungstheologie verwendete diesen Begriff des Reiches Gottes und dieses aufstrebende Geschichtsbild. Wie Ellacuría sagt: Die Heilsgeschichte erfordert ein Heilwerden der Geschichte.

Doch die heutige Situation, der Zusammenbruch des real existierenden Sozialismus und die Sackgasse, in der sich die moderne, dem Neoliberalismus und der ökologischen Katastrophe anheim gefallene Welt befindet, zeigen uns, dass unser Geschichtsbild vielleicht zu optimistisch war. Es stellt sich die Frage, ob nicht eine gewisse Gefahr bestand, in einen gewissen Messianismus millenaristischen Zuschnitts abzugleiten, indem man auf unkritische Art und Weise diesen modernen, den Reich-Gottes-Begriff bedingenden Fortschrittsbegriff akzeptiert hat.

Das Reich Gottes ist mit dem Geheimnis des Kreuzes und der Auferstehung und dem Geschenk des Heiligen Geistes verbunden. Die Realität des Martyriums hat die Theologie dazu gezwungen, das Geheimnis des Kreuzes als einen dem Reich Gottes wesentlichen Aspekt zu betrachten. In anderen Worten, die Christologie und die Ekklesiologie der Befreiungstheologie müssen durch eine Pneumatologie ergänzt werden, damit die Befreiungstheologie nicht in einen ethizistischen Voluntarismus abgleitet. Die Christologie muss ganz in die trinitarische Sphäre Gottes treten. Der Begriff des Reiches Gottes kann ohne den Heiligen Geist nicht definiert werden. Die Salbung mit dem Geist gibt Jesus die Motivation zur Befreiung der Armen (Lk 4,14–21). Ohne den Geist würde Jesus auf eine historische und rein menschliche Person reduziert und die Christologie würde zu einem

Christomonismus, ein Vorwurf, den uns die Christen der Ostkirche machen.

Daraus folgt nicht, dass man sich weniger in der Geschichte engagiert, sondern vielmehr, dass man dies auf eine andere Art und Weise tut: weniger kämpferisch und weniger ideologisch, auf den geheimnisvollen Wegen des Kreuzes, im Dunkeln wandelnd, voller Sanftmut Gerechtigkeit übend (Mi 6,8).

Dies erfordert auch ein gründliches Nachdenken über die Eschatologie, die heute der Ort der großen Auseinandersetzungen ist: Die eschatologische Ungeduld muss mit der eschatologischen Zurückhaltung verbunden werden. Das Reich Gottes ist schon da, doch es ist noch nicht in Vollendung.

Eine neue Praxis

G. Gutiérrez hat wiederholt gesagt, dass die Theologie der zweite Schritt ist, dass die soziale und kirchliche Praxis an erster Stelle stehen: Man muss »die Realität auf sich laden« und sie »tragen«, wie I. Ellacuría sagte. Es geht darum, für die Armen zu optieren, zu helfen, die Armen vom Kreuz zu holen.

In Medellín und dem Jahrzehnt zwischen 1970 und 1980 war von einer Veränderung der Strukturen die Rede. Heute erscheint alles komplizierter. Wir haben keine globale Alternative zum Neoliberalismus, trotz der Absichten des Weltsozialforums in Porto Alegre. Wir können der Vergangenheit nicht voller Nostalgie nachtrauern. Es bleibt uns nichts anderes übrig, als uns in die einzige Welt hineinzubegeben, die wir haben und die geändert werden muss.

Wir haben in den 70er Jahren auch geglaubt, dass der Strukturwandel durch das Auswechseln eines zentralen Teils herbeizuführen sei (die Verstaatlichung der Produktionsmittel). Heute sehen wir, dass alles viel komplexer ist und es nicht nur ein Teil auszuwechseln gilt.

Wir haben nicht mehr die großen Erzählungen, die ein Produkt des 19. Jahrhunderts waren, es bleiben uns nur noch die kleinen befreienden Erzählungen. Wir entdecken die Bedeutung des Kleinen wieder. Statt große strukturelle Veränderungen und die Machtergreifung anzustreben, sehen wir es als effektiver an, unten zu beginnen, mit kleinen Veränderungen, die zu einer Umgestaltung der gesellschaftlichen und kirchlichen Realität führen.

Während die Politik einen Machtverlust erleidet, findet in den gesellschaftlichen und sozialen Bewegungen eine Bewusstseinsbildung statt. Auf diese Weise kehren wir zu einem eher ethischen als politischen Christentum zurück.

Wir können die in den Abschnitten über die neue Realitätsanalyse und die neue Aufklärung in der Theologie gewonnenen Einsichten nun aufnehmen, um von einer neuen Praxis zu sprechen. Es ist notwendig,

- angesichts einer vorwiegend sozioökonomischen Sichtweise für eine neue Sichtweise offen zu werden, die auch das Geschlecht, die Kultur und die Religion berücksichtigt.

- angesichts einer überwiegend politisch-militanten Sichtweise für gesellschaftliche, soziale und ethische Aspekte offen zu werden.

- angesichts einer aufgeklärten, instrumentalistischen, effizientistischen und kämpferischen Vernunft für die symbolische Vernunft offen zu werden.

- angesichts eines linearen Zeit- und unbegrenzten Fortschrittsbegriffs offen zu werden für die biblische Zeit, die aus Kairoi zusammengefügt ist und eine österliche Struktur besitzt.

- angesichts des Entwurfs eines davidischen messianischen Christentums, das die Gefahr millenaristischer Ideologien und Akzente mit sich bringt, offen zu werden für das österliche Christentum des Dieners Jahwes (C. Mesters) und für das Geheimnis des Weizenkorns.

- angesichts der Gefahr eines gewissen Voluntarismus offen zu werden für eine österliche Spiritualität, eine Frucht des Heiligen Geistes, zu der gewiss die Option für die Armen gehört, aber auch andere Aspekte wie die Gratuität, die Sanftmut, das Feiern, die Sexualität, das Alltagsleben, die Weisheit und die ganze Thematik des Hohenliedes.

- statt eine gewaltsame Veränderung der Strukturen erzwingen zu wollen, für die Idee eines langsameren Wandels offen zu werden, wie er im Gleichnis vom Sauerteig in Mt 13,33 beschrieben wird.

- angesichts einer von oben und von außen bestimmten Praxis für eine Praxis offen zu werden, in der die Armen, die Indigenen, die Frauen wirklich selber über ihren Rhythmus und ihren Stil entscheiden können.

- anstelle der großen Erzählungen kleine befreiende Erzählungen zu verwirklichen, die eines Tages zu einer großen Erzählung werden können.

- statt die Armen als soziale Klasse zu betrachten, die Trägerin einer messianischen und historischen Zukunft ist, in Zusammenarbeit mit anderen Teilen der Gesellschaft offen zu werden für die Armen im Geiste, denen das Reich Gottes mehr als anderen gehört.

- statt Elefanten zu suchen, Ameisenvölker aufzubauen (P. Richard).

P. Trigo hat es deutlich formuliert: Es geht darum, einen neuen Ansatz zu finden, eine Alternative zum Konzept des neoliberalen Marktes und zum revolutionären Konzept: Es handelt sich um einen Ansatz, der in enger Beziehung zum Haus des Volkes und zu seiner Zeit steht, welche der Alltag ist, in dem die Frau eine sehr wichtige Rolle spielt, in dem der Schutz des Lebens des Volkes im Mittelpunkt steht, mit menschlichen Beziehungen, denen die Kultur, das Fest, die Religion und die historische und ökologische Tradition bedeutsam sind.

Es geht nicht darum, auf die Utopie und die makroökonomischen Veränderungen zu verzichten, sondern darum, von unten und vom Kleinen ausgehend zu beginnen. Das Senfkorn bleibt kein kleines Korn, sondern wird zu einem Baum, auf dem die Vögel Zuflucht finden. Der Sauerteig wird den ganzen Teig säuern, auch wenn dies nur allmählich und durch die Arbeit einer Frau geschieht.

4. Schluss: Vom Exodus zum Exil

Im Dokument Über das Volk Gottes (LG, Kapitel II) geht das Zweite Vatikanum nicht auf den Exodus ein. Medellín dagegen beruft sich, wie wir gesehen haben, von Anfang an auf den Exodus. Doch wir glauben, dass unsere Situation 35 Jahre nach Medellín mehr dem Exil als dem Exodus ähnelt.

Beim Exodus wusste man, trotz des Leidens und der Unterdrückung, wer der Unterdrücker war, man wusste, dass es jenseits des Roten Meeres ein gelobtes Land gab und hielt sich an Moses als Führer. In den 60er und 70er Jahren wusste man auch, wer der Unterdrücker war, es gab Führer und man hoffte, dass man nach dem Durchschreiten des Roten Meeres des Kapitalismus in das gelobte Land des Sozialismus gelangen würde. Heute wissen wir dagegen weder, wer der Unterdrücker ist, noch haben wir Führer; wir wissen nicht, woraus das Rote Meer besteht und es gibt am Horizont kein gelobtes Land. Unsere Situation ähnelt viel mehr derjenigen des Volkes im Exil, das von großen heidnischen und Götzen verehrenden Ländern umgeben ist, ohne Priester, ohne Könige, ohne Tempel, fern von der Heimat, und das glaubt, vielleicht von Gott verlassen worden zu sein.

Und trotzdem war die Zeit des Exils eine Zeit spiritueller Fruchtbarkeit, der Bekehrung zum treuen Gott, der Rückkehr zum historischen Gedächtnis der Tradition, der Ordnung und der Treue zum Gesetz, eine Zeit, in der der zweite Jesaja zum Volk von Hoffnung spricht, von einem neuen Exodus, vom Diener Jahwes und davon, dass Gott sein Volk nicht im Stich lässt.

Was müssen wir heute, 35 Jahre nach Medellín, tun?

- Als Kirche vereint bleiben, in der Hoffnung auf bessere Zeiten, lebendige Gemeinden gründen, die Zentren des Widerstands gegen das Imperium sind und alternative Gesellschaftsmodelle anbieten, deren Grundlagen Gerechtigkeit, Solidarität, das Teilen, die Achtung der Natur und der Kulturen sind.
- Das Volk trösten, bessere Zeiten verkünden, Propheten der Hoffnung sein.
- Der ganzen Welt vom Projekt Gottes erzählen: eine neue Welt, eine neue Erde, das Reich Gottes, das mit Jesus begonnen hat und dessen essentielle Mitte aus seinem Ostergeheimnis besteht.
- Die Wege des Herrn bereiten, wenn auch nur in kleinen Bereichen: Familie, Gemeinde, Gruppen, Basisorganisationen usw., und kleine, befreiende Erzählungen entwerfen.
- Darauf vertrauen, dass das Leiden des gekreuzigten Volkes, wie das des Dieners Jahwes, nicht umsonst ist, sondern die Welt erlöst.
- Auf die Kraft des Wortes Gottes vertrauen, auf seine Liebe zum Volk, auf die Fruchtbarkeit des Geistes, auf die Präsenz des Auferstandenen mitten im Volk.
- Keine Angst haben, denn Gott lässt sein Volk nicht im Stich und er lässt nicht zu, dass das Schiff unserer Kirche untergeht.
- Nicht voller Nostalgie auf die Vergangenheit, sondern mit neuen Augen in die Zukunft blicken, die uns erwartet und die Gott für uns bereithält.
- Zu einer Kirche zurückkehren, die wie die Frau ist, die Sauerteig mit drei Scheffeln Mehl mischt, bis alles durchsäuert ist (Lk 13,20.21; Mt 13,33).

Ich möchte mit den Schlussworten der Botschaft der Bischöfe von Medellín an die Völker Lateinamerikas zum Ende dieses Vortrags kommen:

»Wir stellen alle unsere Arbeit und unsere Hoffnung unter den Schutz Mariens, der Mutter der Kirche und Patronin von ganz Amerika, damit sich das Reich Gottes schon jetzt unter uns verwirkliche.

Wir glauben:
an Gott
an die Menschen
an die Werte
und an die Zukunft Lateinamerikas.«[3]

Literatur

Die Evangelisierung Lateinamerikas in Gegenwart und Zukunft, Puebla 1979, in: Dokumente der II. und III. Generalversammlung des Lateinamerikanischen Episkopates in Medellín und Puebla 1979 (= Stimmen der Weltkirche Nr. 8), hrsg. v. Sekretariat der Deutschen Bischofskonferenz, Bonn, 135–355.

Die Kirche in der gegenwärtigen Umwandlung Lateinamerikas im Lichte des Konzils, Medellín 1968, in: Dokumente der II. und III. Generalversammlung des Lateinamerikanischen Episkopates in Medellín und Puebla 1979 (= Stimmen der Weltkirche Nr. 8), hrsg. v. Sekretariat der Deutschen Bischofskonferenz, Bonn, 14–133.

JOHANNES PAUL II. 1994, Apostolisches Schreiben *Tertio Millennio Adveniente* zur Vorbereitung auf das Jubeljahr 2000 (= Verlautbarungen des Apostolischen Stuhls 120), hrsg. v. Sekretariat der Deutschen Bischofskonferenz, Bonn.

DERS. 2000, Apostolisches Schreiben *Novo Millennio Ineunte* zum Abschluss des Großen Jubiläums des Jahres 2000 (= Verlautbarungen des Apostolischen Stuhls 150), hrsg. v. Sekretariat der Deutschen Bischofskonferenz, Bonn.

Neue Evangelisierung. Förderung des Menschen. Christliche Kultur, Santo Domingo 1992, in: Schlußdokument der IV. Generalversammlung der lateinamerikanischen Bischöfe in Santo Domingo (= Stimmen der Weltkirche Nr. 34), hrsg. v. Sekretariat der Deutschen Bischofskonferenz, Bonn.

3 Medellín 1968, 18.

Diego Irarrazaval

Kultur und Religion in unseren Theologien

Die Theologien Lateinamerikas sind immer sehr stark mit der sozialen Frage verflochten gewesen; sie haben längst ein Bewusstsein für Kulturen und Religionen entwickelt und sie beziehen inzwischen auch den Genderaspekt und die Ökologie in ihre Überlegungen ein. Diese Themen sind Bestandteile der Hermeneutik und Glaubenskommunikation.

Kultur, Religion, Gender und Ökologie im theologischen Diskurs Lateinamerikas

Nach 30 Jahren theologischer Innovation in Lateinamerika liegen zahlreiche Bilanzen vor,[1] doch haben diese einige Leerstellen gelassen, die unsere Arbeit herausfordern und verändern. Angesichts der unerbittlichen Kritik von außen haben wir die Selbstkritik und die gesunde kirchliche Debatte um die indigenen, afroamerikanischen und feministischen Theologien vernachlässigt.

Gegenwärtig scheinen die Themen Inkulturation (eine Arbeit, die von Paulo Suess gefördert wurde), »Inreligionisation« (die Andrés Torres Queiroga hervorhob) und die interreligiöse Sozialisation (zu der ASETT beiträgt) im Vordergrund zu stehen; hinzu kommen Genderfragen und die Theologie der Pfingstkirchen.[2]

Das Kulturelle und das Religiöse werden nicht wie »Gegenstände« der Theologie behandelt, sondern wie symbolische Prozesse, die zum Inneren der lateinamerikanischen Realität führen und auch Be-

[1] Vgl. Susin (Hg.) 2000; Susin 2000; Tamayo/Bosch (Hg.) 2001.

[2] Vgl. Suess 1991, 183–235; Suess 1995, 213–237; Suess 1998, 37–43 und 260–271; Teixeira (Hg.) 1997; França Miranda1998; Torres Queiruga 1999, 291–324; ASETT 2003; Alternativas 7 (2000), 16–17; SOTER (Hg.) 2003; Cesar/Shaull 1999; Villafañe 1996; Chiquete/Orellana (Hg.) 2003. Juan Sepúlveda behauptet, dass das »pfingstkirchliche Prinzip« die »Absolutheit irgendeiner kulturellen Vermittlung des Evangeliums Jesu Christi ablehnt […] und sich einer eventuellen Absolutheit kultureller Vermittlungen des eigenen Pfingstkirchentums widersetzt«; ebd., 14. In meinem Essay ist die neue pfingstkirchliche Theologie nicht berücksichtigt, weil ich die aktuellste Entwicklung weniger gut kenne.

standteile des theologischen Denkens sind. Es gibt andere Herangehensweisen als die, die ich benutze, z.B. eine Theologie, die sich die humanwissenschaftlichen Erkenntnisse zu eigen macht und ausgehend vom Wort Gottes Kultur und Religion zu deuten versucht.

In diesem Essay werde ich Einzelheiten von kulturellen und religiösen Prozessen kommentieren, die ich in den neuen Hermeneutiken, der indigenen, der afroamerikanischen und der feministischen Hermeneutik, entdecke. Dies geschieht auf der Basis ihrer letzten theologischen Kongresse, die mich dafür sensibilisiert haben.[3] Diese Kongresse spiegeln starke Strömungen in der lateinamerikanischen Theologie wider und unterstützen diese.

1. Ritual und indigenes Denken

Für die Nahuatl-Bevölkerung ist Wahrheit *in xóchitl in cuícatl*, d.h. Blume und Gesang, die von der Quelle des Lebens stammt und die von Weisen (*tlamatinime*) verkündet wird. Es ist also nicht die Beziehung Geist-Wirklichkeit, sondern ein metaphorisches Wissen wie das von Blume und Gesang, in dem das Göttliche und das Menschliche in Dialog treten.[4] Jedes autochthone Volk Mittelamerikas, aus Amazonien, vom Gebirgsland der Anden, aus dem Cono Sur, hat seinen eigenen Weg, die Natur, die Geschichte und das Göttliche zu verstehen. Dieses Verständnis ist untrennbar von der Feier; das Glaubenswort (der Mythos) nährt sich vom Ritus und umgekehrt. Dieses Wort tritt in den Prozessen indigener Theologie in den Dialog mit dem christlichen Glauben ein; sie macht die historische Problematik deutlich und zeigt Alternativen auf, die »von unten« aufkeimen.

Dank des jahrzehntelangen Zusammenlebens mit indigenen Gemeinden und ihrer Weise, Theologie zu treiben, ist mir klar ge-

[3] IV. Arbeitstreffen der Ökumenischen Indigenen Theologie, Ykua Sati, in Asunción, Paraguay, Mai 2002; III. Ökumenische Beratung der Afroamerikanischen und Karibischen Theologie, São Paulo/Brasilien, Oktober 2003; III. Treffen der Lateinamerikanischen und Karibischen Theologinnen in Bogotá, Kolumbien, August 1999. Ich danke herzlich für die Einladungen dazu und die Möglichkeit, meinen persönlichen Beitrag zu all diesen Ereignissen darstellen zu können.

[4] Vgl. León Portilla 1983, 142ff. Der Ausdruck »Blume und Gesang« ist eine »Diphrasie«, d.h. eine Idee, die mittels zweier Begriffe ausgedrückt wird und metaphorische Bedeutung hat. Laut León Portilla entspricht sie dem, was wir Poesie nennen. Die Texte der Nahuatl bieten auch andere Bedeutungen an (z.B. »Blume und Gesang«). Es sind wahrhaftige Worte der Erde, Botschaften des Himmels und des Lebensspenders; sie lassen das Neue aufscheinen im Dialog zwischen dem Göttlichen und dem Menschlichen.

worden, dass diese im Zwischen von ritueller Feier und Denken entsteht. Während ihrer theologischen Treffen nehmen das Rituelle und sein intensiver Ausdruck breiten Raum ein. Das IV. Treffen der Indigenen Theologien Lateinamerikas (Paraguay 2002) behandelte die Thematik des Mythos und der Utopie der indigenen Gemeinden angesichts heutiger Herausforderungen; im Wesentlichen waren es rituelle und theatralische Vorstellungen von »indigenen Geschichten vom Ursprung und zukünftigen Träumen«, die, der neoliberalen Globalisierung widerstehend, von einem erfüllten Leben träumten.[5]

So lautet ihre Mitteilung: »So begrüßten wir Vater Sonne, ehrten und küssten die Mutter Erde und reinigten unseren Geist und machten unser Herz würdig, um die Theologie unserer Völker, über den, der Mutter und Vater des Lebens ist, angemessen zu formulieren. [...] Der Mythos ist ein Wort voller Träume und Hoffnungen, das Orientierung gibt auf dem Weg unserer Völker zur Erde ohne Leid, zur blühenden Erde.«[6]

Ich möchte die Weisheit in Bezug auf die Blumen betonen. Während des besagten Treffens sagte jemand zu mir: »Wir sind wie Blumen, denen die Blütenblätter ausgerupft werden; wir sind – wegen der Globalisierung – einem Herbst ähnlich.« Vertreter aus Mexiko sagten: »Wir sind unterschiedliche Blumensträuße, die man Gott opfert und die wir mit den Schwestern und Brüdern anderer Erdwinkel des Universums teilen.« Mario Pérez hat den Aufstieg zum Hügel von Tonantzin und Guadalupe, der die Erde als Lebensgrundlage der Blume-Weisheit und der Begegnung mit dem Leben darstellt, beschrieben. Dort manifestiert sich die Göttlichkeit der Nahuatl in Symbiose mit dem Glauben an Maria, die Muttergottes. Meiner Meinung nach können die christlichen Theologien Blumen unterschiedlicher Völker anerkennen, um sie dem Evangelium darzubringen und in einer interreligiösen Artikulation das Mysterium der Liebe zu feiern.

Dank dieser Weisheit der blühenden Erde kehren wir wieder zum christlichen Verständnis der Schöpfung und der Eschatologie zurück. Die indigenen Sprachen und die biblischen, auf Glaubenslehre gründenden Traditionen bereichern sich gegenseitig, auch wenn sie sicherlich grundverschieden sind.

Das biblische Wort fügt die Schöpfung in die Heilsgeschichte ein. Die Welt ist Gottes Werk. Es ist Jahwe, der die Menschheit erlöst

[5] Vgl. meinen Essay: Irarrazaval 2003.

[6] Schlussbotschaft 5f; Übersetzung von Schreijäck 2003, 377.

und alles Seiende wieder belebt. Dieser Gedanke ist im Exil entstanden; er begegnet später im Wirken Jesu von Nazaret und wird angesichts des Bösen und der Befreiung davon wichtig. In der indigenen Vision stellen die Mythen realitätsnah die Anwesenheit des Bösen, die Konflikte und die Paradoxie des menschlichen Daseins dar. Die indigene Anschauung bevorzugt eine Wirklichkeit, die vom Heiligen belebt wird. Die Welt ist heilig und hat an Gott teil.

Ich denke, dass die indigene Vision uns hilft, das Heilige und das Heil in der Schöpfung sowie des menschlichen Leibes wieder zu schätzen. Ein Gelehrter mag das Existenzielle in den mythischen Kosmogonien schätzen. Theologisch wird er daran Interesse haben, die Unterschiede zu den biblischen Schöpfungserzählungen darzustellen. Unser Interesse gilt umso mehr der Frage, wie der Indigene es begründet, seine aktuelle Situation einzubeziehen und so die dominierende Theologie zu korrigieren. Anstatt die Wirklichkeit zu versachlichen und zu verzwecken – wie es die Moderne im Wesentlichen tut – interagieren wir zwischen lebendigen Wesen, treten dem Bösen in der Welt (das in den indoamerikanischen Mythen immer gegenwärtig ist) entgegen und übertreffen die Wissenschaftler und Techniker des Absoluten, die alles zu erklären und zu manipulieren versuchen. Wir lesen auch die Tradition erneut, sodass das Natürliche und das Menschliche nicht vom Heilswerk auseinander gerissen werden.

Hinsichtlich der Eschatologie ist die biblische Perspektive hoffnungsvoll und lässt erkennen, was wir nicht sehen; durch das Werk des Geistes leben wir körperlich schon im auferstandenen Christus (vgl. Röm 4,18; 8,10–11; 24–25). Es ist eine realistische Eschatologie, die von Gott und nicht von einer menschlichen Allmacht stammt; wir wirken in der Neuen Schöpfung mit und die Geschichte ist ein Zeichen des Kommenden. Dennoch ist sie in Lehrbüchern des Glaubens privatisiert worden, indem man sich auf die Seele konzentrierte und diese entweltlichte; angesichts dessen haben die modernen Utopien das Soziale wieder berücksichtigt, das Fleisch und Welt geworden ist.[7] In dieser Hinsicht hilft uns die Rationalität der Moderne.

Außerdem können wir auf die indigenen Utopien zählen, die während des IV. Treffens der Indigenen Theologien bei den Guaraní unter dem Motto »Auf der Suche nach der Erde ohne Leid« diskutiert wurden. Im Allgemeinen ist das Individuum in besagten Utopien weder vergöttlicht noch gibt es eine Flucht vor der Zeit und der Geschichte. Diese Utopien stammen aus einer Tradition der Relationali-

[7] Vgl. Ruiz de la Peña 1997, 117–119.

tät, die um das aktuelle Schema des Fortschrittes ergänzt wird. Die gegenwärtige Zeit schließt das Erlebte und die Zukunft mit ein. Die indigene Utopie verwandelt die Bosheit und verweist auf eine Vollkommenheit. Andererseits bestätigt die Hoffnung in Christus ein »Schon« und zugleich ein »Noch nicht« (Konvivenz) für jeden und für alle Völker. Das erste (das Autochthone) existiert zusammen mit dem zweiten (dem Evangelium).

Ich bin der Meinung, dass Mythen und Utopien aus Amerindia heterogene und sich in der Modernität verändernde Realitäten sind, die die vom Bösen geprägten Ursprünge mit den Utopien des konkreten Glückes vereinbaren. Die christliche Reflexion findet sich in der Feier und der Weisheit der ursprünglichen Völker wieder, in ihren »Blumen und Gesängen«.

2. Afroamerikanische Symbiose

Wir leben in einem Kontinent mit einem großen Anteil an afroamerikanischen Völkern und mit einer Religion, die den Rassismus begünstigt.[8] Wir wären blind, wenn wir diese strukturelle Ungerechtigkeit nicht wahrnehmen würden, die das gelebte Evangelium, die Glaubenskategorien, die Kirchen und ihre Theologien durchdringen. Es ist offensichtlich, dass der Rassismus sich mit der sozialen Ungerechtigkeit und der Diskriminierung von Frauen, mit der Wirtschaft und der Politik verbindet; dem Rassismus entgegenzutreten bedeutet deshalb, sich gegen ein entmenschlichendes System zu stellen.

Seit einigen Jahrzehnten gibt es in Lateinamerika eine »Bewegung zur Aufwertung der schwarzen Kultur [... und] solange die christlichen Kirchen die Legitimität und die Vollgültigkeit der Religiosität des Schwarzen in Amerika nicht anerkennen, werden die Anstrengungen der Befreiungstheologie nicht genügen«.[9] An der Pazifikküste, in der Karibik und in ganz Brasilien entwickeln sich seitdem die afroamerikanischen Theologien. Unter ihren vielen Leistungen möchte ich folgende hervorheben: Die große Mehrheit derjenigen,

8 Vgl. *Racismo y religion* 1986; *Racism and sexism* 1993.

9 Texte der ersten Beratung von *Cultura Negra y Teología en América Latina,* Nova Iguaçú, Rio de Janeiro 1985: *Cultura negra y teología* 1986, 25 und 35; fortführend die zweite Ökumenische Beratung *Teología e Culturas Afroamericana e Caribenha* 1994: *Teología Afroamericana* 1997; die dritte Beratung *Uma década de Teología Afroamericana e Caribenha* fand in São Paulo 2003 statt; hier stelle ich vor: *Provocación afroamericana al corazón de otras teologías*, von der ich einige Zeilen herausnehme.

die so leben, sind der Kirche angehörige Christen und gleichzeitig praktizieren sie die afroamerikanischen Kulte ihrer Gemeinden (Kultorte usw.). Man hat dies als Synkretismus bezeichnet, doch ich ziehe es vor, von der Zusammensetzung menschlicher und spiritueller Traditionen zu sprechen, und zwar derart, dass sie zum Leben der schwarzen Bevölkerung beitragen. Das heißt, dass eine Symbiose unterschiedlicher Universen stattfindet, die sich artikulieren und sich zusammen entwickeln, ohne sich gegenseitig aufzuheben.

Besondere Kenner dieser Situation bemerken: »[...] Candomblé-Priester und gleichzeitig Katholik zu sein bereitet kein Problem«; »die große Mehrheit der Kultortbesucher bezeichnet sich als Katholiken«; »die Gläubigen sehen nirgends einen Widerspruch zwischen den Orixás und den Heiligen«; »wenn ein Anhänger des Candomblés an katholischen Riten teilnimmt, formt er/sie diese um und interpretiert sie neu, ausgehend von seiner eigenen Religion«.[10] Toninho da Silva schätzt den Inkulturationsprozess, der von der Bevölkerung der Bantu (eine Symbiose) und der Nagó (ein Synkretismus) verwirklicht wurde; und Clodovis Boff weist auf die »komplexe und widersprüchliche Verflechtung der Religion und der katholisch-afrobrasilianischen Kultur« hin.[11] Es gibt nämlich in der Basisbevölkerung eine interkulturelle und interreligiöse Ausformung.

Dies trägt dazu bei, dass eine Nähe zu Gott weder einseitig kulturell noch einseitig religiös hergestellt wird. Ein Beispiel sind die Congadas in Minas Gerais. Dort sagt ein Leiter: »Wir sind Katholiken ... aber der Kirche missfallen die congaderos. Seit Jahrhunderten kämpfen wir, damit man uns anerkennt und respektiert ... unseren Glauben an Zâmbi. Gott ist ein und derselbe. Die Indios bezeichnen ihn als Tupá, die Juden als Jehova und die im Ghetto lebenden Völker als Olorum. Jeder sollte den Gott ihrer Vorfahren lobend besingen«.[12] Wir beobachten also einen Makroökumenismus.

Angesichts der interkulturellen und komplexen Identitäten in allen Regionen Lateinamerikas ist die Art der Beziehungen zu Gott nicht eindeutig; sie sind eher vielfältig und interreligiös. In Gott erkennen wir viele Gesichter. Dies erlaubt uns, die christliche Tradition erneut zu lesen, mit ihrer vielfältigen Beziehung zu Gott, die sich in

[10] Vgl. da Silva 1994; Boff 1995, 98; Bastide zit. von Soares 2003, 50; Rehbein 1985, 88.

[11] Zweite Beratung, vgl. zitierte Ausgabe, 153; Boff 1995, 92.

[12] Dias Gonçalves 1986, 128; hier handelt es sich um das Zeugnis eines »Kapitäns« einer Congada, das sich durch die Geschwisterlichkeit der Mutter Gottes von Rosario manifestiert.

der Lehre der Dreifaltigkeit und ihrer universalen Heilsökonomie? ausdrückt.

Hierzu ist die außergewöhnliche Reflexion von Andrés Torres Queiruga über die Inreligionisation angebracht: »Im Kontakt zwischen den Religionen ist die Bewegung spontan hinsichtlich der Elemente, die von anderen kommen, wenn sie in den eigenen Organismus integriert werden; sie verschwinden auf diesem Weg nicht, im Gegenteil, sie wachsen. Sie wachsen aufgrund der Öffnung zum Anderen hin, und zwar zum gemeinsamen Geheimnis.«[13] Ich würde sagen, indem sie mit dem afroamerikanischen Glauben und seinen Vermittlungen?? interagieren, kann man sie annehmen, ohne jene Vermittlungen?? zu vernichten und auch ohne sich selbst zu negieren. Vielmehr wächst jemand dadurch, dass er sich dem Anderen öffnet, und das gelingt umso besser, je größer die Treue zum Geheimnis ist.

Bedauerlicherweise sind viele Christen in mono-kulturell-religiösen Formen erzogen worden. Aus diesem Grund ist es eine große Herausforderung, mit Menschen anderer Konfessionen und anderem Glauben zusammenzuleben und mit ihnen im Glauben zu wachsen. Nicht-Afroamerikanern ist es geboten, das Herz für den Glauben der afroamerikanischen Gemeinde zu öffnen und mit ihr das Leben zu feiern. Sie hat ihre eigenen Werte, die durch das Christliche nicht absorbiert werden dürfen; zur gleichen Zeit erlaubt der autochthone Glaube, Dimensionen der Frohen Botschaft zu entdecken.

Die afroamerikanischen Theologien bieten ein umfassendes Verständnis des Heils und der Offenbarung an. Hören wir zwei großen Denkern zu. Toninho da Silva: »Für die Afroamerikaner mit Bantuursprung ist die Konzeption der Geschichte der Vorfahren von Bedeutung, um aus ihrem eigenen Kulturgeist und ihrer Religiosität die Person Jesus Christi zu verstehen. Für die afroamerikanischen Nagó verbindet sich das christologische Verständnis mit dem Olorum.«[14] Das Christliche wird also der afroamerikanischen Religion nicht zuteil??; jedoch wird seitens des Afroamerikaners die christliche Erlösung aufgenommen. Afonso Soares geht von den menschlichen Bedingungen aus, die einen Zugang zum religiösen Glauben erlauben; er entwickelt den Gedanken, dass der Geist in den kulturellen Traditionen wirkt und dass das »heilige Volk im Glauben wächst und von der christlichen Tradition das aufnimmt, was es möchte oder kann«, und kommt zu dem Schluss, dass der »Synkretismus die tatsächliche

13 Torres Queiruga 1999, 307.
14 Da Silva, 1998, 69.

Offenbarung der Geschichte ist«.[15] Wir haben also sowohl ein umfassendes Verständnis vom Heil in Christus als auch von der Inreligionisation der göttlichen Offenbarung.

Während der III. Beratung lobten die Teilnehmer die Fortschritte hinsichtlich der inhaltlichen Debatte und dass in Gemeinden, in denen afroamerikanische Pastoral stattfindet, auch Theologie getrieben wird. Einiges wird in akademischen Kreisen getan, aber meistens entwickelt sich die Theologie durch Bemühungen schwarzer Gemeinden, die sich für das Leben und für Evangelisierungsprogramme einsetzen. Praxis und Theorie sind demnach untrennbar. Es ist auch gesagt worden, dass das Mysterium »mit schwarzem Geschick« erfahren wird und dass die Reflexion darüber fortgesetzt wird, um den afroamerikanischen Gemeinden auch durch den Dialog mit anderen gesellschaftlichen Sektoren zu nutzen. Einige Punkte, die noch intensiver zu bearbeiten sind, sind die doppelte Zugehörigkeit zur Candomblé-Kultur und Religion etc. und zum Christentum, die Anerkennung als Afroamerikaner im heutigen lateinamerikanischen Kontext, in der Politik und im Bereich des Sozialen.

Zusammenfassend ist davon auszugehen, dass die schwarze Gemeinde für diejenigen, die nicht Afroamerikaner und deren Nachkommen sind, die Paradigmen der Erlösung und der Offenbarung neu entwirft. In jeder Form des Christentums ist es von Bedeutung, nach ihrem Synkretismus, ihren Symbiosen und Inkulturationen zu fragen. Es? erlaubt uns auch, die gespannte Beziehung zwischen dem erlebten Glauben in den Gemeinden und der kirchlichen Tradition zu überdenken. Auf ähnliche Weise wie das amerindische Universum lädt der Afroamerikaner uns dazu ein, die Theologie in feierlichen und spirituellen Terminologien wiederzufinden, und zwar aus der Perspektive der *Négritude*, die Teil des gesamten menschlichen Wesens ist.

3. Feministische Hermeneutik

Neben den Leistungen indigener Gemeinden und afroamerikanischer Völker ist die theologische Produktion der Frauenbewegung erwähnenswert, die um die Genderperspektive von Frauen und Männern ergänzt wird. In Lateinamerika sind neue Subjekte und Denkprozesse entstanden. Es gibt die Hermeneutik der Frau, des Indigenen, des Af-

15 Soares 2003, 246 und 248.

roamerikaners, die die Existenz und das alltägliche Wissen in den Vordergrund stellen – nicht nur in geschriebenen Texten – mit ihren Symbolen und kulturellen, religiösen, politischen und anderen Prozessen. Die Hermeneutik sollte dazu anregen, dass etwas verstanden wird; normalerweise wird sie als Auslegung eines Textes definiert. Die Hermeneutik impliziert eine dialogische Beziehung zwischen Offenbarung und Glauben.

Am Anfang des 21. Jahrhunderts ist die Arbeit von Exegetinnen sehr umfangreich, genau und kreativ. Außerdem kommt die ökofeministische Epistemologie hinzu sowie verschiedene theologische Themen. Nancy Cardoso schreibt: »Wie die Erde, die darum bittet, gepflügt zu werden, so ist die Bibel [...] die befreienden biblischen Texte als fruchtbaren Boden zu entdecken, ist die Aufgabe von Frauen und Männern, die daran glauben, dass es möglich ist, die sozialen Beziehungen der Geschlechter wiederherzustellen; es ist sehr wichtig, die Bibel so zu bearbeiten, wie man die Erde beackert: mit Eifer, Entschlossenheit, Weisheit und Vergnügen.«[16] E. Tamez, P. Aquino, I. Gebara, N. Cardoso, A.M. Tepedino, S. Regina da Lima Silva, M.C. Bingemer, I. Richter, T. Sampaio u.a. dekonstruieren und rekonstruieren das Glaubenswissen. Ihre Arbeiten sind für die Frau und für die Menschheit überhaupt bedeutend.

Es sind bedeutende Inhalte, die symbolische Qualität besitzen. In den Ergebnissen des III. Treffens der Theologinnen[17] werden Metaphern vom Segeln über die Meere des Lebens benutzt: »Wir haben (unvollendete) Landkarten und Kompasse, die in mehrere Richtungen zeigen [...] Erinnerungen an Schmerz [...] aber auch an Vergnügen und Glück [...] Träume von Wellen, die sich an den Stränden brechen. Für eine Ethik des Lebens gegen die neoliberale Globalisierung. Solidarität unter Frauen, Ökumenismus für den Frieden [...] Die Gendertheorien stellen neue Horizonte dar, Foren, die dazu beitragen, uns Orientierung für unsere Reisen zu geben. Aber es gibt mehr Komplexität, man muss in See stechen und darf nicht an den Ufern bleiben [...] Ein Jesus in einem schlichten Boot und dazu ohnmächtig??: Gott offenbart sich auf der Rückseite der Geschichte. Ein Gott, der sich zum Fischer und Seemann macht, um für die

[16] Cardoso 1997, 25; vgl. Aquino 1992; Gebara 1997; Tamez 2001; *Entre la indignación y la esperanza* 1998; *La sociedad que las mujeres soñamos* 2001; thematische Ausgabe der Zeitschrift *Alternativas* 2000.

[17] Vgl. die ausgearbeiteten Ergebnisse von Montemayor und von den Anwesenden des III. Treffens bei Tamez (Hg.) 2001.

Schwachen und Ausgeschlossenen Partei zu ergreifen. Eine Maria […] die gegen den Strom schwimmt und in den Lauf der Heilsgeschichte eingreift.« Solche Metaphern sind für die feministische Hermeneutik charakteristisch.

In wenigen Sätzen sind die umfangreichen Errungenschaften der feministischen Theologie nicht beschreibbar. Ich erwähne nur drei relevante Ziele. Wie schon auf dem II. Kongress erwähnt wurde, handelt es sich um eine »feministische Interpretation der Wirklichkeit auf den Feldern der Bibel, der Systematik und der Ethik […] als Frau und als Mensch artikulieren wir mit mehr Rationalität und Intuition, mit Wissen und Leidenschaft, und genau aus diesem Grund versucht unsere Theologie, immer mehr die Bibel, die Systematik und die Ethik zu integrieren [… bevorzugt werden auch Themen wie z.B.] interdisziplinäre und interkulturelle Studien, die die affektive Vernunft, die Ästhetik und die Weisheit, ausgehend von der Imagination des Volkes, hervorheben«.[18] Die Tatsache, dass nicht selten abgesonderte oder verfeindete Elemente miteinander verbunden werden, ist hervorzuheben; dies ist eine Hermeneutik, die sich nicht nur an Frauenthemen orientiert, sondern sich der gesamten Wirklichkeit widmet. Die feministische Theologie geht uns alle etwas an und fordert uns alle heraus.

Eine weiterer bedeutender Aspekt ist der Ökofeminismus. Ivone Gebara unterstreicht die Wechselwirkung (Interdependenz) zwischen den Lebewesen: »Das Verständnis unseres Menschseins als Geschöpfe, im heiligen Körper der Erde und im Kosmos […] das Geschlecht und die Ökologie modifizieren auch das theologische Denken […] die religiöse Erfahrung ist mehrstimmig […] es ist die Suche nach dem Sinn der Existenz, nach etwas Mysteriösem, das in uns wohnt und uns übersteigt, nach etwas ohne Namen und ohne Ort, obwohl es viele Namen hat und viele Orte besetzt.«[19] Es gibt also eine Epistemologie mit kontextuellem, holistischem und affektivem Charakter. Für einige wird der christliche Personalismus abgewertet; meiner Meinung nach wird das Menschliche größer aufgrund seiner Beziehungen zu allen Lebewesen und zur Quelle des Lebens.

Ein bedeutender Beitrag bezieht sich auf Christi Wirken. María Clara Bingemer erklärt, wie die Christologie dem Patriarchat ein Ende bereitet, da Jesus »den Menschen in seiner körperlichen Dimension

[18] Ich zitiere Ergebnisse des zweiten Treffens: *Entre la indignación y la esperanza* 1998, 204, 207.

[19] Gebara 1997, 62, 69, 75

schätzt, den Menschen, der vom göttlichen Hauch? als Ganzes belebt wird, in dem Geist und Körper eins sind [... und] in Jesus, dem Menschen, dem Mann aus Nazareth, das Feminine real und konkret gegenwärtig ist [... und] als Gott in ihm auferstanden ist und ihn zum Herrn und Christus machte, ist seine ganze Person, mit allem, was zu ihr gehört, göttlich angenommen worden«.[20] Mit dem Wiederentdecken körperlicher und antipatriarchalischer Aspekte des Mysteriums Christi gibt es eine größere Übereinstimmung mit dem Geist, der die Geschichte umgestaltet.

Dank der feministischen Theologie kristallisiert sich eine gesunde Konfrontation mit dem Unterdrückerischen in dichotomischen und androzentrischen Kulturen und mit religiösen Systemen, die keinen Sinn für das Geheimnis und die Ökumene haben, heraus. Im positiven Sinn erlaubt sie uns, die christliche Tradition mit neuen Augen und in neuen Kategorien zu sehen, die die kulturellen und religiösen Schemata überschreiten und umgestalten.

Ich denke auch, dass die Art und Weise, wie wir über den Glauben denken, uns alle betrifft. Die Männer, gleichgültig welcher gesellschaftlichen Gruppe sie entstammen, können nicht mehr im Namen der Menschheit sprechen, nur im Namen der eigenen menschlichen Gemeinde, zu der sie gehören, ausgehend von der eigenen Identität und maskulinen Spiritualität. Wenn jedoch die Reflexion zusammen mit der Frau unternommen wird, ist es möglich, sich miteinander auszutauschen.

Die feministischen Theologien ermöglichen es uns, besondere Formen theologischer Sprachen zu schätzen, z.B. oben erwähnte Metapher des Meeres und des Segelns. Sie fordern uns dazu heraus, die Kritik am Patriarchat und am Androzentrismus zu unterstützen, um die Kraft und Schönheit der universalen Erlösung wiederzuentdecken. Ihre nicht-dualistische Spiritualität hilft die Gegenwart Gottes zu verstehen. Darüber hinaus treten zahlreiche Fragen auf. Die Symphonie der Stimmen (der Hermeneutiken) trägt dazu bei, dass die Epistemologie durch die verschiedenen Subjekte und Kontexte vielgestaltig ist. Wie lautet die Wahrheit der Erlösung in dieser Symphonie? Andererseits, mit welchen Paradigmen wird die feministische Theologie systematisiert bzw. die indigene Theologie und die der Afroamerikaner? Was trägt die Perspektive des Mensch gewordenen Gottes (und seine Verkörperung, die von M.C. Bingemer und andere Theologinnen erläutert wurde) zur Transformation der heutigen Welt bei?

[20] Bingemer 2002.

Wir sind mit jener/n Gekreuzigten eingeschlossen, in denen Gott als Mann und Frau in unbedingter Wechselbeziehung aufersteht.

Auf diesen Seiten habe ich mich mit Schriften und aktuellen Kongressen über die lateinamerikanischen Theologien (indigene, afroamerikanische, feministische) beschäftigt. Sie schließen die komplexe und sich verändernde kulturelle und religiöse Wirklichkeit in die Hermeneutik und die Kommunikation des Glaubens an Gott mit ein. Sie sind Vermittlungen und Teil des Glaubensdiskurses.

In diesen Reflexionen treten hervor: a) die Inkulturation, b) die Interaktion zwischen verschiedenen Glaubensrichtungen (und die Inreligionisation) und c) die Genderperspektive. Diese Bereiche öffnen die Tür für eine fruchtbare Annäherung an das göttliche Mysterium, an Christus und seinen Geist. Ich habe die indigene Ritualität hervorgehoben, die dem denkenden Gläubigen neue Impulse gibt, die afroamerikanische Symbiose, die andere Kulturen und Religionen aufrüttelt, und die feministische Hermeneutik, die Alltag und Kontext behandelt und in der Lage ist, die theologische Thematik neu zu formulieren.

Wie gesagt handelt es sich um Sträuße verschiedener Blumen, die, gebunden von Brüdern und Schwestern in verschiedenen Ecken des Universums, Gott dargeboten werden.

Literatur

AQUINO, M.P. 1992, *Nuestro Clamor por la Vida*, San José, 189–216.

ASETT 2003, *Por los muchos caminos de Dios, desafíos del pluralismo religioso a la teología de la liberación,* Quito.

BINGEMER, M.C. 2002, *Experiência de Deus em corpo de mulher*, São Paulo, 55–58.

BOFF, C. 1995, *O sincretismo Maria-Iemanjá,* in: VV.AA., Teologia da inculturação e inculturação da teologia. São Paulo, 91–112.

CARDOSO, N. 1997, *Pautas para una hermenéutica feminista de la liberación,* in: RIBLA 25, 5–10.

CESAR, W./SHAULL, R. 1999, *Pentecostalismo e futuro das Igrejas Cristãs,* Petrópolis.

CHIQUETE, D./ORELLANA, L. (Hg.) 2003, *Voces del Pentecostalismo Latinoamericano*, Concepción.

Cultura Negra y Teología en América Latina 1986, I. Consulta, Rio de Janeiro.

DIAS GONÇALVES, E. 1986, *Identidad de Dios en la reflexión de las Congadas de la región metropolitana de Minas Gerais,* in: Cultura negra y teología, 128.

Ecuménica de Teologia e Culturas Afro-americanas e Caribenhas 1997, II. Consulta, Teologia Afroamericana II, São Paulo.

Entre la indignación y la esperanza 1998, in: VV.AA., II. Encuentro de Teología de la Mujer, Bogotá.

FRANÇA MIRANDA, M. DE 1998, *O cristianismo em face das religiões*, São Paulo.

GEBARA, I. 1997, *Teologia ecofeminista*, São Paulo, 25–76.

IRARRAZAVAL, D. 2003, *Reubicación teológica en la fe indígena*, in: VV.AA., *Por los muchos caminos de Dios,* Quito, 45–60.

La sociedad que las mujeres soñamos 2001, III. Encuentro, San José.

LEÓN PORTILLA, M. 1983, *La filosofía nâhuatl*, Mexiko.

MONTEMAYOR, R. 2001, *Documento final del Encuentro de Teologas de America Latina y el Caribe,* San José, 141–146.

Pro-vocación afroamericana al corazón de otras teologías 2004, III. Consulta Ecumenica, Teologia Afroamericana II, São Paulo, 39–56.

Racismo y religión 1986, in: Cultura negra y teología, San José, 56–67.

REHBEIN, F. 1985, *Candomblé e salvação*, São Paulo.

RUIZ DE LA PEÑA, J.L. 1997, *Desde la utopía a la escatología*, in: VV.AA., Utopía y esperanza cristiana, Estella, 117–119.

SCHREIJÄCK, TH. 2003, *Weisheit und Prophetie aus Amerindia*, in: M. Witte (Hg.), Der eine Gott und die Welt der Religionen, 365–384.

SILVA, A.A. DA 1994, *Evangelização e Inculturação a partir da realidade afro-brasileira,* in: VV.AA., *Inculturação, desafios de hoje,* Petrópolis, 95–120.

DERS. 1998, *Jesus Cristo, luz e libertador do povo afro-americano,* in: VV.AA., Existe um pensar teológico negro, São Paulo, 69f.

SOARES, A. 2003, *Interfaçes da revelação*, São Paulo.

SOTER (Hg.) 2003, *Gênero e Teologia*, São Paulo.

SUESS, P. 1991, *Inculturación,* in: *La nueva evangelización,* 183–235.

DERS. 1995, *A disputa pela inculturação*, in: Evangelizar a partir dos projetos históricos dos outros, São Paulo, 213–237.

DERS. 1998, *Inculturación*, Lima, 37–43.

SUSIN, L.C. 2000, *Sarça Ardente, teologia na América Latina, prospectivas,* São Paulo.

DERS. (Hg.) 2000, *O mar se abriu. Trinta anos de teologia na América Latina,* São Paulo.

TAMAYO, J.J./BOSCH, J. (Hg.) 2001, *Panorama de la teología latinoamericana*, Estella.

TAMEZ, E. 2001, *Bajo un cielo sin estrellas*, San José, 17–28; 91–103.

DIES. (Hg.) 2001, *La sociedad que las mujeres soñamos*, Costa Rica, 142–146.

TEIXEIRA, F. (Hg.) 1997, *O diálogo Inter-religioso como afirmação da vida,* São Paulo.

Teologia con rostro de mujer, in: Alternativas 7 (2000), Nr. 16–17.

TORRES QUEIRUGA, A. 1999, *Del Terror de Isaac al Abbá de Jesús*, Estella, 291–324.

VILLAFAÑE, E. 1996, *El Espíritu Liberador*, Buenos Aires.

WILLIAMS, L. 1993, *Racism and sexism*, in: Journal of Black Theology, Nr. 7/2, 73–99.

Orlando O. Espín

Von Medellín nach Santo Domingo

Die unabgeschlossene Reflexion über den Volkskatholizismus

Jeder, der den lateinamerikanischen Katholizismus kennt (und den Katholizismus von Lateinamerikanern, wo auch immer in der Welt sie sich aufhalten mögen), weiß, dass der Volkskatholizismus eine allgegenwärtige Realität ist. Obwohl er nicht nur bei lateinamerikanischen Katholiken zu finden ist, stellt der Volkskatholizismus einen klar zu identifizierenden Maßstab des katholischen Glaubens dar.[1]

In diesem Beitrag geht es um ein religiöses Universum, das als »Volksreligion«, »Volksreligiosität« und »Volksfrömmigkeit« – im Allgemeinen austauschbare Begriffe – bezeichnet worden ist und in drei wichtigen lateinamerikanischen Bischofsdokumenten diskutiert wurde: im Schlussdokument von Medellín (1968), im Dokument von Puebla (1979) und im Schlussdokument von Santo Domingo (1992). In Puebla wurde dafür auch der korrektere Begriff »Volkskatholizismus« verwendet.[2]

Das Thema »Volksreligion« (»Volksreligiosität«, »Volksfrömmigkeit«) ist für den lateinamerikanischen Katholizismus von größter Bedeutung, weil man ohne Übertreibung sagen kann, dass das, was in den Dokumenten »Volksreligion«, »Volksreligiosität« und »Volksfrömmigkeit« genannt wird, die am meisten verbreitete Art der lateiname-

[1] Dies scheint aus der Kirchengeschichte und einigen jüngeren Kirchendokumenten klar hervorzugehen (vgl. z.B. *Evangelii Nuntiandi* von Paul VI. und zahlreiche Hirtenbriefe (von Bischofskonferenzen) aus der ganzen Welt). Zum sehr frühen Auftreten des Volkskatholizismus in der Kirchengeschichte vgl. z.B. O'Callahan 1979. Sozialwissenschaftler haben seit Jahrzehnten den lateinamerikanischen Volkskatholizismus erforscht; einige der wichtigsten Autoren werden in Anm. 12 genannt.

[2] Folgende Ausgaben wurden für diesen Beitrag (in der deutschen Übersetzung) verwendet: Die Kirche in der gegenwärtigen Umwandlung Lateinamerikas im Lichte des Konzils, Medellín 1968; nachfolgend angegeben mit: Medellín; Die Evangelisierung Lateinamerikas in Gegenwart und Zukunft, Puebla 1979; nachfolgend angegeben mit: Puebla; Neue Evangelisierung. Förderung des Menschen. Christliche Kultur, Santo Domingo 1992; nachfolgend angegeben mit: Santo Domingo; vgl. auch Doig Klinge 1994.

rikanischen Katholiken, katholisch zu sein, ist. Es handelt sich hier also um den realen Glauben realer Katholiken.[3]

Doch das Thema »Volksreligion« (»Volksreligiosität«, »Volksfrömmigkeit«) ist sogar noch bedeutender, wenn wir es in Bezug auf die Glaubenslehre, die Dogmen, betrachten. Wenn wir bedenken, dass fast die Hälfte aller Katholiken der Welt in Lateinamerika lebt und wir, wenn wir ähnliche Katholiken in Asien und Afrika sowie die Bevölkerung lateinamerikanischer Herkunft in der so genannten Ersten Welt hinzurechnen, die überwältigende Mehrheit aller Katholiken in der Welt bilden, müssen wir daraus schließen, dass die »Volksreligion« (»Volksreligiosität«, »Volksfrömmigkeit«) der aktuelle, reale Katholizismus ist – der reale Glaube der großen Mehrheit des Volkes Gottes. Dies hat möglicherweise bedeutende theologische, lehramtliche und dogmatische Folgen.

Ich vertrete in diesem Beitrag die These, dass die unzureichende theologische Reflexion über den Volkskatholizismus in den Bischofsdokumenten von Medellín, Puebla und Santo Domingo, zusammen mit der (damals) verständlichen und gerechtfertigten Notwendigkeit der (heute eindeutig unzureichenden) sozialen, ökonomischen und politischen Betrachtung der lateinamerikanischen Realität und der Veränderungen, die die meisten lateinamerikanischen Bischöfe, Theologen und Seelsorger in der Zeit nach dem Zweiten Vatikanischen Konzil bis Mitte der 1980er Jahre forderten, zu ihrer kollektiven Nichtwahrnehmung des Volkskatholizismus (im Besonderen und der »Volksreligion« im Allgemeinen) als einem wertvollen und wichtigen theologischen Thema beigetragen hat, das lediglich als etwas »rein« Pastorales (wenn es eine solche Kategorie überhaupt geben kann) oder als eine der vielen historischen Spuren, die sich in einem neuen Lateinamerika verlieren würden, betrachtet wurde.

Mit anderen Worten: Der reale Glaube realer Katholiken wurde nicht für wichtig genug gehalten, um eine kontinuierliche theologische Reflexion und ein neues pastorales Verständnis zu rechtfertigen. Meines Erachtens war das Ergebnis eine de facto zunehmende Distanz zwischen »Volksreligion« (»volkstümlicher Religiosität«, »Volksfrömmigkeit«) auf der einen und lateinamerikanischer Theologie und kirchlicher Seelsorge auf der anderen Seite.[4] In den späten 1980er

[3] Zur theologischen Bedeutung des Volkskatholizismus und seiner Rolle als *locus theologicus* vgl. Espín 1997; vgl. auch ders. 1999 u. 1992.

[4] Der chilenische Theologe S. Galilea hat dies schon damals erkannt und warnend darauf hingewiesen; vgl. Galilea 1980. J.C. Scannone und J.L. Segundo sind latein-

Jahren und danach wurde aus dieser (von der internen Kirchenpolitik weiterhin instrumentalisierten) Distanz eine De-facto-Trennung, trotz der Erklärungen, in denen die Kirche verkündete, dass keine Trennung drohe (was in Bezug auf die Glaubenslehre tatsächlich richtig ist). Ich wäre nicht überrascht, wenn wir unter dem aktuellen Schlagwort »neue Evangelisierung« alle möglichen Vorstellungen und Überzeugungen vereinen könnten, die nur infolge der oben erwähnten (und zuweilen bewusst vorangetriebenen) De-facto-Trennung möglich sind.

Indem sie, theologisch gesehen, die »Volksreligion« (»Volksreligiosität«, »Volksfrömmigkeit«) zu wenig als die wirkliche Religion der meisten Katholiken ernst nahmen und reflektierten, legten die Bischöfe in Medellín, Puebla und Santo Domingo leider den Grundstein für die De-facto-Trennung von Volksseelsorge und theologischer Reflexion über das Volk, dessen Glaube unbestritten die »Volksreligion« (»Volksreligiosität«, »Volksfrömmigkeit«) ist.

Das Schlussdokument von Medellín verwendet, ebenso wie später das Dokument von Puebla und das Schlussdokument von Santo Domingo, »Volksreligion«, »Volksreligiosität« und »Volksfrömmigkeit« als austauschbare Begriffe. Diese parallele Begriffsverwendung, die mittelmäßige Qualität der theologischen Reflexionen dieser Bischofsdokumente über die Realitäten und Bedeutungen, die diesen drei Begriffen zugeordnet werden, und die theologischen und kulturellen Voraussetzungen, die diesen Reflexionen zugrunde liegen, bilden zusammen eine unerledigte Aufgabe. Medellín fordert zu einer wissenschaftlichen Erforschung der »Volksreligiosität« auf, Puebla lehrt die Bedeutung und den Respekt vor der »Volksfrömmigkeit« und »Volksreligion« und Santo Domingo schlägt eine neue Evangelisierung vor; doch es fehlt den drei Dokumenten an Präzision, und durch ihren Mangel an theologischer Tiefe und Konsequenz gefährden sie sogar die Möglichkeit zu erreichen, was sie fordern oder vorschlagen.

Ich lege an dieser Stelle zwei kurze Überblicke vor: Der erste Überblick geht der Frage nach, ob und wie der »Geist« Medellíns in Puebla, Santo Domingo und auf der Amerika-Synode weiterwirkte; der zweite kurze Überblick fasst die wichtigsten Auffassungen zur »Volksreligion« (»volkstümlichen Religiosität«, »Volksfrömmigkeit«)

amerikanische Theologen der gleichen Generation mit diametral entgegengesetzten Bewertungen des Volkskatholizismus; eine vergleichende Studie zu ihren Schlussfolgerungen vgl. in Candelaria 1990.

in diesen drei Bischofsdokumenten zusammen. Nach diesen beiden zusammenfassenden Abschnitten werde ich auf einige Probleme eingehen, die die Verwendung der Begriffe »Volksreligion« (»Volksreligiosität«, »Volksfrömmigkeit«) betreffen und im vierten, in Puebla verwendeten Begriff (»Volkskatholizismus«) eine adäquatere und genauere Kategorie finden. Schließlich werde ich auf die von Medellín vorgeschlagene theologische Untersuchung »volkstümlicher Religiosität« eingehen und zeigen, dass diese Aufgabe nach vielen Jahrzehnten immer noch nicht erledigt ist.

Ich will meinen Lesern nicht vorenthalten, dass ich auch heute noch den Geist und die Worte Medellíns unterstütze und mich ihnen verpflichtet fühle und die Dokumente von Puebla und Santo Domingo als Rezeption, Bestätigung und genauere Beschreibung des Geistes von Medellín gerne anerkenne. Die Grenzen, die ich in diesen drei Bischofsdokumenten erkenne, verändern in keiner Weise meine positive Einstellung zu den kirchlichen und gesellschaftlichen Erneuerungen in Lateinamerika, für die die Zweite Gesamtkonferenz der lateinamerikanischen Bischöfe 1968 in Medellín erstmals mutig eingetreten ist. Deshalb sollten die Leser diesen Beitrag vor dem Hintergrund meiner expliziten Befürwortung der Lehre dieser drei Bischofskonferenzen lesen. Die Leser sollten sich auch der Tatsache bewusst sein, dass ich mich in diesem Beitrag nur mit den offiziellen Schlussdokumenten von Medellín, Puebla und Santo Domingo beschäftigen werde.[5]

1. Vom Schlussdokument von Medellín bis *Ecclesia in America*: eine Annäherung an den »Geist« Medellíns

Niemand, der sich mit der Kirchengeschichte Lateinamerikas beschäftigt, kann an der außergewöhnlichen Bedeutung und Wirkkraft der Zweiten Gesamtkonferenz der katholischen Bischöfe dieses Kontinents zweifeln.[6] Von der (nach der kolumbianischen Stadt, in der sie

5 Es gibt zahlreiche, weltweit erhältliche Kommentare zu diesen drei Konferenzen und Bewertungen dieser Versammlungen, ihrer Verläufe, ihrer Schlussdokumente und der begleitenden Texte. Eine umfassende Studie zu den in diesem Beitrag behandelten Themen würde folglich eine systematische Betrachtung der Schlussdokumente und der begleitenden Texte (z.B. Botschaften, Briefe, Konferenzprotokolle, vorbereitende Texte etc.) und sogar persönliche Erfahrungsberichte erfordern. Eine solch umfassende Studie ist hier nicht möglich und nicht beabsichtigt.

6 Die Erste Generalversammlung der lateinamerikanischen Bischöfe fand 1955 in Rio de Janeiro/Brasilien statt. Wegen der kirchlichen Erneuerung, die ein Jahr-

1968 abgehalten wurde) gewöhnlich als »Konferenz von Medellín« – oder schlicht »Medellín – bezeichneten Bischofsversammlung kann man durchaus behaupten, dass sie das Gesicht und das Selbstverständnis der katholischen Kirche Lateinamerikas stark verändert hat – zumindest bis zur Halbzeit des Pontifikats Johannes Pauls II. Und auch wenn heute viele zu Recht behaupten, dass die Kirche das Weiterleben von Buchstaben und Geist des Schlussdokuments von Medellín verhinderte, kann man ebenso nachvollziehbar argumentieren, dass Medellín einen dauerhaften Einfluss gehabt hat, trotz aller Versuche, seinen Einfluss und seine Lehrautorität zu unterbinden.

Die Tatsache, dass auf Medellín die III. Generalversammlung der lateinamerikanischen Bischöfe in Puebla (Mexiko 1979) folgte, ist kein unbedeutendes historisches Detail. Als die Konferenz in Puebla stattfand, gab es schon Versuche, das neue episkopale Treffen dazu zu benutzen, den von Medellín für die lateinamerikanische Kirche ausgegangenen Impuls entweder zu unterdrücken oder zu »verwässern«. Doch die Bischöfe in Puebla sorgten dafür, dass das Feuer von Medellín weiterbrannte: Es gab keine Unterdrückung oder Verfälschung von Geist und Buchstaben des Schlussdokuments von Medellín. In einigen Bereichen erweitert und vertieft das Dokument von Puebla sogar das Schlussdokument von Medellín. Hätte in Puebla keine offenkundige und explizite Rezeption von Medellín stattgefunden, wären dessen Bedeutung und Wirkkraft möglicherweise verloren gegangen oder dauerhaft nivelliert worden.

Auf Medellín und Puebla folgte die IV. Gesamtkonferenz (in Santo Domingo, Dominikanische Republik 1992) – doch dieser Versammlung wurde vorgeworfen, nicht den Mut, die Kreativität und den Geist ihrer Vorgängerinnen bewiesen zu haben. Vielleicht. Doch niemand kann mit Sicherheit behaupten, dass es in Santo Domingo eine Rückwärtsbewegung gab. Das Schlussdokument dieser Konferenz scheint die Visionen und Selbstverpflichtungen der lateinamerikanischen Kirche nicht so vorangebracht zu haben wie die beiden anderen, doch es gab auch keinen Rückfall. Santo Domingo konnte

zehnt später durch das Zweite Vatikanische Konzil ausgelöst wurde, wurden die meisten pastoralen Empfehlungen der Konferenz von Rio von den lateinamerikanischen Bischöfen selbst, mit ausdrücklicher Zustimmung Pauls VI., zurückgenommen, als 1968 die Zweite Generalversammlung in Medellín einberufen wurde. Der Schlusstext der Ersten Generalversammlung wurde offiziell *Schlussdokument von Rio* genannt, eine Bezeichnung, die für die offiziellen Schlusstexte von Medellín und Santo Domingo übernommen wurde. Nur der Schlusstext von Puebla wurde schlicht *Dokument* genannt.

die lateinamerikanischen Katholiken wenig begeistern. Eine genaue Lektüre seines Schlussdokuments lässt erkennen, dass Santo Domingo (mit deutlich weniger Enthusiasmus als Medellín und Puebla) trotzdem die grundsätzliche Selbstverpflichtung der lateinamerikanischen Bischöfe zu Gerechtigkeit, »menschlichem Fortschritt« und einer neuen Pastoral am Leben hielt. Z.B. rezipiert und wiederholt das Schlussdokument von Santo Domingo im Grundsatz, was schon in Medellín, Puebla und im Apostolischen Schreiben Pauls VI. *Evangelii Nuntiandi* gesagt wurde. Zum anderen wurden in Santo Domingo einige Schlüsselthemen behandelt, die im Schlussdokument von Medellín und im Dokument von Puebla unberücksichtigt geblieben (und in einigen Fällen wieder gestrichen worden) waren; ein wichtiges Beispiel hierfür ist die explizite Bezugnahme auf Afro-Lateinamerikaner, ihre Realität, ihre sozialen und pastoralen Bedürfnisse etc.: Medellín und Puebla hatten ein Drittel der lateinamerikanischen Bevölkerung nicht zur Kenntnis genommen (und daher nicht explizit in ihre Überlegungen einbezogen)! Doch trotz dieser positiven Entwicklung kann man sagen, dass die Konferenz in Santo Domingo insgesamt wenig Neues beitrug, um den Geist von Medellín voranzubringen.

Das Apostolische Schreiben Johannes Pauls II. *Ecclesia in America* (1999), das einzige offizielle Dokument, das im Anschluss an die (1997 in Rom abgehaltene) Amerika-Synode veröffentlicht wurde, kann unter verschiedenen Aspekten als Fortsetzung von Medellín, Puebla und Santo Domingo betrachtet werden. Doch unter anderen Aspekten ist dies nicht zutreffend – weil an der Amerika-Synode auch Bischöfe aus Kanada und den Vereinigten Staaten teilnahmen und ihr Charakter und ihre Thematik nicht ausschließlich lateinamerikanisch waren und sein sollten. Und zweitens gehört *Ecclesia in America*, weil es ein explizit päpstliches Dokument ist (das in keiner Weise auf eine bischöfliche Urheberschaft hinweist), nicht in die gleiche Kategorie wie die Schlussdokumente von Medellín, Puebla und Santo Domingo, in denen sich die Gespräche, Auseinandersetzungen und Schlussfolgerungen der versammelten Bischöfe widerspiegeln. In einigen Punkten folgt *Ecclesia in America* den drei früher entstandenen Dokumenten der lateinamerikanischen Bischöfe, besonders dem Schlussdokument von Santo Domingo, doch es bringt kaum etwas Neues. Wie die Konferenz in Santo Domingo rief die Amerika-Synode wenig oder keine Begeisterung oder Reaktionen bei den lateinamerikanischen Katholiken hervor und wurde von den Katholiken in den Vereinigten Staaten und Kanada völlig ignoriert, doch die Synode setzte sich (meiner Ansicht nach erfolglos) für den wichtigen Gedanken ein, dass die lateinamerikanische, die kanadische und die US-amerikanische Kirche zusammengehören und füreinander verantwortlich sind. Als nach der Synode veröffentlichtes päpstliches Schreiben unterstützt *Ecclesia in America* diesen vernünftigen Gedanken kaum mehr als dadurch, dass es ihn wiedergibt, doch es bringt sehr wenig, was die Lehren von Medellín, Puebla und Santo Domingo ergänzen würde. Daher werde ich mich in diesem Beitrag nicht auf *Ecclesia in America* beziehen.

2. Von Medellín nach Santo Domingo: Ein kurzer Überblick über die Aussagen der drei Dokumente zum Volkskatholizismus

Bevor ich mit diesem zweiten Überblick beginne, in dem es um die Lehre zum Thema Volkskatholizismus (»Volksreligion«, »Volksreligiosität«, »Volksfrömmigkeit«) geht, möchte ich auf die offensichtlich schwierige Frage der Terminologie eingehen.

Bisher habe ich in diesem Beitrag die Ausdrücke »Volksreligion«, »Volksreligiosität«, »Volksfrömmigkeit« – immer gemeinsam – erwähnt, um den Glauben des einfachen Volkes zu bezeichnen. In der Tat verwenden das Schlussdokument von Medellín, das Dokument von Puebla und das Schlussdokument von Santo Domingo diese drei Ausdrücke synonym, weil sie davon ausgehen, dass sie alle die gleiche Bedeutung haben. Doch nach meinem theologischen Verständnis bedeuten diese Begriffe nicht das Gleiche; und durch diese parallele (naiv ungenaue) und gleichsetzende Begriffsverwendung in allen drei Texten entstehen theologische Probleme. Weiter unten werde ich jeden der drei Ausdrücke (sowie einen vierten, »Volkskatholizismus«, der in Puebla außerdem verwendet wurde) genauer untersuchen und auf einige der Probleme eingehen, die durch ihren synonymen Gebrauch entstehen. Fürs Erste mögen mir die Leserinnen und Leser erlauben, nur den Ausdruck Volkskatholizismus zu verwenden (obwohl wir später sehen werden, dass er ohne Erläuterung nicht ausreichend ist); es gibt zwei Gründe für diese Bitte: Ich möchte die stilistische Umständlichkeit vermeiden, die durch eine ständige gemeinsame Verwendung der drei (oder vier) Ausdrücke entstehen würde, und außerdem damit beginnen, die Leser damit vertraut zu machen, was meiner Meinung nach (worauf ich an späterer Stelle zu sprechen komme) der beste Ausdruck für die Lehre der Konferenzen über den katholischen Glauben der Durchschnittskatholiken ist.

Was haben die in Medellín, Puebla und Santo Domingo versammelten Bischöfe zum Thema Volkskatholizismus gelehrt? Es hat diesbezüglich in der Zeit von 1968 (Medellín) bis 1992 (Santo Domingo) zweifellos Veränderungen gegeben. Es könnte jedoch der falsche Eindruck entstehen, dass Santo Domingo das Ende einer in den drei Texten vollzogenen Entwicklung zu Fragen über den Volkskatholizismus darstellt. Tatsächlich stellt das Dokument von Puebla (1979) den Höhepunkt der pastoralen Reflexion zu diesem Thema dar – ein Höhepunkt, an den das Schlussdokument von Santo Domingo nicht anschließt, der jedoch die theologische Reflexion vermeidet, die zuerst im Schlussdokument von Medellín gefordert wurde.

Was lehren unsere drei Bischofstexte zum Thema Volkskatholizismus?

a) Ursprung des Volkskatholizismus

Nur das Schlussdokument von Santo Domingo beschäftigt sich direkt mit der Frage nach den Ursprüngen des lateinamerikanischen Volkskatholizismus, auch wenn Puebla und Medellín andeuten, dass die Ursprünge vielfältig, komplex und (letztlich) interkulturell zu erklären seien.

Das Schlussdokument von Santo Domingo (247) erklärt Ursprung und Existenz des Volkskatholizismus bei Lateinamerikanern ausschließlich, indem es auf das rassische Mestizentum (*mestizaje*) Bezug nimmt. Natürlich gibt es zahlreiche Fälle, die teilweise bestätigen, dass die *mestizaje* ein Entstehungskontext für den lateinamerikanischen Volkskatholizismus ist – doch der »Kontext« der Entstehung ist nicht das Gleiche wie die »Ursache« oder der »Ursprung«, was Santo Domingo nahe zu legen scheint durch den ausschließlichen Gebrauch des Begriffs *mestizaje*, wenn es darum geht, Ursache und Ursprünge des Volkskatholizismus in Lateinamerika zu erklären.

Obwohl Santo Domingo deutlich darauf hinweist, dass der Volkskatholizismus eine inkulturierte Form des Katholizismus ist, ignoriert seine eigene Erklärung für die Entstehung des volkstümlichen religiösen Universums (d.h. *mestizaje*) die Tatsache, dass viele lateinamerikanische Formen des Volkskatholizismus aus Spanien und Portugal stammen und nicht als Antwort auf die Rassenmischung in Amerika entstanden sind. Weiterhin ignoriert der Text, dass Volkskatholizismus auch in lateinamerikanischen Volksgruppen existiert, in deren Geschichte es keine rassische *mestizaje* gegeben hat. Mit anderen

Worten: Die Realität des Volkskatholizismus zeigt, dass *mestizaje* nicht die einzige Erklärung für die Existenz und/oder den Ursprung des Volkskatholizismus in Lateinamerika (und wohl auch nicht die beste Erklärung dafür) ist, sondern nur eines der kontextuellen Elemente, das berücksichtigt werden muss. Auch wenn Santo Domingo behauptet, nur die Lehre des Dokuments von Puebla zu diesem Thema wiederzugeben (vgl. Puebla 307), betrachtet dieses Dokument in Wirklichkeit nicht die *mestizaje* als Ursache oder Ursprung des Volkskatholizismus.

b) Definition(en) von Volkskatholizismus

Wenn wir über die Fragen des Ursprungs hinausgehen (die von Medellín und Puebla klugerweise nur am Rande berührt wurden), kommen wir weiter. Wir werden sehen, dass die drei Dokumente jeweils eine kurze Definition von Volkskatholizismus geben und dass die Begriffe »Volksreligion«, »Volksreligiosität« und »Volksfrömmigkeit« hier synonym und ungenau gebraucht werden (nur Puebla verwendet auch einen vierten Ausdruck: »Volkskatholizismus«).

- Das Dokument von Puebla setzt die Begriffe explizit gleich, indem es alle definiert als »Gefüge der von Gott geprägten Glaubensinhalte und ihre Ausdrucksformen [...]« (ebd., 444). Und das Dokument von Puebla fügt, vielleicht unabsichtlich, in der Diskussion über das religiöse Universum des Volkes einen vierten Ausdruck hinzu: »Volkskatholizismus« – immer noch ersetzbar durch die drei anderen Ausdrücke, doch (wie wir sehen werden) derjenige Begriff, der den Sachverhalt am genauesten beschreibt.

Obwohl die Terminologie von Puebla ungenau ist, ist es das Bischofsdokument, das den lateinamerikanischen Volkskatholizismus genauer analysiert, besonders aus einer pastoralen Perspektive. Im Vergleich zu Medellín, das nur kurz auf den Volkskatholizismus Bezug nimmt, finden wir in Puebla eine genauere Reflexion. Im Vergleich zu Santo Domingo ist Puebla kreativ, vorausblickend und es hat ein viel ausgeprägteres pastorales Bewusstsein.

- Trotz des oben erwähnten Bezugs auf die *mestizaje* findet sich im Schlussdokument von Santo Domingo nichts Entscheidendes oder Neues, verglichen mit dem Verständnis von Volkskatholizismus in Medellín und Puebla. Das Dokument nimmt in den Abschnitten 18, 36, 38–39 und 255 auf den Volkskatholizismus Bezug. Für Santo Domingo ist »Volksreligiosität [in der deutschen Übersetzung: Volksfrömmigkeit!] ein besonderer Ausdruck der Inkulturation des Glaubens. Es handelt sich dabei nicht nur um religiöse Ausdrucksformen, sondern auch um Werte, Kriterien, Verhaltensweisen und Ansichten, die der katholischen Glaubenslehre entspringen und die Weisheit unseres Volkes bilden und sein kulturelles Gesicht formen« (36). Da gibt es tatsächlich nichts, was über Puebla hinausgeht, sondern sogar deutlich weniger.

- Und was versteht Medellín unter »Volksreligiosität« (sein bevorzugter Ausdruck)? In Medellín 6,2–6 und 6,10 (doch besonders in 6,2) sieht das Schlussdokument von Medellín den Volkskatholizismus als ein Ergebnis der frühesten Evangelisierung Lateinamerikas. Es beschreibt den Volkskatholizismus als ein Gewirr von Gelübden und Versprechen, von Pilgerreisen und Andachten und von kulturell erwarteten sakramentalen Praktiken (meist in Verbindung mit und im Umfeld von Taufe und Erstkommunion). Obwohl er in Bezug auf die wahrhaft moralischen Praktiken und auf ein authentisches Bekenntnis zur Kirche meist Defizite aufweist, betrachtet Medellín den Volkskatholizismus als einen Ort authentischer christlicher Tugenden. Aus der Sicht des Dokuments ist die heutige Wissenschaft im Begriff, eine Krise innerhalb des Volkskatholizismus hervorzurufen, weil dieser noch ein Verständnis von Gott als direkter Ursache von und Antwort auf alle Ereignisse und Fragen des Menschen und der Natur hat, das im Widerspruch zu der moderneren Sichtweise der Wissenschaft steht.[7] Medellín gab eine zusammenfassende Beschreibung des Volkskatholizismus, die später von Puebla aufgenommen und weiterentwickelt wurde.

c) Überlegungen zur Volksreligion

In ihren pastoralen Überlegungen zum Volkskatholizismus und ihren Reaktionen darauf weisen alle drei Dokumente eine größere Übereinstimmung auf, obwohl man Medellín zugute halten muss, dass es als

[7] In diesem Zusammenhang wie in so vielen anderen dürfen wir nicht vergessen, dass Medellín und die beiden anderen Bischofsversammlungen in ihren spezifischen kulturellen, historischen, theologischen (und vielen anderen) Kontexten stattfanden. Diese sehr offensichtliche Tatsache erfordert es, dass wir die Texte immer im Bewusstsein der Umstände interpretieren, unter denen sie entstanden sind – die das Denken ermöglichten, das sich in den jeweiligen Texten widerspiegelt, und vieles von dem nicht erlaubten, von dem wir uns vielleicht wünschten, dass es gesagt worden wäre, das aber (aufgrund der historischen und kulturellen Situation) noch nicht »sagbar« war. Mit dem Zweiten Vatikanischen Konzil hatte die Konferenz in Medellín eine Interpretation des damaligen Kontextes gemeinsam, die wir heute vielleicht nicht zugrundelegen oder übernehmen würden.

erstes Dokument dazu riet, eine respektvolle Haltung gegenüber der Religion des katholischen Volkes einzunehmen, eine Einstellung, die Puebla und Santo Domingo später übernahmen. Es war das Dokument von Medellín (und nur dieses), das als erstes explizit eine systematisch-theologische Beschäftigung mit dem Volkskatholizismus forderte.

- Im Schlussdokument von Medellín (besonders in 6,4) finden wir den klugen Hinweis, dass der Volkskatholizismus nicht mit den gleichen interpretativen Hilfsmitteln beurteilt oder bewertet werden darf, die für westliche religiöse Praktiken entwickelt und verwendet wurden. Da der Volkskatholizismus meist (wenn auch nicht ausschließlich) eine religiöse Welt ist, die von und bei den Armen erschaffen wurde (sowohl im ländlichen als auch im urbanen Kontext), sollte er nicht in gleicher Weise und mithilfe der gleichen Kriterien untersucht werden wie die religiöse Welt der mittleren und oberen Gesellschaftsschichten.

Die Erscheinungsformen des Volkskatholizismus kann man als »deformiert« betrachten, mit alten religiösen Praktiken und Überzeugungen vermischt oder der Tyrannei des Aberglaubens und der Magie unterworfen, doch trotz seiner offensichtlichen Grenzen kann man im Volkskatholizismus mit gutem Grund die kulturell authentischen religiösen Praktiken und Überzeugungen von Katholiken sehen, die innerhalb gewisser Grenzen, aber auf authentische Weise die christliche Wahrheit zu vermitteln und zum Ausdruck zu bringen versuchen.

Aufgrund seiner Authentizität (vgl. ebd., 8,2) darf der Volkskatholizismus nicht gering geschätzt, unterbewertet oder (theologisch oder pastoral) ignoriert werden, denn er kann der Ausgangspunkt für eine umfassendere Evangelisierung sein. Genauer gesagt: Die Theologie und die Sozialwissenschaften sollten sich systematisch mit ihm beschäftigen. Gegenstand dieser wissenschaftlichen Untersuchung müssen die kulturelle und die kirchliche Funktion und die Glaubensinhalte des Volkskatholizismus sein. In 6,10 fordert Medellín erneut und nachdrücklich, dass Theologen und Sozialwissenschaftler den Volkskatholizismus als Forschungsgegenstand ernst nehmen und seine Erscheinungsformen, Inhalte und Funktionen systematisch untersuchen sollen. Mehrere Jahrzehnte nach Medellín scheint es, dass sein Aufruf an die Theologen nicht genug beachtet worden ist; der Volkskatholizismus hat offenbar nur bei Seelsorgern und Sozialwissenschaftlern Beachtung gefunden, während er nach wie vor meist nicht zu den Forschungsinteressen der Theologen gehört (weder in Lateinamerika noch anderenorts, obwohl es natürlich einige Ausnahmen gegeben hat).

- In den elf Jahren zwischen Medellín und Puebla scheint sich ein pastoraler Konsens entwickelt zu haben, der den Volkskatholizismus positiver, aber (was wiederum besorgniserregend ist) als fast ausschließlich pastorale Angelegenheit betrachtete.

Das Dokument von Puebla bringt die pastorale Reflexion am weitesten voran, besonders in Puebla 444–469 sowie in 6, 234, 243, 368, 910–915, 936–937 und 959–961. Doch der offensichtliche Konsens, der in Puebla in Bezug auf den Volkskatholizismus zu erkennen war, bezog nicht die explizite Aufforderung Medellíns mit ein, diese Volksreligion einer systematischen und wissenschaftlichen theologischen Untersuchung zu unterziehen, ja, man nahm diese Aufforderung nicht einmal zur Kenntnis. Wie bereits erwähnt führt Puebla die pastorale Reflexion zu neuen Höhepunkten, nicht aber die theologische. Diese Aufgabe ist unerledigt geblieben, sowohl im Dokument von Puebla als auch in der vitalen Theologenzunft Lateinamerikas.[8]

8 Von sehr wenigen Ausnahmen abgesehen blieb der Volkskatholizismus in den Arbeiten der meisten lateinamerikanischen Theologen unberücksichtigt. S. Galilea und J.C. Scannone gehörten, wie in Anm. 4 erwähnt, zu den wenigen Ausnahmen. Dies war auch das zentrale Thema im oben erwähnten Artikel von Galilea: Die Befreiungstheologen erkannten den wahren Charakter des Glaubens des Volkes nicht und gefährdeten dadurch ihre Theologien. Es erscheint sonderbar (zumindest mir vom heutigen Standpunkt aus), dass der mit Nachdruck geforderte, notwenige und wichtige methodologische Ansatz der Befreiungstheologen (d.h. die systematische Analyse der (wahren) Realität des Volkes) von den Befreiungstheologen so sehr ignoriert wurde, wann immer die Analyse der »*volks*religiösen« Komponente der (wahren) Realität des Volkes methodologisch erforderlich war. Ich habe den Eindruck, dass die Befreiungstheologen, ohne es zu bemerken (in den wenigen Fällen, in denen sie sich doch mit dem Volkskatholizismus befassten), sich für *ihre* Beschreibungen und Interpretationen des religiösen Universums des Volkes entschieden, statt für die Beschreibungen und Interpretationen des Volkes, wobei sie die systematische theologische Erforschung der religiösen Komponente der Realität als der Realität des Volkes entwerteten und vermieden und folglich die grundlegende methodologische Prämisse der Befreiungstheologie aufs Spiel setzten. Viele von uns sind mit der vorrangigen Option für die Armen, wie sie die Befreiungstheologie formuliert, vertraut und unterstützen sie. Doch ist die Analyse der *Realität* der Armen nicht die der *Armen* gewesen? Mit anderen Worten: Wessen Analyse der Realität der Armen ist es oder sollte es sein? Diese Fragen sollten methodologisch gestellt werden in Bezug auf die befreiungstheologische Analyse (oder sollte ich besser sagen: in Bezug auf das Fehlen einer solchen Analyse) des Volkskatholizismus und der sozialen Realität, wie sie von den Armen interpretiert wird. Die Befreiungstheologen sollten damals die Realität der Armen analysieren und interpretieren, wie die Theologen es methodologisch für notwendig hielten – dies stelle ich nicht in Frage; doch ich stelle die konsequente Anwen-

Pueblas Verständnis bzw. Definition von Volkskatholizismus rezipiert und wiederholt die Aussagen von Medellín und fügt einige neue Begriffe hinzu, ist dabei jedoch differenzierter und ausführlicher (z.B. Puebla 444–457). Es gibt in Puebla nur wenig neue Erkenntnisse und Positionen (verglichen mit den Erkenntnissen und Positionen Medellíns bezüglich der Wichtigkeit und Bedeutung des Volkskatholizismus). Doch das Dokument von Puebla ergänzt die Lehre von Medellín durch die ausdrückliche, gut begründete und pastoral ansetzende Forderung, dass der Volkskatholizismus von den Seelsorgern ernst genommen und in ganz Lateinamerika pastoral »begleitet« und »wahrgenommen« werden müsse. In Medellín wurde dies häufig zum Ausdruck gebracht, doch nicht so nachdrücklich und durchgängig wie im Dokument von Puebla.

Offensichtlich (vgl. z.B. 460 und 466) macht sich Puebla große Sorgen bezüglich der Folgen der schnellen Urbanisierung für den Volkskatholizismus, und so beziehen sich viele seiner pastoralen Empfehlungen auf die Anpassung, Wahrnehmung und Wertschätzung des Volkskatholizismus, damit er im urbanisierten Lateinamerika mit seiner zunehmend säkularisierten Mentalität eine lebendige religiöse Kraft bleibt. Medellín war in Bezug auf seine spezifisch pastoralen Empfehlungen oder Reflexionen über den Volkskatholizismus bescheidener als Puebla. Doch langfristig gesehen war Medellín, als es die wissenschaftliche, theologische Erforschung des Volkskatholizismus forderte, viel weiser und potentiell revolutionärer.

- Die Überlegungen des Schlussdokuments von Santo Domingo zum Volkskatholizismus sind ebenfalls pastoral. Es rezipiert und wiederholt somit die Inhalte von Puebla, greift aber ebenfalls nicht die Aufforderung Medellíns auf, den Volkskatholizismus wissenschaftlich theologisch zu erforschen. Santo Domingo bezieht sich in Nr. 18, 36, 38–39 und 255 auf den Volkskatholizismus. Doch nirgends weicht es von den Erkenntnissen oder Positionen Pueblas ab, auch wenn die

dung eines methodologischen Ansatzes (der von den Befreiungstheologen sehr explizit und nachdrücklich gefordert wurde) in Frage, der besagte, dass die Theologie methodologisch zuerst die Analyse der Realität der Armen ernst nehmen müsse, dann aber die Selbstanalyse der Armen und ihre Interpretation ihrer eigenen Realität als irrelevant betrachtete und nicht berücksichtigte – besonders angesichts der Tatsache, dass die Analyse der Armen Lateinamerikas und die Interpretation ihrer eigenen Realität früher, heute und in absehbarer Zeit weiterhin eindeutig auf der Grundlage der hermeneutischen, interpretativen Kategorien des Volkskatholizismus (d.h. der authentischen und legitimen Inkulturation des Glaubens des Volkes) erfolgen und zum Ausdruck gebracht werden.

Reflexionen von Santo Domingo zu dem Thema im Allgemeinen weniger differenziert, weniger von pastoralem Bewusstsein geprägt und nicht so umfangreich sind. Vielleicht setzten die Bischöfe eine weit verbreitete Kenntnis und Akzeptanz der Empfehlungen von Puebla voraus oder zogen es vor, einfach auf Puebla zu verweisen (wie sie es gelegentlich in Bezug auf den Volkskatholizismus taten). Doch was auch immer der Grund dafür gewesen sein mag: Ich finde es – besonders in Anbetracht der Fokussierung Santo Domingos auf eine neue Evangelisierung – bedauerlich, dass das Schlussdokument die Erkenntnisse, Reflexionen und Empfehlungen von Puebla in Bezug auf den Volkskatholizismus nicht ergänzte oder vertiefte. Es ist gut, dass Santo Domingo in Bezug auf dieses Thema keinen Rückzieher gemacht hat, doch es bietet dazu herzlich wenig Neues.

Medellíns Aufruf zur theologischen, wissenschaftlichen Erforschung des Volkskatholizismus ist im Schlussdokument von Santo Domingo nirgends zu finden; der Konsens von Puebla (dass der Volkskatholizismus hauptsächlich, wenn nicht ausschließlich, eine pastorale Angelegenheit ist) scheint in Santo Domingo rezipiert und wiederholt worden zu sein.

3. Zur Frage der Terminologie

Wenden wir uns nun den terminologischen Problemen zu, die durch den synonymen Gebrauch der Ausdrücke »Volksreligion«, »Volkreligiosität« und »Volksfrömmigkeit« in Medellín, Puebla und Santo Domingo – sowie »Volkskatholizismus« (in Puebla) entstanden sind.

Ich habe bereits darauf hingewiesen, dass ich den Begriff »Volkskatholizismus« präzisieren werde. Dies soll im nächsten Abschnitt geschehen.

Offensichtlich verwenden die drei Dokumente, mit denen wir uns hier beschäftigen, die Begriffe »Volksreligion«, »Volkreligiosität« und »Volksfrömmigkeit«, um genau das zu bezeichnen, was Puebla explizit »Volkskatholizismus« nennt (vgl. Puebla 444). Mit anderen Worten, die Ausdrücke werden als austauschbar und bedeutungsgleich betrachtet, weil sie sich alle auf einen Stil des Katholizismus beziehen, der seit der Zeit der ersten Evangelisierung von und bei den Armen Lateinamerikas als ihre authentische kulturelle Ausdrucksform katholischen Christentums geschaffen wurde. Dies scheint der Grund dafür zu sein, warum die drei Dokumente ohne zu zögern erklären, dass »Volksreligion«, »Volkreligiosität« und »Volksfrömmigkeit« eine legitime und authentische Inkulturation des katholischen Glaubens in Lateinamerika darstellen – dass sie »Volkskatholizismus« sind. Diese Interpretation findet sich in den drei Dokumenten an zahlreichen Stellen. Doch wir können hier die Frage stellen, ob diese drei Ausdrücke tatsächlich die gleiche Bedeutung wie »Volkskatholizismus« haben.[9]

a) Religiosität

Wie wir gleich sehen werden, ist der Katholizismus in seiner »volkstümlichen« lateinamerikanischen Inkulturation (mit seinen Vor- und Nachteilen) zweifellos eine Religion; er kann zu Recht »Volkskatholizismus« und sogar »Volksreligion« genannt werden. Aber »Religiosität«? Die genaue Bedeutung von *religiosidad* im Spanischen (oder *religiosidade* im Portugiesischen) entspricht nicht der von »Religion«; deshalb kann man das Wort nicht unbedacht wie einen austauschbaren oder bedeutungsgleichen Begriff verwenden. »Religiosität« impliziert und transportiert eine Geringschätzung, die »Religiosität« als nicht »so gut« wie eine »Religion« versteht – sie ist fast eine »Pseudo«-Religion, die das Gleiche wie Religion zu sein scheint, aber in Wirklichkeit nicht ist.

Ist es das, was die drei Dokumente unter Volkskatholizismus verstehen? An einigen Stellen scheinen sie das anzudeuten, doch ihre gemeinsame Achtung und Verteidigung der christlichen Authentizität des Volkskatholizismus als inkulturiertem katholischem Glauben lassen uns doch daran zweifeln. Kann es wirklich die Absicht der Bischöfe sein, die sich für die Pflege und die Achtung der Volksreligion einsetzen wollen, sie mit solch geringschätzigen oder abwertenden Begriffen zu bezeichnen?

Es erscheint plausibler, dass – wie es tatsächlich in Medellín der Fall war – der Ausdruck »Religiosität« gewählt wurde, weil in den 1960er Jahren kein anderer Begriff für das religiöse Universum des Volkes in Gebrauch war. Doch wir müssen uns in Erinnerung rufen, dass Medellín weise und bescheiden die Notwendigkeit einer systematischen sozialwissenschaftlichen und theologischen Erforschung des volkstümlichen religiösen Universums anerkannte, diese erwartete

[9] Es könnte hilfreich sein, an dieser Stelle auf einige meiner Arbeiten hinzuweisen, die sich mit den Argumenten für oder gegen den Gebrauch der vier in Medellín, Puebla und Santo Domingo verwendeten Ausdrücke befassen und ihre Bedeutung erschließen; vgl. Espín 1994a; ders. 1984b; ders. 1995; ders. 1994b; ders. 1997.

und forderte. Das Schlussdokument von Medellín verwendet den Begriff »Religiosität«, ohne in irgendeiner Weise das damalige Verständnis dieses Begriffs mit seinen Vorstellungen von dem komplexen volkstümlichen religiösen Universum gleichzusetzen (und es forderte daher eine wissenschaftliche Erforschung dieses Universums). Puebla und Santo Domingo jedoch bezogen sich wegen ihrer (nicht begründeten) Annahme, dass der Volkskatholizismus größtenteils, wenn nicht ausschließlich, eine pastorale Angelegenheit sei, in ihren Überlegungen und Empfehlungen einzig und allein auf den rein pastoralen Bereich und schenkten eindeutig theologischen Fragen zu diesem Thema meist keine Beachtung. Ich glaube, dass Medellín (und später Puebla und Santo Domingo) nicht die Kategorie »Religiosität« verwendet hätte, wenn es in den 1960er Jahren alternative Bezeichnungen sowie eine umfassende, dauerhafte, wissenschaftliche und systematische Erforschung des Volkskatholizismus gegeben hätte. Ihre Verwendung steht völlig im Widerspruch zu den im Allgemeinen respektvollen und bejahenden Interpretationen des Volkskatholizismus in den Dokumenten.

b) Frömmigkeit

Bei der Verwendung des Begriffes »Volksfrömmigkeit« ist es etwas anders. »Frömmigkeit« hat keinen geringschätzigen Beiklang, aber im normalen Sprachgebrauch im Spanischen und im Portugiesischen (besonders in den 1970er Jahren, dem Jahrzehnt vor Puebla) bezog sich der Begriff fast ausschließlich auf das katholische Gebetsleben und seine vielfältigen Praktiken, oft in Verbindung mit dem, was man damals als »Para-Liturgien« bezeichnete. Der fromme Mensch war der betende Mensch. Und so meinte »Volksfrömmigkeit« hauptsächlich die Gebetspraktiken des Volkes (wozu sowohl individuelle als auch gemeinschaftliche Praktiken, somit auch Pilgerreisen und viele andere »fromme Ausdrucksformen« des Volkes gehörten). Natürlich schließt der Katholizismus des Volkes »Volksfrömmigkeit« mit ein und so bezeichnet der Begriff vieles, was zum Volkskatholizismus gehört, aber die beiden Ausdrücke sind nicht inhaltsgleich. Im Volkskatholizismus gibt es Überzeugungen, moralische Erwartungen etc., die nicht simplifizierend auf die frommen Gebetspraktiken des Volkes reduziert werden können. Es ist also angemessen (wie in Puebla und Santo Domingo), den Begriff »Volksfrömmigkeit« zu verwenden, aber nur, wenn er nicht als Synonym von »Volkskatholizismus« gebraucht und wenn er als ein Teil (und nur ein Teil) des Volkskatholizismus verstanden wird.

c) Religion

Wenn also »Religiosität« unpassend und ungenau und somit inakzeptabel und wenn »Frömmigkeit« akzeptabel ist, doch nur unter den eben genannten Bedingungen, wie sieht es dann mit dem Begriff »Volksreligion« aus? Er kann nicht mit den anderen Begriffen gleichgesetzt oder synonym gebraucht werden, jedoch aus anderen Gründen.

Es erscheint mir offensichtlich, dass Medellín, Puebla und Santo Domingo sich bei ihren Reflexionen über das religiöse Universum des Volkes eigentlich auf den »Volkskatholizismus« und nichts anderes bezogen haben. Obwohl sie gelegentlich den Einfluss nichtchristlicher Religionen auf den Volkskatholizismus einräumen, stimmen alle drei Dokumente dahingehend überein, dass sie den Volkskatholizismus als Katholizismus betrachten und ihn als solchen verteidigen. In dieser Hinsicht gibt es keinen Zweifel. Es ist vielleicht ein Katholizismus, der Einsicht, »Reinigung«, eine bessere Unterweisung und sogar eine neue Evangelisierung benötigt, aber es ist trotzdem ein authentisch inkulturierter *katholischer* Glaube. Nochmals: Dieser Punkt wird in den drei Dokumenten nicht in Frage gestellt. Aber wenn wir unsere Aufmerksamkeit auf den allgemeinen Ausdruck »Volksreligion« richten, erkennen wir, dass er (zumindest in Lateinamerika) nicht mit »Volkskatholizismus« gleichgesetzt wird und nicht gleichgesetzt oder synonym gebraucht werden kann.

- »Volksreligion« bedeutet, dass das religiöse Universum, auf das Bezug genommen wird, tatsächlich eine »Religion« ist und dass sie bei den einfachen Menschen, am wahrscheinlichsten bei den Armen, vorkommt und vielleicht von diesen geschaffen wurde. Der Begriff »Volksreligion« hat nichts Geringschätziges und lässt sich nicht auf fromme Praktiken reduzieren (auch wenn es diese zwangsläufig in jeder Religion gibt). Und was für unser Thema wichtiger ist: Der Begriff »Volksreligion« beinhaltet nichts, was seine Identifizierung (und deshalb seine Gleichsetzung und Austauschbarkeit) mit dem Katholizismus erfordert. Der Volkskatholizismus ist gewiss eine Volksreligion, doch nicht alle Volksreligionen sind katholisch. Und dies ist das Erste, was zu diesem Thema festzuhalten ist.

Der synonyme und gleichsetzende Gebrauch von »Volksreligion« und »Volkskatholizismus« ist weder angemessen noch akzeptabel, es sei denn, wir beschränken uns bei der Religion, auf die wir uns beziehen, ausdrücklich auf den »Volkskatholizismus«. Aber dies ist in keinem der drei Dokumente der Fall, und so ist die Annahme (von Puebla und Santo Domingo), »Volksreligion« sei das Gleiche wie »Volkskatholizismus«, ein bedauerlicher Irrtum.

- Der zweite Punkt ist wichtiger: In Lateinamerika hat es unter den Armen immer Nichtchristen (und somit nichtchristliche Religionen) gegeben. Die Annahme, von der die drei Dokumente ausgehen, dass jede Volksreligion in Lateinamerika katholisch sei, ist schlichtweg falsch. Medellín, Puebla und Santo Domingo erkennen selbst ausdrücklich die Existenz anderer religiöser Welten in Lateinamerika an – von Christen, die sich von der offiziellen Kirche abgespalten haben, über »östliche Religionen«, das Judentum, noch existierende indigene Religionen bis hin zu afrikanischen Religionen.

Leider stellen die drei lateinamerikanischen Bischofstexte die nichtchristlichen Religionen im Allgemeinen entweder als »Neulinge« auf dem Kontinent dar (denen somit die echten Wurzeln und die Bedeutung der *latinoamericanidad* fremd sind)[10] oder als Überbleibsel der kolonialen oder gar vorkolonialen Vergangenheit (die dazu verurteilt sind, nach und nach zu verschwinden, oder bestenfalls einer gründlichen »Reinigung« bedürfen – und folglich wenig nützlich für die Zukunft der *latinoamericanidad* sind). Mit anderen Worten, wenn Medellín, Puebla und Santo Domingo über nichtchristliche Religionen sprechen, nehmen sie deren *latinoamericanidad* nicht ernst oder erkennen nicht einmal ihre tief verwurzelte und jahrhundertelange Existenz bei Millionen Lateinamerikanern. Wenn man die drei Texte liest, hat man zuweilen den Eindruck, dass die Bischöfe *latinoamericanidad* und Katholizismus sehr gerne gleichsetzen und jedes andere religiöse Universum ausschließen oder kleinmachen wollten.

Die afrikanischen Religionen (sowie die Religionen der Ureinwohner) in Lateinamerika sind ein sehr anschauliches Beispiel für die Probleme, die durch den synonymen Gebrauch der Begriffe in den drei Dokumenten entstehen.[11]

Es scheint schwer nachvollziehbar, dass das Schlussdokument von Medellín nichts (weder direkt noch andeutungsweise) über die

10 *Latinoamericanidad* ist ein Begriff, der sich auf die Eigenschaft des »Lateinamerikanischseins« einer Sache oder Person bezieht.

11 Zur Bedeutung und theologischen Analyse afrolateinamerikanischer Religionen vgl. Espín 1984a und ein Referat (»Toward a Latino/a Theology of Religions: In Dialogue with the Lukumí Religion«), das ich 2004 auf dem Kongress der Catholic Theological Society of America in Reston, Virginia, gehalten habe.

Millionen Lateinamerikaner sagt, deren Wurzeln in Afrika liegen und deren Vorfahren auf dem Kontinent versklavt wurden; diese Afro-Lateinamerikaner, die ein Drittel der Bevölkerung des Kontinents ausmachen (im Gegensatz zu den indigenen Volksgruppen, den Ureinwohnern, die ausdrücklich erwähnt werden), waren den Bischöfen in Medellín kein einziges Wort wert. Man könnte damit argumentieren, dass die Afro-Lateinamerikaner im Schlussdokument von Medellín überall miteinbezogen sind, doch Tatsache ist, dass in dem Text auf andere, viel »kleinere« Gruppen explizit hingewiesen wird, und so muss man ehrlich zugeben, dass das Fehlen jeglicher Hinweise auf die Afro-Lateinamerikaner in Medellín mit dem in Lateinamerika (sowohl in der Gesellschaft als auch in der Kirche) tief verwurzelten Rassismus sowie mit dem völligen Fehlen einer Diskussion der Rassenfrage in der Theologie und in den Sozialwissenschaften der 1960er Jahre zu erklären ist.

Das Dokument von Puebla nimmt die Existenz der Afro-Lateinamerikaner lediglich am Rande (8 (Anmerkung); 34, 307, 365, 409–410, 415, 441 und 451) zur Kenntnis. Puebla enthält keine spezielle pastorale Empfehlung, die sich explizit auf diese Bevölkerungsgruppe bezieht, und denkt nicht darüber nach, was die Mitwirkung oder die Präsenz eines Drittels der Lateinamerikaner für die Kirche und den Kontinent bedeuten könnten. Es gibt in Puebla nur eine einzige Bezugnahme (451) auf die afrikanischen Religionen in Lateinamerika, doch unerklärlicherweise unter dem Stichwort »Katholische Volksfrömmigkeit« (sic!).

Das Dokument von Santo Domingo war derjenige der drei Texte, der endlich und als erster der afrikanischen Präsenz in Lateinamerika etwas mehr Aufmerksamkeit widmete (vgl. Santo Domingo 20, 30, 38, 137–38, 243–251 und 299). Santo Domingo erkennt die Schrecken der Sklaverei an, würdigt den kulturellen Reichtum, der von den versklavten Afrikanern und ihren Nachkommen nach Nord- und Südamerika gebracht wurde, und bittet sie um Vergebung für das feige Schweigen und die Mitschuld von Katholiken in den Jahrhunderten des Sklavenhandels sowie für das, was den Afro-Lateinamerikanern durch Rassismus und religiöse Intoleranz angetan wurde, die von der Kirche oftmals stillschweigend geduldet wurden. Santo Domingo erklärt, dass die Kirche die Afro-Lateinamerikaner in ihrem Kampf um Gleichberechtigung, Gerechtigkeit und eine eigene Identität unterstützen will. In 137 und 138 erkennt das Schlussdokument von Santo Domingo ausdrücklich die afrikanischen Religionen in Lateinamerika an, nimmt auf sie Bezug und fordert zum interreligiösen Dialog mit ihnen auf, weil diese Religionen als *semina Verbi* verstanden werden.

Es gibt, und das ist immer so gewesen, mehr Religionen in Lateinamerika als den Katholizismus. Und wenn wir die demographische Bedeutung afro-lateinamerikanischer Religionen ernst nehmen würden, müssten wir uns mit fast 20 Millionen Lateinamerikanern auseinandersetzen, die den Katholizismus nicht als ihre Religion betrachten, ihn aber trotzdem beeinflusst haben und von ihm beeinflusst worden sind – in ihrer volkstümlichen Inkulturation.

Weiterhin waren und sind diese Millionen Lateinamerikaner und werden Lateinamerikaner bleiben, und deshalb ist die Annahme (von der die Bischöfe offensichtlich ausgehen), die *latinoamericanidad* sei religiös ausschließlich oder am besten vom Katholizismus her zu verstehen, schlichtweg eine Beleidigung für ein Drittel der Bevölkerung Lateinamerikas. Die Tatsache, dass die kirchlichen Institutionen – zusammengenommen – der größte Sklavenhalter Lateinamerikas waren, ist keine irrelevante oder leicht zu vergessende Tatsache (wie Santo Domingo selbst zugeben musste), und so ist die Behauptung, dass die *latinoamericanidad* am besten aus der Sicht des größten Sklavenhalters in der lateinamerikanischen Geschichte zu verstehen sei, moralisch (und sachlich) wirklich unverständlich. Historisch wurde Lateinamerika vom europäischen Kolonialismus ebenso sehr wie von der afrikanischen Sklaverei und an vielen Orten durch ein starkes indigenes Erbe geprägt.

Die Meinung, Lateinamerika sei religiös weitgehend homogen, ist historischer Unsinn. Und deshalb riecht es nach Neokolonialismus, wenn (wie in unseren drei Dokumenten) behauptet wird, der Katholizismus sei die religiöse Matrix Lateinamerikas – die Katholiken können diesen Anspruch historisch gesehen nicht mit größerer Berechtigung erheben als die Millionen Menschen, die den indigenen oder den afrikanischen Religionen angehören. Die Bischöfe hätten bescheidener und richtiger sagen können, dass der Katholizismus eine religiöse Matrix Lateinamerikas gewesen ist (eine sehr wichtige, aber nicht die einzige).

- Des Weiteren (und dies steht in deutlicherem Bezug zu meiner Untersuchung des Begriffs »Volksreligion«) hatten und haben die nichtchristlichen Religionen in Lateinamerika, was man als ihren in Lateinamerika »authentisch inkulturierten Glauben« bezeichnen könnte – genauso wie der Katholizismus. Mit anderen Worten: Es gibt nicht nur eine »Volksreligion« in Lateinamerika, die mit dem »Volkskatholizismus« gleichgesetzt werden kann. Es gibt auf dem

Kontinent mehrere andere christliche und nichtchristliche »Volksreligionen« – wirkliche »Religionen«, deren lateinamerikanische Erscheinungsform ihre Wurzeln bei den Armen hat (und dies ist bei den indigenen Völkern und den Afro-Lateinamerikanern eindeutig der Fall).

Kann man also für den »Volkskatholizismus« den Begriff »Volksreligion« verwenden? Ja, aber nur, wenn wir klar erkennen, dass der Volkskatholizismus lediglich eine der verschiedenen lateinamerikanischen »Volksreligionen« ist und dass die beiden Ausdrücke auf keinen Fall austauschbar oder gleichwertig sind. Leider hat es bei der Frage nach dem »Volkskatholizismus« weder in Medellín noch in Puebla oder Santo Domingo diese terminologische Präzisierung gegeben.

4. Eine unerledigte Aufgabe: die theologische Erforschung des Volkskatholizismus

Ich habe diesen Beitrag mit dem Hinweis begonnen, dass ein Vorschlag, der im Schlussdokument von Medellín (6,10) gemacht wurde, eine unerledigte Aufgabe geblieben ist, ein Traum, der noch zu verwirklichen ist: die theologische Erforschung des Volkskatholizismus (in Lateinamerika und andernorts).[12]

Lateinamerika ist mit kontinentalen Bischofsversammlungen gesegnet gewesen, die mit Mut, Kreativität und Geschick solide pastorale Ansätze zum Volkskatholizismus hervorgebracht haben. Doch diese Konferenzen waren weniger erfolgreich, was das theologische Verständnis von Volkskatholizismus und seine Unterscheidung von anderen volkstümlichen religiösen Erscheinungsformen oder anderen lateinamerikanischen Volksreligionen betrifft. Denn diese drei Generalversammlungen der lateinamerikanischen Bischöfe (als die sie offi-

[12] Die lateinamerikanischen katholischen Theologen in den Vereinigten Staaten sind vielleicht, als Institution (die meisten von ihnen stammen aus dem Umfeld der *Academy of Catholic Hispanic Theologians*), die Gruppe, die längerfristig (zwei Jahrzehnte lang) systematisch über den Volkskatholizismus als *locus theologicus* nachgedacht hat. Wichtig in diesem Zusammenhang sind die aus verschiedenen methodologischen Perspektiven entstandenen Arbeiten von M. Díaz, R. Goizueta, J. Rodríguez, A.M. Isasi-Díaz, A. García-Rivera, J.-P. Ruiz, N. Pineda-Madrid, M.P. Aquino, M. González sowie meine eigenen Untersuchungen. In Lateinamerika sind D. Irarrázaval, S. Galilea, I. Gebara und J.C. Scannone die wichtigsten Beispiele. Auch lateinamerikanische Sozialwissenschaftler sind in diesem Zusammenhang von Bedeutung, insbesondere P. Ribeiro de Oliveira, R. Ortiz, C. da Matta, Ch. Parker, O. Maduro und die Wissenschaftler der *Asociación de Cientistas Sociales en el MERCOSUR*.

ziell bekannt sind) haben offensichtlich nicht die potentiell herausragende Bedeutung des Volkskatholizismus für die dogmatische, theologische Reflexion erkannt. – Medellín war vielleicht die einzige Konferenz, die sich bescheidener zeigte und erkannte, dass der Volkskatholizismus mehr als eine rein pastorale Angelegenheit ist.

Die Schlussdokumente der Konferenzen von Medellín, Puebla und Santo Domingo weisen nicht nur terminologische Ungenauigkeiten und Verwirrung auf, sondern sie missverstehen auch den Volkskatholizismus, den sie unbedingt respektieren und pastoral begleiten möchten, und lassen zuweilen ein falsches Bild von ihm entstehen.

Das Schlussdokument von Medellín hat uns in seiner Bescheidenheit bei diesem Thema vielleicht am besten gezeigt, wie wir dem Volkskatholizismus begegnen sollten: mit respektvoller und kreativer Seelsorge, verbunden mit streng wissenschaftlicher theologischer Forschung. Leider wurde die Verbindung, die zwischen den beiden Seiten dieses einen Weges besteht, weder im Dokument von Puebla noch im Schlussdokument von Santo Domingo erkannt.

Man kann zu Recht einwenden, dass weder Puebla noch Santo Domingo (und auch nicht Medellín) theologische Zusammenkünfte sein wollten, sondern vielmehr Treffen von Bischöfen, und dass ihre Absichten folglich immer explizit pastoral waren und blieben. Dies ist mit Sicherheit richtig, doch gewiss falsch ist die zugrunde liegende Annahme, dass die Bischöfe der Kirche auch ohne eine profunde theologische Reflexion vernünftige pastorale Gedanken entwickeln und Empfehlungen geben können.

Jedes der drei Schlussdokumente enthält lange Passagen über die Glaubenslehre, bei denen die Bischöfe offensichtlich erwarteten, dass sie von theologisch genauen und dogmatisch soliden Argumenten untermauert veröffentlicht würden. Diese pastoralen Dokumente benötigten und erwarteten also für die Texte über die Glaubenslehre theologisches Fachwissen und Forschen.

Doch dann können wir uns wirklich fragen, warum es in den Passagen, die sich ausdrücklich mit dem Volkskatholizismus beschäftigen, keine theologische Reflexion oder Bewertung gibt. Mit anderen Worten, warum fehlen diese in den Abschnitten, in denen es um den realen, inkulturierten katholischen Glauben lateinamerikanischer Katholiken geht? Schließlich waren es die Bischöfe selbst, die den Volkskatholizismus völlig richtig als den »authentisch inkulturierten Glauben« lateinamerikanischer Katholiken bezeichneten! Die Antwort scheint möglicherweise in der (irrtümlichen) Annahme zu liegen, dass der Glaube des Volkes in Wirklichkeit ein pastorales und kein theologisches Thema ist. Dies ist aus der Sicht der Glaubenslehre natürlich unhaltbar.

Ein sehr wichtiges Projekt, das im Schlussdokument von Medellín angeregt wurde, bleibt unabgeschlossen: die dogmatische, die Glaubenslehre betreffende, lehramtliche, theologische Reflexion über den Volkskatholizismus. Diese Reflexion darf, dies ist meine feste Überzeugung, nicht von den pastoralen Anliegen getrennt werden (da diese jene Reflexion voraussetzen und umgekehrt), sie darf sich nicht nur auf pastorale Themen konzentrieren und beschränken. Der Volkskatholizismus ist ein dogmatisches, die Glaubenslehre betreffendes Thema und beinhaltet und provoziert dogmatische, die Glaubenslehre betreffende Themen – und diese Reflexion hat bisher in Lateinamerika (und andernorts) gefehlt.

Viele grundlegend dogmatische Fragen stellen sich, wenn wir den Volkskatholizismus theologisch betrachten. Z.B.: Können wir – dogmatisch – vom Volk Gottes (und also von »Kirche«) sprechen, wenn wir gewissermaßen so tun, als sei das normale Katholisch-Sein normaler gläubiger Katholiken in der Glaubenslehre irrelevant für die Ekklesiologie und innerhalb der Ekklesiologie? Wenn reale Katholiken und ihr Glaube in der Glaubenslehre irrelevant für die Ekklesiologie sind, auf welche »Kirche«, welches »Volk Gottes« kann sich die Ekklesiologie dann beziehen, ohne ein Fantasiebild vor Augen zu haben?

Weitere Beispiele: Welche Bedeutung hat der normale Glaube normaler Katholiken für theologische Themen wie den *sensus fidelium* und den *sensus fidei*, die Rezeption der Glaubenslehre, die Unfehlbarkeit der Kirche, die Notwendigkeit von »Kirche«, die Lehre von der Offenbarung, die Realität und das Zeugnis der Überlieferung, die theologische Bedeutung des »Sakraments« und dogmatische Fragen, die sich durch Inkulturation und Interkulturalität stellen? Und so weiter.

Können wir uns mit diesen und anderen Themen theologisch beschäftigen, ohne die Inhalte, die Überlieferung und die Kulturalität des normalen Glaubens ganz normaler Katholiken in der Welt explizit zu berücksichtigen und uns für sie zu interessieren? Meiner Meinung nach ist eine legitime theologische Forschung innerhalb des Katholizismus und über den Katholizismus nicht möglich, wenn man den realen Glauben des Volkes Gottes ignoriert (es sei denn, die Theologen ziehen es vor, für eine – letztendlich nicht zu rechtfertigende – sektiererische Betrachtungsweise des Katholizismus zu plädieren). Mit anderen Worten: Eine systematisch-theologische, dogmatische, lehramtliche Erforschung und Reflexion des Volkskatholizismus ist unverzichtbar. Dies ist die noch nicht abgeschlossene – in den meisten Fällen aber tatsächlich nicht einmal begonnene – Aufgabe.

Dies ist nicht der richtige Ort, um alle Argumente für diese Überlegungen vorzubringen, und es ist auch nicht der richtige Ort, um methodologische Vorschläge und Materialien für diese Aufgabe zu unterbreiten. Dies ist schon an anderer Stelle geschehen.[13]

Ich beschränke mich nun wieder auf die drei lateinamerikanischen Bischofstexte. Vielleicht sollten wir uns ernsthaft die folgenden Fragen stellen: Wenn die in Medellín vorgeschlagene theologische Reflexion ernst genommen worden wäre, wären dann die Erklärungen von Santo Domingo, die sich explizit auf die Frauen beziehen (104–110), so formuliert worden, wie dies geschehen ist, würden sie die gleichen Inhalte und Perspektiven aufweisen? Wenn die in Medellín vorgeschlagene theologische Reflexion stattgefunden hätte, wären dann die so genannten »lehramtlichen Präambeln« von Puebla und Santo Domingo (z.B. Puebla 170–303 und 316–339; Santo Domingo 1–15) so geschrieben worden, wie sie geschrieben worden sind, wären ihre Themen, Grundlagen und Perspektiven andere gewesen? Ich behaupte nicht, dass Puebla und Santo Domingo in Bezug auf die Glaubenslehre auf einem falschen Fundament standen, weil sie die Forderung Medellíns nach einer lehramtlichen Reflexion über den Volkskatholizismus überhörten; doch diese beiden Dokumente (zumindest wichtige Teile von ihnen) wären anders geschrieben worden, wenn die Bischöfe und ihre theologischen Berater die Herausforderung Medellíns angenommen und sich tatsächlich auf eine systematische, lehramtliche Reflexion über den Volkskatholizismus eingelassen hätten.[14]

Mein einziges Interesse und Anliegen in diesem Beitrag ist es, darauf hinzuweisen, dass das Schlussdokument von Medellín diesen Vorschlag gemacht hat, das Dokument von Puebla und das Schlussdokument von Santo Domingo die Bedeutung dieses Themas nicht erfasst und sich der Aufgabe entzogen haben. Leider haben sich auch

[13] Vgl. z.B. Espín 1997 sowie Goizueta 1995; Díaz 2002 und Aquino 1999.

[14] Es sei nochmals daran erinnert, dass die in Puebla versammelten Bischöfe und ihre theologischen Berater den Konsens widerspiegelten, der sich nach Medellín (aber nicht als eine zwingende Konsequenz hiervon) herausgebildet zu haben scheint: dass der Volkskatholizismus als überwiegend pastorales Thema zu betrachten sei.

die lateinamerikanischen (und andere) Theologen – mit den genannten Ausnahmen – zum Großteil dieser Aufgabe entzogen und sind so den dogmatischen Fragen ausgewichen, die der Volkskatholizismus mit Sicherheit aufwerfen würde, wenn der reale, inkulturierte Glaube der überwältigenden Mehrheit der Katholiken als *locus theologicus* ernst genommen würde. Die großen theologischen Debatten von heute scheinen um Themen zu kreisen, die Kultur(en), Ekklesiologie und Offenbarung betreffen – wie können die Theologen also den realen Glauben der überwältigenden Mehrheit der Katholiken ignorieren, diese wahre und unverzichtbare Quelle für ihre theologische Beschäftigung mit Themen, bei denen »das Volk« unentbehrlicher *locus theologicus* und Protagonist ist?

Vielleicht ist es an der Zeit, endlich Medellíns weisem Vorschlag zu folgen.

Literatur

AQUINO, M.P. 1999, *Theological Method in U.S. Latino/a Theology*, in: O.O. Espín/M.H. Díaz (Hg.), From the Heart of Our People: Latino/a Explorations in Catholic Systematic Theology, Maryknoll/N.Y.

CANDELARIA, M.R. 1990, *Popular Religion and Liberation. The Dilemma of Liberation Theology,* Albany.

DÍAZ, M.H. 2002, *On Being Human: Hispanic and Rahnerian Perspectives,* Maryknoll/N.Y.

Die Kirche in der gegenwärtigen Umwandlung Lateinamerikas im Lichte des Konzils, Medellín 1968, in: Dokumente der II. und III. Generalversammlung des Lateinamerikanischen Episkopates in Medellín und Puebla 1979 (= Stimmen der Weltkirche Nr. 8), hrsg. v. Sekretariat der Deutschen Bischofskonferenz, Bonn, 14–133.

Die Evangelisierung Lateinamerikas in Gegenwart und Zukunft, Puebla 1979, in: Dokumente der II. und III. Generalversammlung des Lateinamerikanischen Episkopates in Medellín und Puebla 1979 (= Stimmen der Weltkirche Nr. 8), hrsg. v. Sekretariat der Deutschen Bischofskonferenz, Bonn, 135–355.

ESPÍN, O.O. 1984a, *Evangelización y religiones negras*, Bd. 1–4, Rio de Janeiro.

DERS. 1984b, *Religiosidad popular. Un aporte para su definición y hermenéutica,* in: Estudios Sociales 58 (1984), 41–57.

DERS. 1992, *Grace and Humanness*, in: R.S. Goizueta (Hg.), We Are a People! Initiatives in Hispanic American Theology, Minneapolis.

DERS. 1994a, *Popular Catholicism among Latinos,* in: J. Dolan/A.F. Deck (Hg.), Hispanic Catholic Culture in the U.S., Notre Dame.

DERS. 1994b, *Popular Religion as Epistemology (of Suffering)*, in: Journal of Hispanic/Latino Theology 2 (1994), 55–78.

DERS. 1995, *Popular Catholicism: Alienation or Hope?* in: F.F. Segovia/A.M. Isasi-Díaz (Hg.), Aliens in Jerusalem, Minneapolis.

DERS. 1997, *The Faith of the People. Theological Reflections on Popular Catholicism,* Maryknoll/N.Y.

DERS. 1999, *Explorations in the Theology of Grace and Sin*, in: ders./M.H. Díaz (Hg.), From the Heart of Our People: Latino/a Explorations in Catholic Systematic Theology, Maryknoll/N.Y.

DOIG KLINGE, G. 1994, *Diccionario Río – Medellín – Puebla – Santo Domingo,* Bogotá.

GALILEA, S. 1980, *The Theology of Liberation and the Place of Folk Religion,* in: Concilium 136 (1980), 40–45.

GOIZUETA, R.S. 1995, *Caminemos con Jesús. Toward a Hispanic/Latino Theology of Accompaniment,* Maryknoll/N.Y.

Neue Evangelisierung. Förderung des Menschen. Christliche Kultur, Santo Domingo 1992, in: Schlußdokument der IV. Generalversammlung der lateinamerikanischen Bischöfe in Santo Domingo (= Stimmen der Weltkirche Nr. 34), hrsg. v. Sekretariat der Deutschen Bischofskonferenz, Bonn.

O'CALLAHAN, J. 1979, *El cristianismo popular en el Egipto del siglo II,* Madrid.

Javier Iguíñiz Echeverría

Die Konferenz von Medellín: Entwicklung als Befreiung

Eine Bestandsaufnahme nach 35 Jahren

1. 35 Jahre später

Seit der Bischofsversammlung in Medellín ist in der Welt und in Lateinamerika viel geschehen. Dazu gehört die Stärkung der vorrangigen Option für die Armen, deren Ursprung in Medellín liegt. Nachfolgend werde ich im Zusammenhang unterschiedliche Gedanken darstellen, die das Spektrum der Sorgen erkennen lassen, die die Bischöfe Lateinamerikas und der Karibik vor 35 Jahren zum Ausdruck brachten. Ich werde die Konzeptionen von Entwicklung und Freiheit zweier Autoren gegenüberstellen, die aus sehr unterschiedlichen Kulturen und intellektuellen Milieus stammen: Amartya Sen, der indische Ökonom und Philosoph, der 1998 den Nobelpreis für Ökonomie erhielt, und der Priester und Theologe Gustavo Gutiérrez, einer der herausragenden Befürworter der befreiungstheologischen Perspektive in der Theologie.

In einem zweiten Schritt werde ich mich dem Thema *Entwicklung* zuwenden, um zu zeigen, dass es möglich ist, die christliche Sorge um die zentrale Stellung des Menschen bei der Entwicklung mit den Überlegungen und Vorschlägen der Experten auf diesem Gebiet zu verbinden. Wie es der Natur der Sache entspricht, sind die sozialen Dimensionen der Entwicklung mehr im säkularen Bereich untersucht worden, während ihre theologischen Dimensionen von Theologen analysiert wurden.[1] In diesem Abschnitt werde ich einen kurzen Überblick über die Entwicklung der ersten der beiden Dimensionen geben, wie ich sie entlang des Expertendiskurses verstehe.[2]

[1] Drei Sammlungen ausgewählter Texte des Gesamtwerkes von Gutiérrez wurden von Bron 1990, Nickoloff 1996 und Gallego/Ames 2004 zusammengestellt. Eine recht vollständige Bibliographie der Arbeiten von Sen findet sich in Alkire 2002.

[2] Es gibt andere Wege des Fortschritts im Bereich der Analyse der Entwicklung. Einer der dem hier gewählten Weg am nächsten stehenden ist derjenige, den Goulet (1971) ^{6}1996 und ders. 1999 beschritten hat.

Schließlich werde ich Schlüsse aus den beiden ersten Teilen ziehen, um einen Weg zu einem differenzierteren und erweiterten Blick auf die Realität aufzuzeigen, nämlich den Weg, der von der vorrangigen Option für die Armen und der persönlichen und sozialen Verpflichtung, die diese Option voraussetzt, inspiriert ist. Ich hoffe, auf diese Weise die ungebrochene Lebendigkeit dieser theologischen Perspektive aufzeigen zu können, diesmal durch den Dialog mit einigen der jüngsten und geistreichsten Äußerungen von Gedanken zum Thema Entwicklung.

2. Entwicklung als Befreiung: Gemeinsamkeiten von Sen und Gutiérrez[3]

In einem 1999 erschienenen Buch hebt Amartya Sen die Bedeutung der Freiheit für die Bewertung der Qualität der Entwicklung hervor und schlägt darüber hinaus ein Verständnis von Entwicklung im Sinne von *Freiheit* vor. Genauer gesagt weist er darauf hin, dass »Entwicklung als ein Prozess der Erweiterung der realen Freiheiten, die die Menschen nutzen, gesehen werden kann […].«[4] Andererseits schlug Gustavo Gutiérrez Anfang der siebziger Jahre auf der Basis eines grundsätzlich theologischen Ansatzes vor, den Begriff *Befreiung* anstelle des Begriffs *Entwicklung* zu verwenden. Wörtlich schreibt er: »Diese humanistische Perspektive versucht den Begriff Befreiung in einen weiteren Kontext zu stellen: in eine historische Sicht, in der aufscheint, dass die Menschheit ihr eigenes Schicksal aktiv annimmt. Aber eben dies führt zu einer Veränderung der Perspektive, die wir vorzugsweise mit dem Begriff Befreiung bezeichnen möchten.«[5] Mit anderen Worten: »Die Frage der Entwicklung findet […] ihren wahren Ort in der globaleren, tiefergehenden und radikaleren Perspektive der Befreiung; nur in diesem Rahmen erhält Entwicklung ihren wahren Sinn und findet sie Möglichkeiten der Gestaltung.«[6] Was steckt hinter diesem Konsens? Wohl mehr als nur eine bestimmte Sicht der

3 Dieser erste Abschnitt greift auf einige Teile von Iguíñiz 2000 bzw.ders. 2002 zurück.

4 Sen 1999, 3.

5 Gutiérrez 1971, 41.

6 Ebd., 58. Das Problem in diesen Jahrzehnten war der *desarrollismo* (Entwicklungs-*ideologie* nach westlichem Vorbild, besonders in der Nachkriegszeit bis in die 1960er Jahre): »Angesichts des desarrollismo, nicht der Entwicklung, die ein technischer Begriff und ein Bedürfnis der Völker ist, entsteht die Theorie der Abhängigkeit«; Gutiérrez 1993, 23.

Realität, nämlich ein Vorschlag: Die Armen müssen die Protagonisten sein.

Bei beiden Autoren ist die Rolle der Armen in ihrem Befreiungsprozess von zentraler Bedeutung und durchgängiger Ansatz. Sen bringt dies in seinem letzten, umfangreichen Buch beispielsweise folgendermaßen zum Ausdruck: »Diese Arbeit beschäftigt sich besonders mit der Rolle der Individuen als handelnden Subjekten, als Teilnehmern am öffentlichen Leben und am wirtschaftlichen, sozialen und politischen Handeln.«[7] Mit anderen Worten, »die Menschen müssen – wenn die Möglichkeiten dazu gegeben sind – als aktiv am Prozess der Gestaltung ihres Schicksals beteiligt betrachtet werden [...] und nicht nur als passive Empfänger der Wohltaten ausgeklügelter Entwicklungsprogramme.«[8] Bei Gutiérrez werden diese Feststellung und dieser Vorschlag, wie schon erwähnt, ebenso hervorgehoben.

In diesem Teil möchte ich einige Gemeinsamkeiten des Entwicklungsbegriffs im Denken dieser beiden Zeitgenossen herausstellen. Auf diese Weise wird die intellektuelle und moralische Lebendigkeit der Perspektive erkennbar, die Medellín der kirchlichen und der nicht-kirchlichen Welt präsentierte. Die meisten der im Folgenden zitierten Textstellen entstammen dem 1971 erschienenen grundlegenden Werk von Gutiérrez und dem entsprechenden Buch von Sen aus dem Jahr 1999,[9] das seine langen Forschungsarbeiten zum Thema Entwicklung zusammenfasst.

Natürlich haben Sen und Gutiérrez diese Themen, die aus der Diskussion mit der Wirtschaft beziehungsweise der Theologie hervorgehen, umfassender und eingehender behandelt. Ich werde die Gemeinsamkeiten in zentralen Aspekten herausgreifen.

Freiheit und Befreiung: Ziele und Wege

In der heutigen Welt setzt die Freiheit Befreiung voraus. So schreibt Sen: »Entwicklung erfordert die Beseitigung der Hauptursachen für Unfreiheit: Armut und Despotismus, die geringen ökonomischen Chancen und die systematischen Einschnitte im sozialen Bereich, die Geringschätzung durch die staatlichen Stellen und die Intoleranz oder Kontrolle repressiver Staaten.«[10] Zugleich ist, über die Unabhängig-

[7] Sen 1999, 19.
[8] Ebd.
[9] Seine Grundgedanken hat Sen schon früher formuliert; vgl. Sen 1989.
[10] Sen 1999, 3.

keit der verschiedenen Länder oder Lateinamerikas hinaus, das letzte und wichtigste Ziel von Befreiung die Freiheit der Menschen. So heißt es bei Gutiérrez: »Eine tiefe und weitgehende Sehnsucht nach Befreiung belebt heute die menschliche Geschichte. Befreiung von all dem, was den Menschen daran hindert oder es ihm unmöglich macht, sich selbst zu verwirklichen, Befreiung von all dem, was den Zugang zur Freiheit verstellt und die Ausübung der Freiheit verhindert.«[11]

Für Sen ist Entwicklung ein Befreiungsprozess; deshalb schreibt er, dass seine Analyse »ein Versuch [ist], Unterentwicklung (mehr oder weniger als fehlende Freiheit verstanden) und Entwicklung (als Prozess zur Beseitigung der Unfreiheit verstanden) zu begreifen und die substantiellen Freiheiten, die die Menschen aus guten Gründen wertschätzen, in ihren verschiedenen Formen auszuweiten.«[12] In beiden Fällen haben wir eine Befreiung und eine Freiheit, die Ziel und Mittel sind, wie Sen hervorhebt.[13] Die Ausübung von Freiheit schließt die Bemühung ein, höhere Stufen der Freiheit zu erreichen; dies geschieht, indem man sich befreit.

Im Text von Gutiérrez wird Freiheit auch als reale Freiheit gesehen, als Praxis ihrer selbst und nicht nur als das Fehlen von Hindernissen. Diese Unterscheidung, von der I. Berlin eine Variante vorgeschlagen hat[14] und auf der auch Sen, mit größerer Präzisierung, bestanden hat,[15] hat ihren Wert, obwohl jede der beiden Freiheiten für die volle Entfaltung der anderen wichtig ist und hier nicht zu stark polarisiert werden soll. Tatsächlich ist die Differenzierung zwischen Freiheit *von* und Freiheit *für* eine grundlegende Unterscheidung, die Gutiérrez in seinem Werk vornimmt. Das Fehlen von Hindernissen genügt nicht, sondern es kommt darauf an, diese Form der Freiheit zu benutzen, um sich in den Dienst des Nächsten zu stellen.[16] Dieses sich In-den-Dienst-der-anderen-Stellen erfordert die Abwesenheit gesellschaftlicher Strukturen der Unterdrückung, die die volle Entfaltung der eigenen Berufung behindern; es erfordert auch die innere

11 Gutiérrez 1971, 44. Es wäre interessant, den historischen Prozess zu analysieren, auf den sich das Zitat bezieht. Später ist gesagt worden, dass »in den großen Städten der südlichen Hemisphäre seit einigen Jahren das Wort Freiheit große Menschenmengen aufstehen lässt, die zuvor nur das Wort Unabhängigkeit hatte zusammenbringen können«; Hussein 1993, 19.

12 Sen 1999, 86.

13 So z.B. ebd., 36f.

14 Vgl. Berlin 1969.

15 Vgl. Sen 1988, 17; ders. 1992, 441. Ein Vorschlag, wie man diese Freiheit vergrößern kann, findet sich im Buch von Van Parijs 1996.

16 Vgl. Gutiérrez 1971, 58.

Ruhe der Menschen, die es ihnen erlaubt, Verantwortung für die Gestaltung ihres Schicksals zu übernehmen. Dies muss dahin führen, dass sich diese Freiheit *von* in einen Dienst an den anderen, vor allem den Schwächsten, übersetzt. Darauf richten sich nach unserem Verständnis die drei Ebenen von Befreiung, obwohl man die einzelnen Elemente noch genauer bestimmen kann. Diese drei Ebenen sind, mit zunehmender Tiefe, die sozio-politische, die persönliche und die spirituelle. »Die Befreiung drückt an erster Stelle die Wünsche der Völker und der unterdrückten sozialen Klassen und Schichten aus [...]. Auf einer tieferen Ebene betrachtet: Die Geschichte als einen Prozess der Befreiung des Menschen wahrzunehmen, in dem der Mensch bewusst sein Schicksal annimmt und gestaltet, stellt die gewünschten sozialen Veränderungen in einen dynamischen Kontext und erweitert ihren Horizont. [...] Von Befreiung zu sprechen führt uns schließlich leichter zu den biblischen Quellen, die die Präsenz und das Handeln des Menschen in der Geschichte inspirieren. Christus, der Erlöser, befreit den Menschen von der Sünde, der tiefsten Wurzel aller Auflösungen freundschaftlicher Beziehungen, jeglicher Ungerechtigkeit und Unterdrückung, und macht ihn wirklich frei [...].«[17] Die zuletzt genannte Freiheit mit einzuschließen erfordert ein Nachdenken darüber, was Gutiérrez in seinem Buch über Hiob »die geheimnisvolle Begegnung zweier Freiheiten« nennt.[18]

Bei Sen ist die Differenzierung anderer Art, obwohl auch sie Präzisionen und Ergänzungen voraussetzt. Wenn er die Liste verschiedener Situationen von Mangel an Freiheit erstellt, sind in der ersten Gruppe das Freisein von Hungersnöten und chronischer Unterernährung, der effektive Zugang zur Behandlung einer Krankheit und auf diese Weise weitere Situationen des Mangels an Freiheit einschließlich jener, die den größten Fehlschlag von allen darstellt, nämlich »das frühzeitige Sterben« der Armen und der Frauen. Die zweite Gruppe bezieht sich auf »die politischen Freiheiten und die grundsätzlichen bürgerlichen Rechte«.[19] Die Freiheiten werden auf verschiedenen Ebenen betrachtet, wie z.B. die Freiheiten auf wirtschaftlicher Ebene, wenn es heißt, dass »manchmal das Fehlen grundlegender Freiheiten direkt mit der wirtschaftlichen Armut verbunden ist, die den Leuten die Freiheit nimmt, den Hunger zu stillen, eine ausrei-

17 Ebd., 58f.
18 Vgl. ders. 1986a, 151.
19 Sen 1999, 15–17.

chende Ernährung zu erhalten oder Medikamente gegen Krankheiten zu kaufen, die behandelbar sind [...].«[20]

Eine weitere Differenzierung, die sehr ausgearbeitet worden ist, ist die, welche die grundlegenden Freiheiten von den instrumentellen Freiheiten trennt. Viele Freiheiten gehören beiden Kategorien an. Es gibt fünf verschiedene Typen instrumenteller Freiheiten: die politischen Freiheiten, die Freiheit des Zugangs zu den wirtschaftlichen Dienstleistungen, die Möglichkeiten des Zugangs zu den sozialen Dienstleistungen, die Gewährleistung von Transparenz und die soziale Sicherheit.[21]

Eine weitere Unterscheidung ist die der Freiheit des Wohlstands von der Freiheit zum Protagonismus oder der Freiheit, aus eigenem Antrieb zu handeln. Die zuerst genannte Freiheit »hat ihr Zentrum in der Fähigkeit eines Menschen, über verschiedene Möglichkeiten der Verwirklichung zu verfügen und sich eines dementsprechenden Wohlstands zu erfreuen«.[22] Andererseits gilt: »die Freiheit eines Menschen, eigenständig zu handeln, bezieht sich darauf, dass der nach Zielen oder Werten suchende Mensch frei ist, das zu tun und zu erreichen, was er für wichtig hält.«[23] Das Thema der Verantwortung ist äußerst wichtig bei Sen und Gutiérrez und leitet sich offensichtlich bei beiden Autoren von ihrer Akzentuierung der Freiheit her. Daher hat »die Bedeutung des aus eigenem Antrieb handelnden Menschen im Allgemeinen mit der Konzeption des Menschen als verantwortlich Handelndem zu tun. Die Menschen müssen in die moralischen Überlegungen Eingang finden, und zwar nicht nur als Menschen, deren Wohlbefinden Interesse verlangt, sondern auch als Menschen, die als verantwortlich handelnde Subjekte anzuerkennen sind.«[24]

Obwohl Gutiérrez, geprägt vom Lateinamerika der sechziger und siebziger Jahre, die strukturellen Faktoren mehr betont, als Sen es in der Auseinandersetzung mit der utilitaristisch ausgerichteten Wirtschaft tun wird, finden sich häufig auch bei Sen die Faktoren, die die Freiheit bedingen. »Die Freiheit als handelndes Subjekt, die wir individuell besitzen, ist unvermeidlich begrenzt und eingeschränkt durch die sozialen, politischen und wirtschaftlichen Möglichkeiten, die uns zur Verfügung stehen. Es gibt eine tiefe Ergänzung zwischen

20 Ebd., 4.
21 Vgl. ebd., 10.
22 Sen 1997, 83.
23 Ebd., 85f.
24 Ebd., 86f.

dem individuellen Protagonismus und den sozialen Übereinkommen. Es ist wichtig, simultan die Zentralität der individuellen Freiheit und die Kraft der sozialen Beziehungen für die Ausweitung und die Reichweite der individuellen Freiheit anzuerkennen. Um den Problemen, mit denen wir konfrontiert sind, entgegenzuwirken, müssen wir die individuelle Freiheit als eine soziale Verpflichtung sehen. Dies ist die grundsätzliche Perspektive, die diese Arbeit versucht zu erkunden und zu untersuchen.«[25] Auf diese Weise erscheinen deutlich die strukturellen Konditionierungen, die bei Gutiérrez auf der ersten Ebene, und zwar des ersten Typs von Befreiung, angesiedelt sind.

Zusätzlich jedoch verstärkt bei beiden Autoren die Beziehung zwischen den verschiedenen Freiheiten jede einzelne Freiheit. Für Gutiérrez »durchdringen sich die drei Bedeutungsebenen gegenseitig«.[26] Bei Sen ist die Beziehung zwischen den Freiheiten wichtig, weil »die Effektivität der Freiheit als Instrument darauf gründet, dass die verschiedenen Arten von Freiheit miteinander in Beziehung stehen und die Freiheit eines Typus sehr zum Fortschritt der Freiheit eines anderen Typus beiträgt«.[27]

Jedenfalls ist das Thema Freiheit ein zentrales Thema im Verlauf des intellektuellen Lebens beider Autoren. Die Beharrlichkeit, mit der Sen auf die zentrale Bedeutung der Freiheit verweist, kommt in vielen Büchern zum Ausdruck, so auch in dem Buch, das eine Zusammenfassung seiner Arbeit über die Entwicklung bis heute darstellt. Das starke biblische Fundament seiner theologischen Arbeit lässt Gutiérrez den biblischen Glauben nicht nur als Gedenken, sondern eben auch als Freiheit und Öffnung auf Zukunft hin deuten.

Armut als Ausgangspunkt und unsere Verantwortung

Der Blick auf die Situation der Welt und auf unsere Verantwortung ist bis zu einem gewissen Punkt bei beiden auch ähnlich. An erster Stelle müssen wir den Status des Armen berücksichtigen, wenn wir Untersuchungen über die Situation des Armen und ihre Ursachen durchführen. Danach werde ich eine interessante Beziehung zwischen zwei Autoren beschreiben, die sich nicht kennen und deren Meinungen über die Gegenwart Gottes auseinandergehen, die aber zur selben

[25] Ders. 1999, XI-XII.
[26] Gutiérrez 1971, 58.
[27] Sen 1999, 37.

Antwort auf die Frage nach der menschlichen Verantwortung gelangen.

Über das Interesse für die Armen

In Bezug auf die Motivation, die Armut zu studieren, erscheint es mir nützlich, die Abgrenzung hervorzuheben, die Sen denen gegenüber vornimmt, die das Problem der Armut zwar für wichtig erachten, denen das Interesse am Armen und die Einforderung seiner Rechte jedoch fremd sind. Diese Gründe können eine zynische Komponente haben wie die, die Sen direkt kritisiert und die sich mehr oder weniger auf die Belästigung bezieht, die den Reichen ganz einfach die Tatsache bereitet, dass die Armen die Städte verunstalten. Aber die Gründe können auch legitim sein, wenn sie sich darauf beziehen, den Nährboden für die Gewalt auszuheben, oder wenn danach gestrebt wird, ein größeres Wirtschaftswachstum zu erreichen. In diesem Kontext weist Sen darauf hin, dass »die erste Frage für das Konzept von Armut das Kriterium ist: *wer* sollte im Zentrum unserer Sorge stehen«.[28] Und er bekräftigt seine Position: »[...] der Blickwinkel des Konzepts der Armut ist das *Wohlergehen* des Armen als solchem, ohne dass es von Belang ist, was dieses *Wohlbefinden* beeinträchtigt.«[29] Wir stehen vor der Option für den Armen als solchem. Wie Sen unermüdlich zeigt, ist diese Motivation wichtig in dem Moment, in dem es darum geht, das Problem zu definieren und Verfahren auszuwählen, seine Größe zu ermessen. Kurz gefasst: Es gibt keine Definition dessen, was zu erklären oder zu ermessen ist, die in Bezug auf Werte und Ethik neutral wäre. Daher kommt die Analyse erst, nachdem geklärt worden ist, um welches Problem es sich handelt. Die Motivation ist, wissenschaftlich gesehen, wichtig.

Die Konsequenz daraus ist, dass die »Ursachen der Armut und ihre Auswirkungen wichtige Themen sein werden, die um ihrer selbst willen studiert werden müssen; die Konzeptualisierung der Armut ausschließlich im Begriff von den Bedingungen der Armen berührt nicht den Wert, diese Themen zu studieren«.[30] In anderen Worten: Das Konzept von Armut darf nicht von dem abhängen, was wir erklären können, und von dem, was wir über die späteren Auswirkungen wissen.

[28] Ders. 1991, 9.
[29] Ebd., 10.
[30] Ebd.

Diese Annäherung an die Bewertung der Situation der Armen konvergiert weitgehend mit der Arbeit von Gutiérrez. In Kontrast z.B. zu einem parallelen Entwurf weist der Autor darauf hin, dass »das tiefste Motiv unserer Verpflichtung gegenüber den Armen und Unterdrückten nicht in der sozialen Analyse liegt, die wir anwenden [...], auch wenn diese Analyse einer der Hauptgründe sein mag, der ohne Zweifel eine wichtige Rolle in unserem Engagement spielt«.[31] Der Arme selbst ist nämlich das Zentrum des Interesses, unabhängig davon, ob wir viel über die Gründe für seine Situation wissen, ob es einfach oder schwierig ist, dass er aus dieser Situation herausfindet. Vielleicht ist der wichtigste Beitrag der Befreiungsperspektive zu den grundlegenden Lehren der katholischen Kirche die so genannte »vorrangige Option für den Armen«. Ihr theologischer Sinn ist klar dargelegt worden, um deutlich zu machen, dass es sich nicht um eine instrumentelle Option handelt.[32]

Offensichtlich vergisst keiner von beiden Autoren, dass jener Arme inmitten des Überflusses lebt. Im Vorwort des Buches, in dem Sen seine Entwürfe zum Thema Entwicklung sammelt, beginnen die ersten drei Abschnitte mit den folgenden Sätzen: »Wir leben in einer Welt beispiellosen Reichtums, eines Reichtums, der vor hundert Jahren kaum vorstellbar gewesen wäre [...]. Und dennoch leben wir in einer Welt, in der Elend, Armut und Unterdrückung in außerordentlichem Maß herrschen [...]. Diese Probleme zu überwinden ist ein zentraler Teil der Praxis von Entwicklung.«[33] Man kann sagen, dass Gutiérrez und die Bischöfe in Medellín diese Sensibilität vollständig teilen. Aber, wie bereits aufgezeigt, ist der Arme bei beiden Autoren das zentrale Thema.

Gegenwart Gottes und menschliche Verantwortung

Ein weiterer interessanter Aspekt ist die Tatsache, dass diese Themen im letzten Werk von Sen im Zusammenhang mit der Religion auftauchen. Sen nimmt die Antwort von Bertrand Russell auf die Frage, was er Gott fragen würde, wenn er ihn sähe, auf: »Warum hast du uns so wenig Beweise für deine Gegenwart gegeben?« Davon ausgehend entwirft er den Gedanken, dass es »gewiss in der zutiefst erschreckenden Welt, in der wir leben, zumindest an der Oberfläche nicht so

[31] Gutiérrez 1988, 27.
[32] Vgl. ebd., 24ff.
[33] Sen 1999, XI-XII.

zu sein scheint, dass Sein allmächtiges Wohlwollen diese Welt erreicht«.[34] Die Armut erweist sich als etwas Schreckliches. Daher geht das vorherige Zitat wie folgt weiter: »Es ist schwierig zu verstehen, wie eine von Mitleid bestimmte Ordnung der Welt so viele Menschen mit einschließen kann, die von absolutem Elend, ständigem Hunger und einem Leben in Verzweiflung gequält sind, und warum Millionen von Kindern jedes Jahr sterben müssen aufgrund von mangelnder Nahrung, fehlender medizinischer Betreuung oder fehlender sozialer Dienste.«

Dieses Problem ist im Werk von Gutiérrez sehr präsent, aber es drückt sich aus in einem Glauben, der sich herausgefordert sieht von der Schwierigkeit, in der heutigen Welt das Evangelium zu verkünden. »In diesem Kontinent stellen wir uns heute eine schmerzliche Frage: Wie sollen wir dem Armen, dem Unterdrückten, dem Unbedeutenden sagen: Gott liebt dich? In der Tat scheint das tägliche Leben der Armen eine Verneinung der Liebe zu sein. Das Fehlen von Liebe ist in einer Analyse im Glauben letztlich der Grund für die soziale Ungerechtigkeit. Die Frage, wie wir dem Armen sagen sollen, Gott liebt dich, geht viel weiter als unsere Fähigkeit, auf sie zu antworten. Ihre Weite, um ein beliebtes Wort von Johannes vom Kreuz zu nehmen, macht unsere Antworten sehr klein.«[35] In der Tat ist es schwierig, insbesondere dem Armen, die Gegenwart des Herrn in der Geschichte zu verkünden, eben aufgrund der Realität der Armut, die für Gutiérrez ebenso wie für Sen die herausragende Charakteristik unserer heutigen Welt ist. Aber die Frage der Verantwortung ist eine Frage, die den religiösen Glauben übersteigt. Sen zeigt auf: »Dieses Thema ist offensichtlich nicht neu und es ist Gegenstand einiger Diskussionen unter Theologen gewesen. Das Argument, dass Gott Gründe dafür hat zu wünschen, dass wir selbst uns dieser Angelegenheiten annehmen, hat eine beachtliche intellektuelle Unterstützung erhalten. Als nicht religiöse Person bin ich nicht in der Position, um die theologischen Verdienste dieses Argumentes zu werten. Aber ich weiß die Kraft der Forderung zu schätzen, dass die Leute selbst Verantwortung tragen müssen für die Entwicklung und die Veränderungen in der Welt, in der sie leben. Als Menschen, die – im weitesten Sinne – zusammenleben, können wir nicht ignorieren, dass die furchtbaren Tatsachen, die wir um uns herum sehen, in der Quintessenz unsere Probleme sind. Sie sind unsere Verantwortung, ob sie

[34] Ebd., 282.
[35] Gutiérrez 1993, 244f.

auch noch die Verantwortung von einem anderen sein mögen oder nicht.«[36]

Dieser »Noch-ein-anderer« ist für den Christen keine kleine Sache, aber bei Gutiérrez ist diese menschliche Verantwortung für alles Menschliche vom Anfang seines Werkes an sehr klar. Ich erinnere diesbezüglich an das erste Zitat zum Thema Entwicklung im vorliegenden Beitrag. Gutiérrez kurze und dichte Zusammenfassung über die Perspektiven der Freiheit trägt den Titel: »Der Mensch ist Gestalter seines eigenen Schicksals.«[37] Bereits früher, im Dokument *Gaudium et spes*, 55, weist das Zweite Vatikanische Konzil wörtlich auf »einen neuen Humanismus« hin, »in dem der Mensch prinzipiell definiert ist durch seine Verantwortung für seine Brüder [und Schwestern] und durch seine Verantwortung vor der Geschichte«.[38]

3. Die verschiedenen Bedeutungen von Entwicklung und die zentrale Bedeutung des Armen

Der Blick auf den ökonomischen Aspekt von Entwicklung führt beide Autoren dazu, ihn in einem doppelten Sinn zu relativieren. Erstens hört dieser Aspekt auf, das *Ganze* der Entwicklung zu sein, und zweitens spielt er eine grundsätzlich instrumentelle Rolle. Ich werde beide Aspekte zusammen betrachten.[39]

Jenseits der Wirtschaft des »Habens«

Die Dringlichkeit, Entwicklung und Befreiung in einen weiteren Kontext als den wirtschaftlichen zu stellen, ist bei Gutiérrez sehr klar. Die Kritik an einer verengten Sicht auf beide Begriffe besteht schon lange.[40] Der Vorschlag der Entwicklung einer weiteren Perspektive von Entwicklung und einer instrumentelleren Sicht des wirtschaftlichen Wachstums war in den französischen Reflexionen der fünfziger

[36] Sen 1999, 282. Sen schlägt an anderer Stelle vor, »ausführlich die Natur und Reichweite unserer sozialen Verantwortung für die verschiedenen Generationen (und für die verschiedenen Gruppen innerhalb dieser) zu analysieren und dabei als Priorität die Verhinderung einer Armut zu betrachten, die, wie wir wissen, zugleich katastrophal und absolut überwindbar ist«; Sen 1998, 594.

[37] Gutiérrez 1971, 44.

[38] Zit. nach ebd., 54–55.

[39] Die Gliederung dieses Abschnitts ist dem Buch von Sen 1988 entnommen.

[40] Vgl. Gutiérrez 1971, 54.

und sechziger Jahre gegenwärtig.[41] In der Tat entspricht diese Weise, die Dinge zu sehen, der Charakterisierung des Reichtums und des wirtschaftlichen Wachstums als Mittel. Sensibel für das Thema und als Kenner dieser Reflexionen fasst Goulet in einem gemeinsamen Artikel mit Wilber, der den Entwurf von Gutiérrez über die Entwicklung kommentiert, die Entwicklungsperspektiven in den sechziger Jahren zusammen und weist auf Folgendes hin: »Ein dritter Strom von Denkern, die sich mit der Entwicklung beschäftigen, betont die ethischen Werte. Diese Gruppe hat sich immer in einem gewissen Sinn als eine häretische Minderheit konstituiert. Ihre Position zentriert sich in der qualitativen Verbesserung aller Gesellschaften und der qualitativen Verbesserung für alle Gruppen und Individuen in diesen Gesellschaften. Sie sagen, dass die Entwicklung selbst nur ein Mittel für das menschliche Wachstum ist, obwohl mit absoluter Sicherheit alle Menschen genügend Güter haben müssen, um menschlicher leben zu können.«[42]

Auch für Sen gehören die Bedeutungserweiterung und die Relativierung zusammen. Die Wirtschaft als Weg zum menschlichen Fortschritt verliert an Bedeutung.[43] Eine dafür vor nicht langer Zeit gebrauchte Formulierung ist folgende: »Wenn es letztendlich das Ziel wäre, die Freiheit des Menschen auszuweiten, um menschenwürdig zu leben, dann bestünde die Rolle des wirtschaftlichen Wachstums darin, größere Möglichkeiten in diese Richtung zu schaffen, und das wirtschaftliche Wachstum müsste sich in ein grundsätzlicheres Verständnis des Entwicklungsprozesses integrieren.«[44]

Die grundsätzliche Richtung der Erweiterung ist sehr ähnlich. Es ist bekannt, dass jenes französische Denken die päpstlichen Dokumente der katholischen Kirche beeinflusste. Die Enzykliken haben präzise Vorschläge in demselben Sinn unterbreitet. In *Populorum Progressio* von Paul VI. wird darauf hingewiesen, dass »die exklusive Suche des Habens das Wachstum des Seins behindert und sich seiner wahren Größe entgegenstellt« (19). Und »die wirkliche Entwicklung ist der Schritt für jeden einzelnen und für alle von weniger menschlichen Bedingungen hin zu menschlicheren Bedingungen« (20).

Die Sorge um das, was die Menschen *sind*, im Gegensatz zu dem, was die Menschen *haben*, liegt im Kern des Entwurfes von Sen.

41 Vgl. ebd., 40.
42 Vgl. ebd., 96; vgl. Goulet ^{6}1996, 544.
43 Vgl. Sen 1999, 3.
44 Ders. 1998, 600.

Der Autor begründet seine Position von Aristoteles her.[45] Sein wichtigstes Konzept ist das der Fähigkeiten, das »die verschiedenen Kombinationen von Tätigkeiten und Pflichten sowie Weisen zu sein, die die Personen realisieren können, widerspiegelt. Es setzt eine Sicht des Lebens als eine Kombination von verschiedenen Tätigkeiten und Seinsweisen voraus. Die Fähigkeit spiegelt die Freiheit einer Person wider, zwischen verschiedenen Lebensweisen auszuwählen. Die Formulierung von Marx, »die Beherrschung der Individuen durch die Verhältnisse und den Zufall zu ersetzen durch die Herrschaft der Individuen über den Zufall und die Verhältnisse«,[46] erfasst treffend die zugrunde liegende Motivation.

4. Der konzeptuelle Weg zum zentralen Stellenwert des Armen in der Entwicklung

Die Bestimmung der intellektuellen Position beider Autoren ermöglicht die tiefere Erforschung des Hintergrunds der konzeptuellen Nähe beider Autoren. Die erste Möglichkeit, sich der Welt der Armen zu nähern, ist bereits im vorherigen Teil beschrieben worden. Es geht darum, dass die zentrale Sorge diejenige um das Leben der Armen selbst ist. Das führt dazu, aus all dem, was geschieht, jene Aspekte auszuwählen, die am meisten einen einschneidenden Einfluss auf ihr tägliches Leben und ihr Schicksal ausüben. In diesem Teil werde ich kurz eine der Leitlinien in der Debatte über die Entwicklung zurückverfolgen. Daran zeigt sich, wie sich die Konzeptionen nach und nach von der Welt der Wirtschaft des Habens, von der Sicht eines Lebens im *Überfluss* entfernt und sich hin zu einer Sicht bewegt haben, in der der Mensch, seine Freiheit, und vor allem die Freiheit der Armen, mehr ins Zentrum gestellt werden. Dabei handelt es sich um vier Konzeptionen.[47]

a) Die Produktivität und der Schweiß auf der Stirn

Das allgemein bekannteste Entwicklungskonzept in den Sozialwissenschaften ist das wirtschaftliche Entwicklungskonzept. Dies geht so weit, dass im Allgemeinen der Begriff Entwicklung als wirtschaftliche

45 Vgl. ders. 1989; 1998, 599; 1999.
46 Ders. 1989, 44.
47 In Bezug auf jede einzelne Konzeption lassen sich dann Eigenschaftsworte wie »ausgewogen«, »tragbar« und andere anfügen.

Entwicklung verstanden wird. In diesem Rahmen wird die Entwicklung hauptsächlich als Vermehrung der Produktivität gesehen. Die Entwicklung besteht darin, den »Schweiß auf der Stirn« auf das zu reduzieren, was unbedingt nötig ist, damit eine Familie bekommt, was sie für ihren Lebensunterhalt braucht, und die Aufgaben, die sie sich stellt, in Angriff nehmen kann. Deshalb nimmt die Technologie hier einen herausragenden Platz ein. Denn es geht um die Größe der menschlichen Anstrengung, die erforderlich ist, um die lebensnotwendigen Dinge zu erhalten. Der Arbeiter ist ein Teil der Technologie und der Konsum wird hauptsächlich als notwendig dafür betrachtet, dass sich das Proletariat reproduziert und weiterhin zur Produktion beitragen kann. Vom Beginn der wirtschaftlichen Theorien der Entwicklung an hat sich der Blick auf die Menge und Vielfalt des produzierten Reichtums konzentriert, und die fehlende Sorge um den Arbeiter führte zum Entstehen des Sozialismus. Das Thema ist »der Reichtum der Nationen« und man nimmt an, dass ein größerer Reichtum stärkere Gesellschaften und Staaten mit sich bringt sowie Menschen, die besser ausgestattet sind mit dem, was diese brauchen. Konkret gemeint sind in diesem Zusammenhang die Arbeiter. Sie sind als solche ein Instrument des wirtschaftlichen Wachstums, ein Faktor der Produktion. Der Arme ist derjenige, der viel schwitzt und wenig erhält. Der Reiche ist derjenige, der nicht arbeitet und der lebt ohne die Notwendigkeit, arbeiten zu müssen. Arm sein und Arbeiter sein ist dasselbe, denn der Arme ist abhängig von seiner Arbeit und an sie gefesselt.

In den gegenwärtigen Diskussionen entfernt sich der ganz auf das Thema der Produktion zentrierte Diskurs von der Welt der Arbeit und verknüpft sich mit dem Kapital. Deswegen sind wir voller »Kapitale«: menschliches, soziales, natürliches, politisches, ethnisches Kapital etc. Alles Habituelle und jedes Attribut eines Menschen muss sich in ein Mittel verwandeln, das Zugang zum Reichtum des Landes verschafft, muss eine Rentabilität haben. Der Mensch ist ein Instrument, um das Ziel zu erreichen, das darin besteht, Reichtum zu erlangen.

b) Das Recht derer, die arbeiten, und derer, die nicht arbeiten

Eine unter den vielen Kritiken, die von Ökologen, Philosophen und Menschen mit anderen Perspektiven auf das Leben geäußert werden, ist die, die von der Tatsache ausgeht, dass sich der erzeugte Reichtum sehr ungleich verteilt. Dies geschieht sowohl innerhalb der Länder als auch zwischen den Ländern. Daher kam zu der ganz von der Produktion bestimmten Perspektive die Sorge um die Verteilung. Die wirtschaftliche Entwicklung wurde auch als eine Zunahme der Gleichheit im Reichtum verstanden.

Der Mensch wird immer als Arbeiter gesehen und es werden höhere Löhne verlangt (funktionale Verteilung), aber diese Sichtweise konzentriert sich immer mehr auf die Verteilung des Einkommens unter allen Menschen (personale Verteilung). Der Mensch verdient einen angemessenen Teil des gesellschaftlichen Reichtums, auch wenn er kein Arbeiter ist. Deshalb sind Menschen sozial gesehen wertvoll, auch wenn sie nichts produzieren. Die menschliche Würde hat eine weiter reichende Grundlage als die Mitwirkung an der Schaffung von Reichtum. Jeder Mensch verdient einen Teil des Sozialprodukts und die Entwicklung besteht darin, diese Verteilung zu verbessern.

c) Die Priorität der Bedürfnisse und der Armen

Es kann geschehen, dass die Produktivität und der erzeugte Reichtum zunehmen und sogar die Verteilung gerechter wird, aber selbst dann ist die Situation noch nicht gut. Der Zustand eines Menschen kann sich verbessern, wenn das Fieber von 40 auf 39 Grad sinkt, aber dann geht es ihm immer noch nicht gut. Diese Verbesserungen sind nicht ausreichend. Die dritte Art von Entwicklung, an die ich erinnern möchte, ist die, bei der es um die Befriedigung der so genannten *Grundbedürfnisse* geht. Sie ist ein weiterer Schritt, den Menschen in das Zentrum der wirtschaftlichen Entwicklung zu stellen. Dieser Schritt besteht darin, dass sich in dieser Perspektive bereits die Aufmerksamkeit nicht ausschließlich auf den Reichtum konzentriert. Setzt man wie in den beiden vorherigen Perspektiven den Zugang der Menschen zu diesem Reichtum voraus, muss früher oder später eine Vermehrung der Güter, zu denen es einen Zugang gibt, die Situation verbessern.[48] Dieses Mal wird zunächst ein Kriterium formuliert, und zwar nicht, um zu überprüfen, ob es eine *Verbesserung* gab, sondern ob es den Menschen nun gut geht, ob sie über die notwendigen Dinge verfügen, um sich » […] der Möglichkeiten eines erfüllten Lebens«[49] zu erfreuen. Der Maßstab, der bestimmt, ob es jemandem gut geht,

[48] Eine der diesbezüglichen Diskussionen ist die von Sen 1984, 513f, und Streeten u.a. 1981.

[49] Streeten 1981, 21.

wird mit Hilfe einer adäquaten Definition von Grundbedürfnissen erstellt, z.B. 2.400 Kalorien pro Tag pro Person. Die Wirtschaft steht so vor einem Kriterium der Wirksamkeit, das sie daraufhin befragt, ob die Güter und Dienste, zu denen die Menschen Zugang haben, diese Bedürfnisse erfüllen. Das zentrale Thema ist die Wirksamkeit und nicht die Effizienz. Da es um wirkliche Grundbedürfnisse eines Menschen geht, ist es die Hauptsache, diese Grundbedürfnisse zu befriedigen; es ist nicht die Menge der Produkte, die dafür nötig waren oder sind. Das menschliche Leben als solches kommt auf präzise, obwohl immer noch begrenzte Weise ins Spiel. Der Vorteil dieser Eingrenzung ist, dass die Aufmerksamkeit sich auf die Armen konzentriert, die im Allgemeinen diejenigen sind, die unter den größten Mängeln leiden.

Von daher reicht es nicht, zu zeigen, dass man produktiver ist und besser verteilt als vorher, um zufrieden zu sein. Die absolute Armut ist das, was zählt, und die Beseitigung der Armut setzt, wie mit Nachdruck zu betonen ist, die Befriedigung gewisser Bedürfnisse voraus. Die Dinge – die Nahrung, die Kleidung, die Wohnung etc. – sind Mittel. Der Zweck der Mittel wird in Form eines Mindestniveaus dessen, was zum Leben unentbehrlich ist, eingeführt. So ist das Leben gegenwärtig – vielleicht in seiner einfachsten Weise –, aber es lässt sich nicht leugnen, dass diese Perspektive ganz präzise sein Ziel auf den Punkt bringt. Das Kümmern um die Versorgung der Armen dient dazu, die Grenzen der eigenen wirtschaftlichen Mechanismen des Handelswettbewerbs deutlich zu machen, die es nicht erlauben, dass die Dinge zu denen gelangen, die sie am nötigsten brauchen. Man kann diese Sicht der Dinge als Mittel, um nicht-wirtschaftliche Ziele zu erreichen, akzeptieren oder nicht. Aber es besteht kein Zweifel daran, dass diese Sicht auf der Ebene der Ziele die Welt des Reichtums übersteigt und an ihren Platz die Menschen stellt, vor allem die Ärmsten.

d) Die Erweiterung der Freiheit

Der nächste Schritt in dieser langsamen Annäherung an die volle Anerkennung des Vorranges der Menschen gegenüber der Welt der Dinge und des Reichtums scheint mir der von Amartya Sen vorgeschlagene zu sein. An diesem Punkt im Reflexionsprozess über die Entwicklung möchte ich zum zentralen Thema zurückkehren, nämlich der engen Verbindung von Entwicklung und Freiheit. Noch wichtiger ist es sozusagen, die Fruchtbarkeit des Verständnisses von

»Entwicklung als Befreiung« in der hier gewählten Perspektive, die nicht die einzige zu sein braucht, darzustellen. Ich werde dazu den Begriff der Entwicklung, so wie ihn Sen versteht, präzisieren.

Wie im vorherigen Teil gezeigt, wird Entwicklung als Ausweitung der Freiheit verstanden; das heißt, sie wird an erster Stelle als eine Erweiterung des Spektrums von Seinsmöglichkeiten und Handlungsmöglichkeiten verstanden, die die Individuen und Gruppen haben. Wer mehr Lebensoptionen hat, hat mehr Freiheit. In dieser Hinsicht sind die *Fähigkeiten* wichtig. Die Fähigkeiten bestehen aus dem Spektrum an Lebensmöglichkeiten, an den Möglichkeiten einer Person, zu sein und zu handeln. Jemand, der sich als Ingenieur, Violinist, Sportler und Prediger identifizieren und als solcher handeln kann, ist freier als jemand, der nur drei von diesen vier Dingen sein kann und nichts weiteres. Man kann jede der vorherigen Aktivitäten ausüben und Feministin, ökologisch engagiert oder solidarisch mit den armen Ländern sein. Das Spektrum der Lebensoptionen, die eine Person realisieren kann oder mit denen sie sich identifiziert, ist das, was die Fähigkeiten dieser Person bestimmt. Entwicklung kann als eine Vermehrung der Fähigkeiten verstanden werden. Dennoch reicht dies nicht aus.

In Wirklichkeit kann niemand alles tun, was er tun könnte, wenn alle Aktivitäten der Reihe nach ausgeübt werden könnten; in den Stunden des Tages und den Tagen des Lebens gibt es keine Zeit für alles. Die Freiheit, von der Sen spricht, muss die Freiheit mit einschließen, zwischen verschiedenen Möglichkeiten wählen zu können. Die Möglichkeiten und Gelegenheiten hängen zum Teil von den Personen selbst ab, zum Teil aber auch von Faktoren, die sie nicht kontrollieren können. Niemand entscheidet darüber, in welchem Land er oder sie geboren wird, über den Entwicklungsstand dieses Landes, seine vorherrschende Kultur usw. Man kann immer noch das Land wechseln, um den Horizont der eigenen Aktionen und der eigenen Weise zu sein zu erweitern, aber es kann sein, dass man es letztlich doch nicht tun kann aufgrund der Einwanderungsgesetze oder anderem. Die Freiheit der Menschen hängt in gewissem Maß von Umständen ab, über die sie keine Kontrolle haben. Aber sie hängt auch, und gar nicht wenig, von ihrem Willen ab, von der Freiheit, die die Menschen bereits besitzen.

Die Rolle der Menschen als Protagonisten, als Personen, die ihr Schicksal aktiv gestalten, schließt die Arbeit an der Entwicklung von Fähigkeiten mit ein, um einen weiteren Bereich an Aktivitäten zu entfalten. Sie schließt auch die Aufhebung sozialer Restriktionen wie

Diskriminierungen ein, die verhindern könnten, dass eine dieser Möglichkeiten von der Person, die die Fähigkeiten dazu hat, gewählt werden könnte. Tatsächlich stehen diese beiden Freiheiten in Interaktion miteinander, denn wenn eine Aktivität in der Gesellschaft als schlecht betrachtet wird oder verboten ist, ist es sehr wahrscheinlich, dass alle, die diese Aktivität gerne ausüben würden, sich nicht darauf vorbereiten. Ebenso gilt, dass, wenn jemand gewisse Fähigkeiten nicht besitzt, es wahrscheinlicher ist, dass er nicht gegen Diskriminierungen kämpft, die ihn daran hindern, diese Aktivitäten auszuüben. Das Ergebnis der Ausübung dieser beiden Freiheiten – der, die sich daran orientiert, die Lebensoptionen zu erweitern, und der, die eine Reduzierung der Hindernisse, zwischen den Optionen wählen zu können, in den Mittelpunkt stellt – sind die so genannten Aufgaben und Pflichten, die zu erfüllen sind.[50] Damit haben wir einen zusätzlichen Aspekt der Freiheit. Es handelt sich diesmal um die tatsächlich praktizierte Freiheit, nachdem sie dazu gebraucht worden ist, den Horizont der Optionen zu erweitern und sich von Restriktionen zu befreien. Man hätte die ersten zwei Schritte tun können, ohne dann auch den dritten zu vollziehen. Eine Frau könnte sich darauf vorbereitet haben, ein Flugzeug zu lenken, und sie könnte dafür gekämpft haben, dass ihr Recht anerkannt wird, Pilotin eines Flugzeugs zu sein, und dann niemals ein Flugzeug betreten haben, weil sie ihre Eltern pflegen musste oder weil sich in ihr ein psychologischer Widerstand gegen das Fliegen entwickelte. Die Freiheit dessen, der auf eine Aktivität oder Identität verzichtet, obwohl er die Möglichkeit hat, diese Aktivität auszuüben oder diese Identität anzunehmen, unterscheidet sich von der Freiheit dessen, der sich einer Sache widmen muss, weil er auf etwas anderes nicht vorbereitet ist oder weil er, obwohl er darauf vorbereitet ist, nichts anderes wählen kann.

All diese Überlegungen zeigen eine neue Art von Beweggründen, die in den Bereich der Entwicklung treten. Wir befinden uns in einem Bereich, der sich öffnet und sich von den Bedingungen entfernt, die unerlässlich sind, um zu überleben oder um in sehr eingeschränkter Weise zu leben, ohne dass auf diese Bedingungen verzichtet wird. So wird hier das breite Spektrum von Merkmalen des Lebens, auf die die Armen ein Recht haben, explizit, und nicht nur die Bedingungen, die für ihr Leben unverzichtbar sind.

50 Im Spanischen ist es verbreitet, den englischen Begriff *functionings* mit *funcionamientos* zu übersetzen.

Man kann mit den Worten von Alkire zusammenfassend feststellen: »Die Fähigkeit ist ein Zusammenspiel von Richtungen von Aufgaben, die die Freiheit der Person widerspiegeln, das Leben auf die eine oder andere Weise zu gestalten [...], die Freiheit, zwischen verschiedenen Lebensweisen zu wählen. Es ist die Existenz des Begriffs ›Freiheit zu‹ – der freien Wahl als Bestandteil der menschlichen Entwicklung –, die Sen dazu führte, diese spezifische Perspektive als die Perspektive der Fähigkeiten zu bezeichnen.«[51] Es geht darum, frei zu sein, um diese Freiheit zur Verwirklichung der Ziele auszuüben, die wir als wertvoll erachten, die unserer Berufung entsprechen, unseren angeborenen Fertigkeiten und den Quellen der Anerkennung in unserer Gesellschaft. Ähnlich formuliert: »Die Fähigkeit bezieht sich auf die Freiheit der Individuen oder Gruppen, die Erfüllung von wertvollen Aufgaben zu fördern oder zu verwirklichen.«[52]

Somit führt die Perspektive, die die Fähigkeiten mit berücksichtigt, mehr Elemente in die Bedeutung dessen ein, was Leben ist. Diese Erweiterung der Elemente des Lebens macht deutlich, dass die wirtschaftliche Dimension auf halbem Wege bleibt und nicht den ganzen Reichtum der verschiedenen Dimensionen des Lebens auszudrücken vermag. Die Vertiefung auf der Ebene der Ziele macht die instrumentelle Natur des Reichtums deutlich. Mit anderen Worten: Bei der Akzentuierung dessen, was der Mensch ist und tut, bleibt das, was der Mensch hat, ganz klar im Hintergrund.

Betrachtet man das zweckrationale Denken, ist es einfach, eine Grenze zwischen zwei Konzepten zu ziehen, deren Bedeutung sich vermischt. Es gibt Menschen, die den Begriff Fähigkeiten so verstehen, als bedeute er *Fertigkeiten*. Dies ist ein zweifacher Irrtum, denn der letzte Begriff ist nur einer der Faktoren, die die Freiheit der Person erweitern; außerdem hat der Begriff Fertigkeiten eine starke Konnotation von »Mittel für andere Zwecke«. So haben z.B. die Fertigkeiten einen »bequemeren« Platz in der ganz auf die Wirtschaft ausgerichteten Welt, die sie in »Kapital« verwandelt. Auch wenn jemand bestimmte Fertigkeiten ausbilden kann, weil es ihm Freude macht, sie zu beherrschen, wie z.B. die Fertigkeit oder Gabe des Singens, so dominiert doch im Bereich der Wirtschaft normalerweise ihr instrumenteller Sinn.

Diese vierte Perspektive ergänzt und kritisiert besonders die erste der vier bereits erwähnten Perspektiven. Während es in der Per-

[51] Alkire 2002, 6.
[52] Ebd.

spektive der Vermehrung von Produktivität um die Frage geht, wie viel der Mensch durch seine Aktivität produziert, stellt sich in der vierten Perspektive die Frage genau andersherum und erweitert gleichzeitig die erste Perspektive. Die Frage ist umgekehrt, da – wenn man die Begriffe der vorangehenden Frage auf etwas verkürzende Weise benutzt – die Frage jetzt lautet, wie viel Aktivität mit den Dingen, die man hat, ermöglicht wird. Aktivitäten und Dinge tauschen ihren Platz. Während in der ersten Perspektive die Hauptaktivität, nämlich die Arbeit, als ein Mittel betrachtet wird, kann sie in der zweiten Perspektive zu den Zielen gerechnet werden. Schließlich kann man arbeiten, weil man Freude daran hat. Da wir den ausschließlich wirtschaftlichen Bezugsrahmen verlassen, können sich außerdem die Aktivitäten, die hier gemeint sind, von der Arbeit unterscheiden.

Auf der anderen Seite kann die neue Frage als komplementär betrachtet werden. Denn die Frage nach dem Resultat der menschlichen Bemühungen kann man ergänzen durch die Frage nach der Nutzung dieses Resultats im Sinn der Erweiterung der Aktivitäten, die sich den Menschen dank dieses Resultats eröffnen. So würde sich die Kette vervollständigen: (Arbeits-)Aktivität → Produkt → Aktivität (auf die Arbeit bezogene und andere). Den Titel des Klassikers von Piero Sraffa »Warenproduktion mittels Waren« kann man beispielsweise ändern in »Produktion von Aktivitäten mittels Aktivitäten« oder, in einem weiteren Sinn, »Produktion von Lebensformen mittels Arbeit«. Die Fragen, die eine Befreiungsperspektive stellt, wären z.B. die folgenden: Wie viel Freiheit erlangst du durch deine Arbeit? Oder, allgemeiner: Wie viel Freiheit erlangst du durch die Freiheit, die du bereits nutzt? Oben war schon die Rede davon, dass die Befreiung die Freiheit zum Ziel hat, in letzter Konsequenz die Freiheit *zu* etwas.

Es sollte bereits deutlich geworden sein, dass wir zwei unterschiedlichen Konzepten von Effizienz gegenüberstehen. Das eine ist das traditionelle Konzept der Produktionstheorien und das andere fragt nach der Nutzung der Ergebnisse der Produktion. Es fragt, zu welchen Formen des Seins und des Handelns die Ergebnisse beigetragen haben. Diese beiden Bedeutungen von Effizienz sind vom Programm der Vereinten Nationen für Entwicklung, das diese Perspektive sehr fördert, benutzt und ermittelt worden.

Ist die aus dieser Perspektive gesehene Freiheit einfach nur eine Ergänzung anderer Ziele wie Gleichheit oder Überleben? Die Sache ist nicht so einfach. Aus der Perspektive der Befreiung kann man die

Frage, wie Sen sie formulierte, an die Perspektive stellen, die sich auf die Verteilung konzentriert: Gleichheit von was? Denn wenn es sich um wirtschaftliche Gleichheit handelt, ist es immer möglich, nach der Freiheit zu fragen, zu der diese Gleichheit beigetragen hat, so wie dies auch hier bereits in Bezug auf die Dinge unternommen wurde, die durch die Produktion entstanden sind. Es kann eine Freiheit wie die der sozialistischen Wirtschaften geben, die nicht die ganze Freiheit erfasst, die möglich ist, oder, was noch schlechter ist, eine Freiheit wie die der Soldaten in einer Kaserne oder der Häftlinge in einem Gefängnis. Man kann auch wie Sen nach den Ungleichheiten in Bezug auf Freiheit fragen, die einmal die entscheidenden sein werden. Der Freiheit als Ziel geht es nämlich darum, sich in den Bereich der Zwecke und Ziele zu stellen, die wiederum andere Zwecke und Ziele umfassen.

Nach diesen Überlegungen sind die Fragen, die von der Befreiungsperspektive an die Perspektive der Grundbedürfnisse gestellt werden, nicht schwierig und zum Teil von den Vertretern dieser Perspektive bereits gestellt oder intuitiv erspürt worden. Wie sehr hat sich der Horizont der Menschen erweitert durch die Tatsache, dass ihre Grundbedürfnisse befriedigt worden sind? Oder, wie es üblicher ist zu fragen: Wie viele Lebensmöglichkeiten haben sich verschlossen, weil diese Bedürfnisse nicht befriedigt worden sind? Die Frage erlaubt viele konkrete Antworten. Es kann sein, dass die angemessene Ernährung eines Menschen zu einer Wahl von Lebensformen beigetragen hat, die ihr Zentrum in einer Obsession haben, die das Leben einengt, wie es bei den Abhängigkeiten und den sorgenvollen Beschäftigungen, die um ein einziges Thema kreisen, geschieht. Die Freiheit bezüglich der Befriedigung der Grundbedürfnisse hat für Sen und Gutiérrez eine Schlüsselstellung, aber wir haben bereits darauf hingewiesen, dass es beiden Autoren um eine Freiheit *für* etwas geht, die darum mehr Freiheit erzeugt.

Es sollte klar geworden sein, dass es sich bei der Veränderung von Vorstellungen über das, was Entwicklung ist, um einen Prozess handelt, in dessen Verlauf die Menschen immer mehr ins Zentrum der intellektuellen Bemühungen um Entwicklung und der Praxis zur Förderung von Entwicklung gestellt werden. Der argumentative Leitfaden, der die Ordnung rechtfertigt, in der die Perspektiven von Entwicklung präsentiert wurden, ist nicht rein chronologisch. Die Bemühung darum, den Menschen ins Zentrum zu stellen, vereint eine kleine, aber mutige Gemeinschaft von Intellektuellen und öffentlichen Funktionären in der ganzen Welt, die im ständigen Austausch miteinander stets neue Facetten zur Analyse des Problems beitragen. Das Programm der Vereinten Nationen für Entwicklung mit seiner so genannten »menschlichen Entwicklung« und die Internationale Organisation für Arbeit mit ihrem Bestehen auf *würdiger* Arbeit sind zwei Beispiele für ein kollektives Engagement, das zur Bereicherung der Perspektiven geführt hat. Es gilt nun, einige Konsequenzen zur Förderung des immer unzureichenden Verständnisses für das schwierige Leben der Armen und der Option für sie zu ziehen.

5. Option für welche Armen?

Die Option für die Armen wird mit unterschiedlichen Differenzierungen versehen, die darauf zielen, einige der Dimensionen der unergründlichen Armut der Armen zu erforschen. In der ersten Perspektive hieß arm sein, viel oder sogar übermäßig viel zu arbeiten, um seinen Lebensunterhalt zu verdienen. Mit der Moderne setzte sich immer mehr die Sichtweise durch, die Sen die *luxuriöse* Sicht des Lebensstandards genannt hat. Diese Sichtweise definiert den Armen aufgrund des Wenigen, das er erlangt, ohne die dafür aufgebrachte Mühe zu berücksichtigen. Thema ist das Brot, nicht der Schweiß auf der Stirn. Ein armes Land ist eines, das eine geringe Produktivität hat; diese wird generell ziemlich unscharf als niedriges Pro-Kopf-Einkommen bezeichnet. Die Bezeichnung »Pro-Kopf« spielt auf die Menschen an, aber sie ist hauptsächlich Folge einer Sicht des Menschen als »Produktionsfaktor« oder als Verkörperung einer Handelsware, die »Kapital« heißt.

In der zweiten Sichtweise bedeutet arm sein, einen unverhältnismäßig kleinen Teil der vorhandenen Güter zu erhalten. Im Anschluss an die christliche Tradition kann man sagen, dass sie sich auf die gemeinsame Nutzung der Güter bezieht und zu vielen Überlegungen über die gerechte Verteilung geführt hat. Ein unterentwickeltes Land ist eines, das ganz besonders ungleich ist. Es ist häufig auch ein Land, in dem Ethnien, Frauen, bestimmte Regionen usw. diskriminiert werden.

Aber die Sorge über die Ungleichheit war nie völlig zu trennen von der über die absolute Armut. Wenn der Reichtum letztendlich besser verteilt werden muss, dann deswegen, damit die Familien besser leben können. Daher stammt die Perspektive der Grundbedürfnisse von Intellektuellen, die sehr an der Verteilung des Einkommens interessiert sind. Aus der Perspektive der Grundbedürfnisse gesehen besteht Armut grundsätzlich in einem Mangel an Nahrungsmitteln,

Kleidung, Wohnraum und einem Minimum an Ausbildung. Ein Land ist arm, wenn viele seiner Bürger unterernährt sind, Analphabeten sind usw. Die Unterernährung und der Analphabetismus können als Schlüssel zur Interpretation erkannt werden, der die Aufmerksamkeit vor allem auf den fehlenden Zugang zu jenen Gütern lenkt, die die Beseitigung der unangemessenen und menschlich problematischen Situation ermöglichen sollen.

Wenn wir uns dem Bereich der menschlichen Tätigkeiten und Fähigkeiten zuwenden, stehen wir vor der vierten Möglichkeit, Armut zu sehen. Versteht man Entwicklung als Zunahme von Freiheit, dann muss man Armut als Einschränkung der Lebensoptionen der Armen charakterisieren. Ein armes Land ist eines, das, was die Beschäftigungsmöglichkeiten betrifft, wenig Vielfalt und nur eine kleine Zahl von Möglichkeiten bietet, und zwar nicht nur im Sinne von Beschäftigung als Arbeit, sondern auch im generellen Sinn von Beschäftigung für seine Bürger. Innerhalb eines kurzen Zeitraums kann man beobachten, dass die Einschränkung, die die Unterentwicklung mit sich bringt, sich der Kontrolle eines jeden Menschen entzieht. In diesem Sinn ist z.B. die Tatsache, in einem Entwicklungsland geboren zu werden und zu leben, eine Form von Armut, die sich in physischen und geistigen Beschränkungen ausdrückt, die ihren Ursprung in mangelhafter Ernährung und unzureichender medizinischer Betreuung in den ersten Momenten des Lebens haben.

Doch an zweiter Stelle ist zu sagen, dass nicht alle Umstände, die zur Armut beitragen, das Ergebnis von Unterentwicklung sind. Arm sein bedeutet, nicht am sozialen Leben teilnehmen zu können, das die Möglichkeiten definiert, die ein Land seinen Bewohnern eröffnet oder verschließt. Es kann sich um Strategien der Produktionsentwicklung handeln, die sich in der Art und Vielfalt der Beschäftigung, die sie schaffen, unterscheiden, oder um Normen des Zusammenlebens von Bürgern oder um Möglichkeiten der persönlichen Gestaltung in den verschiedenen Lebensbereichen oder um andere Aspekte des Lebens. Um Rat gefragt zu werden und auf irgendeine effiziente Weise an Entscheidungen beteiligt zu sein, also in einer Demokratie zu leben, sind Möglichkeiten, der so verstandenen Armut zu entkommen.

Nach den obigen Ausführungen zur Freiheit ist an dritter Stelle zu sagen, dass arm sein auch bedeutet, weder sich selbst noch den eigenen Kindern Bildung und Ausbildung ermöglichen zu können, um vom privaten Leben aus den Horizont der Lebensoptionen zu erweitern und als Basis dafür das eigene Land und die eigene Kultur zu nehmen oder diese freiwillig teilweise oder ganz hinter sich zu lassen.

An vierter Stelle bedeutet arm zu sein aus der Perspektive der Befreiung, gegen den eigenen Willen nicht wählen zu können zwischen den Optionen, die es in der Gesellschaft gibt und die eine Ausbildung und die zur Verfügung stehende Unterstützung sonst eröffnen würden. Die Vorurteile, die Diskriminierungen spielen hierbei eine große Rolle und sind Gegenstand einer speziellen Analyse derjenigen gewesen, die die Diskriminierung aufgrund des Geschlechts untersucht haben.

Diese vier Arten, den Armen zu charakterisieren, lassen sich in zweien zusammenfassen: Begrenztheit und geringe Qualität der Lebensoptionen, die bestehen und die man wählen könnte, und die praktische Unmöglichkeit, zwischen den wenigen und schlechten Optionen, die man hat, zu wählen, z.B. aufgrund von Vorurteilen und Diskriminierungen oder aufgrund der Risiken für das Überleben der Familie, Risiken, die darin bestehen, sich dem zu widmen oder das zu suchen, was man als besser erachtet. Die Qualität habe ich erwähnt, weil zu der so gesehenen Armut auch gehört, etwas nicht vollständig ausüben zu können, die gewünschten Aktivitäten nicht gut ausüben zu können, obwohl man sie hat wählen können. Zur Mittelmäßigkeit sind jene gezwungen, die mehr von sich geben könnten, sich jedoch als Gefangene der unzureichenden Möglichkeiten, die Dinge zu tun, sehen, sei es, weil die Mittel dazu fehlen, um diese besser zu verrichten, sei es aufgrund gesellschaftlicher Konventionen.

Wegen dieser beiden Gründe, obwohl es noch Gründe anderer Art geben könnte, ist ein unterentwickeltes Land eines, in dem zu viele Menschen einer Arbeit nachgehen, die nicht ihrer Berufung, Fähigkeit oder der sozialen Anerkennung, die sie verdienen, entspricht. Ein armes Land ist eines, in dem die Bürger nicht anders können, als sich an die Aktivitäten zu klammern, zu denen sie Zugang haben, und in dem ihnen oft nichts anderes übrig bleibt, als einen sozialen Status zu akzeptieren, den sie als erniedrigend betrachten und aufgrund dessen sie häufig in einer kränkenden Weise behandelt werden.

Im Vergleich mit den drei anderen Entwicklungsperspektiven kann man sagen, dass arm ist, wer sowohl sein Aktionsfeld einschränken muss als auch die Lebensformen, die seine eigene Identität und Berufung besser zum Ausdruck bringen würden, und zwar deshalb, weil er nicht produktiv genug ist und weil er zu denen gehört, die für weniger wertvoll gehalten werden, wenn es um die Verteilung des Reichtums geht, oder weil er eine schwache Gesundheit und wenig physische Kraft besitzt. Diese Perspektiven leisten, jede auf ihre Weise, einen Beitrag zum Verständnis der Ursachen für die Einschränkung der Freiheit.

Zu diesem Punkt sei abschließend gesagt: Es handelt sich um einen Menschen, bei dem man es, nur weil er arm ist, nicht unterlassen darf, ihn als jemanden zu betrachten, der die Aufgabe hat, sich selbst zu transzendieren und den anderen zu begegnen. Aber eben darum ist es möglich, den Armen als jemanden wahrzunehmen, der gezwungen ist, sich zu sehr auf sein eigenes Überleben und das Überleben seiner Familie oder der sozialen Gruppe, die ihm am nächsten steht, zu konzentrieren, also als jemanden, der in seiner Berufung zum Dienst und zur Freundschaft behindert wird. Welcher Arme würde nicht sehr gern häufiger seine Verwandten und Freunde besuchen, ihnen häufiger Geschenke machen und andere zu sich nach Hause an einen gut gedeckten Tisch einladen! 35 Jahre nach Medellín haben wir so einen hilfreichen Zugang für den Dialog in der Perspektive von Befreiung. Trotz allem gilt, woran uns Gutiérrez erinnert: »Damit wir frei sind [wörtlich: zur Freiheit], hat uns Christus befreit.«[53]

Literatur

ALKIRE, S. 2002, *Valuing Freedoms. Sen's Capability Approach and Poverty Reduction,* Oxford.

BERLIN, I. ²1969, *Four Essays on Liberty*, London.

BROWN MCAFEE, R. 1990, *Gustavo Gutiérrez. An Introduction to Liberation Theology,* New York.

GALLEGO, A./ AMES, R. 2004, *Gustavo Gutiérrez, Acordarse de los pobres. Textos esenciales,* Lima.

GOULET, D. ⁶1996, *»Development«… or Liberation?*, in: K.P. Jameson/Ch. K. Wilber (Hg.), The Political Economy of Development and Underdevelopment, New York.

DERS. 1999, *Etica del desarrollo. Guía Teórica y Práctica,* Madrid.

GUTIÉRREZ, G. 1971, *Teología de la Liberación. Perspectivas,* Lima.

DERS. 1986a, *Hablar de Dios desde el sufrimiento del inocente. Una reflexión sobre el libro de Job,* Lima.

DERS. 1986b, *La verdad los hará libres,* Lima.

[53] Gutiérrez 1993, 47.

DERS. [6]1988, *Teología de la liberación*, Lima.

DERS. 1990, *Entre las calandrias. Un ensayo sobre José María Arguedas,* Lima.

DERS. 1993, *Liberación y desarrollo: un desafío a la teología,* in: ders. 1996, Densidad del presente, Lima.

HUSSEIN, M. [2]1993, *Vertiente sur de la libertad*, Barcelona.

IGUÍÑIZ, J. 2000, *Desarrollo como liberación y libertad. Introducción a Sen y Gutiérrez,* in: Páginas 163 (Juni). – Engl. 2002, *Development and Freedom in Sen and Gutiérrez. Religious and Secular Grounds.* Documento de trabajo No. 210, Departamento de Economía, Pontificia Universidad Católica del Perú.

NICKOLOFF, J. B. 1996, *Gustavo Gutiérrez. Essential Writings,* New York.

PAUL VI. 1967, Enzyklika *Populorum Progressio*, Rom.

ROMERO, C./MUÑOZ, I. (Hg.) 1993, *Liberación y desarrollo en América Latina. Perspectivas,* Lima.

SEN, A. 1984, *Resources, Values, and Development*, Cambridge.

DERS. 1988, *The Concept of Development*, in: H. Chenery/T.N. Srinivasan (Hg.) 1988, Handbook of Development Economics, Amsterdam u.a.

DERS. 1989, *Development as Capability Expansion*, in: Journal of Development Planning 19 (1989).

DERS. 1991, *Poverty and Famines. An Essay on Entitlement and Deprivation,* Oxford.

DERS. 1992, *Inequality Reexamined*, New York-Cambridge.

DERS. 1997, *Bienestar, justicia y mercado,* Barcelona.

DERS. 1998, *Teorías del desarrollo a principios del siglo XXI,* in: L. Emmerij/J. Núñez del Arco (Hg.) 1998, El desarrollo económico y social en los umbrales del siglo XXI, Washington D.C.

DERS. 1999, *Development as Freedom*, New York.

STREETEN, P. u.a. 1981, *First Things First: Meeting Basic Needs in Developing Countries,* New York.

VAN PARIJS, PH. 1996, *Libertad real para todos*, Barcelona.

Ronaldo Muñoz

Die Rolle der Basisgemeinden in Lateinamerika

Erfahrungen und Perspektiven 35 Jahre nach Medellín

Für die lateinamerikanische Befreiungstheologie sind die kleinen kirchlichen Gemeinden der Armen nicht nur ein wichtiges Thema, in dem viele weitere Themen zusammenkommen. Sie sind auch ein vorzüglicher Ort für ein glaubendes Bewusstsein und werden immer mehr zu einem Subjekt der theologischen Reflexion.

In der Tat treffen in diesen »Basisgemeinden« auf kreative und fruchtbare Weise die drei folgenden Elemente aufeinander: *Lebens- und Gemeinschaftserfahrung* und der *sensus fidelium* der Armen Jesu Christi, eine neue, volkstümliche und betende Weise, die *Bibel zu lesen*, und die solidarische und *befreiende Praxis* der Armen, die sich niederschlägt sowohl in der Arbeitswelt als auch in ihren Feiern.

Erfahrung, Bibellesen und befreiende Alltagspraxis: Aus diesen Elementen können wir gemeinsam lernen – die Armen selbst, die Missionare und Missionarinnen, Pastoralarbeiter und Pastoralarbeiterinnen, die von »außen« kommen –, den Glauben nicht vom Leben zu trennen, nämlich den Geist nicht vom Körper, die Affekte nicht von der Vernunft, den Einzelnen nicht von der Gemeinschaft, die christliche Kirche nicht von der pluralen Gesellschaft, die Hoffnung nicht von der Erinnerung, die Geschichte des Menschen nicht von der Schöpfung, das Zeitliche nicht von der Eschatologie, das Göttliche nicht vom Menschlichen.

1. Geschichtlicher Hintergrund und soziokultureller Kontext

a) Geschichtlicher Hintergrund

Die Armen unseres Kontinents haben Lernprozesse, Wege des Wachstums und der Integration erlebt, in Konfrontation und Begegnung, in Assimilation und Widerstand, als Opfer und gleichzeitig als untergeordnete Akteure einer von der Gewalt geprägten Geschichte, einer Geschichte der Eroberung und Plünderung, der Ausbeutung und Ausgrenzung.

Deshalb können wir bei den Themen Glauben, Religion und Kultur die christliche Tradition, die auf unseren Kontinent in ihrer abendländischen – genauer lateinischen, germanischen und arabischen – Inkulturation und ihrem Synkretismus gelangte, nicht trennen von ihrer mit uramerikanischem und afrikanischem Erbe gemischten ibero-amerikanischen Inkulturation.

Wir können diese unterirdischen Ströme nicht ignorieren, die die drei Jahrhunderte der Kolonialzeit und der Sklaverei überdauerten und weiterflossen in den zwei republikanischen und von Klassendenken dominierten Jahrhunderten, in denen reiche Eliten herrschten, die mehr oder weniger vom tridentinischen Katholizismus oder von der europäischen Aufklärung geprägt waren. Es sind Ströme, die sich kraftvoll durchsetzen, nicht nur bei den Volksfesten und Ritualen, sondern auch bei zahlreichen Bauern- und Arbeiterkämpfen, die in verschiedener Weise von christlichem Glauben und Hoffnung geprägt sind – Kämpfe, die sehr oft brutal durch die institutionalisierte Macht unterdrückt worden sind.

Dieser geschichtliche Hintergrund der fünfhundert Jahre Unterdrückung und andauernden Solidarität unter den früher in Gemeinschaft lebenden Völkern darf nicht unbekannt bleiben. Sowohl damals als auch heute können wir weder Augen noch Herzen verschließen vor den schnellen und tief greifenden *sozioökonomischen, kulturellen* und *religiösen* Veränderungen – besonders bei den jungen Menschen –, eine Folge der großen Wirkung der Werbung und der Medien, die zur neuen Weltwirtschaft und globalen Massenkultur gehören: Veränderungen, die sich auch in neuen internationalen religiösen Bewegungen widerspiegeln, also christlichen und para-christlichen, nicht selten mit fundamentalistischem und sektiererischem Charakter.

Eine zunehmend globalisierte Ökonomie und Kultur erreicht uns vor allem aus den Vereinigten Staaten von Nordamerika und verkauft uns, zusammen mit Fragmenten des wissenschaftlichen-technologischen Fortschritts, den besitzergreifenden Individualismus jenen Individualismus, der unserem bürgerlichen Bewusstsein und dem sozialen Gefüge schadet und alles, was wir uns so lange und mühsam in politischer und ökonomischer Demokratie erkämpft haben, allmählich seines Inhalts entleert.

Dadurch bestätigen wir eine eindeutige Tendenz, die sich dreifach zeigt, indem sie das Menschliche auf das Ein- und Verkaufbare reduziert, die individuellen Wünsche aller Menschen gleichstellt und vermehrt und die Chancen auf eine immer exklusiver werdende Minderheit konzentriert – mit allen Enttäuschungen und tiefen Wunden, die diese dreifache Tendenz in unterschiedlicher Weise sowohl bei der ausgeschlossenen Mehrheit als auch bei der privilegierten Minderheit zurücklässt.

b) Die Erneuerung der Kirche in der zweiten Hälfte des 20. Jahrhunderts

Im Folgenden werde ich kurz den geschichtlichen Hintergrund und den sozioökonomischen, politisch-militärischen und kulturell-religiösen Kontext der Erneuerung der katholischen Kirche in Lateinamerika seit der Mitte des letzten Jahrhunderts darstellen.

In den 1950er und 60er Jahren sowie Anfang der Siebzigerjahre kommt es zu dieser Erneuerung durch die soziale und kirchliche Bewusstwerdung bedeutender Gruppen von Laien, Stadt- und Landarbeitern, Studierenden und Fachleuten; durch die gemeinschaftliche und missionarische Neuorientierung vieler Pfarreien, die oft von den kleinen Pfingstkirchen lernen; durch die geistliche und gemeinschaftliche Erneuerung und die Option für die Armen von einflussreichen Gruppen von Ordensleuten und durch die Entstehung und Entfaltung der »kirchlichen Basisgemeinden« in armen Stadtvierteln und auf dem Land. All dies wurde von der biblischen und liturgischen Erneuerung inspiriert und unterstützt und von einer Generation visionärer Bischöfe, die das Zweite Vatikanische Konzil und die Lateinamerikanische Bischofskonferenz von Medellín (1968) erlebt haben, auf kreative Weise vorangetrieben.

In den Siebziger- und Achtzigerjahren sowie Anfang der Neunzigerjahre engagiert sich die lateinamerikanische Kirche zunehmend für die Armen und leidet mit ihnen, deren Situation sich extrem verschlechtert, und muss mit dem Beginn der Militärdiktaturen und ihrer brutalen Wirtschaftspolitik, die von den intellektuellen und finanziellen Zentren des nunmehr globalisierten Kapitalismus diktiert wird, ihre evangelische Erneuerung vertiefen.

In dieser Zeit vergrößern und vermehren sich die Basisgemeinden, um die brutal Unterdrückten und Verarmten aufzunehmen und zu begleiten. Somit müssen die Gemeinden mit ihren Priestern und Bischöfen, den Ordensschwestern und zahlreichen Laien das Mitleiden mit den Ausgeschlossenen und vom Tode Bedrohten lernen sowie die Klarsicht und den Mut für die prophetische Ankündigung und die Radikalität der Nachfolge Jesu und das Zeugnis der Hoffnung, in der Verfolgung, manchmal bis hin zum Martyrium.

Die Neunzigerjahre und die ersten Jahre des neuen Jahrtausends sind einerseits die Jahre der Rückkehr zu einer relativ demokratischen Gesellschaft (wobei es recht große Unterschiede zwischen den einzelnen Ländern gibt) und eines beachtlichen Rückgangs des Staatsterrorismus. Aber andererseits sind es Jahre, in denen die Verarmung gleich bleibt oder zunimmt, die Kluft zwischen Reichen und Armen sich in skandalösem Maße vergrößert und die Unterordnung der nationalen politischen Macht unter die zunehmend globalisierte Wirtschaftsmacht, die sich über jede demokratische Ordnung hinwegsetzt, immer deutlicher wird.

Dies und alle schon genannten sozialen, kulturellen und ethischen Konsequenzen, die besonders für die Kinder und Jugendlichen enttäuschend und schädlich sind, haben bei den Trägern leitender Funktionen in Kirche und Gesellschaft eine gewisse Ratlosigkeit hervorgerufen, die oft eine verschlossene konservative Haltung annehmen oder sich pragmatisch dem herrschenden Individualismus anpassen. Trotzdem gehen die Basisgemeinden bei den Armen ihren Weg weiter, in unterschiedlicher Weise, je nachdem, ob ihnen die neuen Bischöfe oder Priester Wohlwollen oder Misstrauen entgegenbringen. Sie reifen allmählich heran, suchen weiter nach neuen Antworten im Lichte des Evangeliums, indem sie für den Anruf des Heiligen Geistes wach bleiben und auf die »Zeichen der Zeit« achten.

Schließlich bemerkt man heute, in den ersten Jahren des 21. Jahrhunderts, bei vielen Jugendlichen und Erwachsenen in den kirchlichen Gemeinden und außerhalb der Kirche das Erwachen eines kritischen Bewusstseins und die Sehnsucht nach einer anderen Welt sowie eine Zunahme des freiwilligen Engagements in verschiedenen solidarischen Initiativen und Bewegungen, die jedoch noch geringe Folgen auf politischer Ebene haben und somit keine langfristigen strukturellen Änderungen mit sich bringen können.

Auf diesem länger und pluralistischer werdenden Weg, der sich uns im neuen Jahrhundert eröffnet, glauben und hoffen wir begründeterweise, dass die christlichen Kirchen – vor allem durch die zahlreichen Basisgemeinden bei den Armen dieser Erde – dazu berufen sind, in Treue zum Evangelium und zum Geist auf lokaler und globaler Ebene ihren nicht exklusiven, aber doch unersetzlichen Beitrag als »Salz der Erde und Licht der Welt« zum Aufbau einer humaneren Gesellschaft für alle Menschen, alle Völker, alle Kulturen zu leisten.

Nun stellen wir uns die folgenden beiden Fragen: Erstens: Wohin hat sich in diesen Jahren nach dem Konzil diese Treue zum Evangelium und zum Geist bei den Basisgemeinden in Lateinamerika bewegt? Und zweitens: Zu welchen vorrangigen Anliegen und zu welchen ernsthaften Schritten scheint uns in der neuen Situation dieser ersten Jahre des 3. Jahrtausends und voraussichtlich in den kommenden Jahren diese Treue zu führen? Das sind die Fragen, die ich im Folgenden provisorisch und innerhalb all der Grenzen, die mir gesetzt sind, zu beantworten versuche.

2. Wesen und Form der kirchlichen Basisgemeinden

a) Medellín und Puebla und die späteren Dokumente

Um eine Antwort auf die erste Frage zu geben, bei der es um die Grundlinien des Weges der Basisgemeinden geht, ist es am besten, zunächst die wichtigsten Abschnitte der zwei allgemeinen Bischofskonferenzen Lateinamerikas zusammenzustellen, die diesen Weg der Basisgemeinden unseres Kontinents aus pastoraler Sicht beschreiben, nämlich die Konferenzen in Medellín (Kolumbien, 1968) und Puebla (Mexiko, 1979).[1]

Aus dem Schlussdokument von Medellín zur Pastoral (*Pastoral de Conjunto*):

(1) »In unserem Kontinent befinden sich Millionen von Menschen am Rande der Gesellschaft und werden gehindert, die ganze Fülle ihrer Bestimmung zu erreichen, sei es durch das Bestehen unangepaßter und ungerechter Strukturen, sei es durch andere Faktoren, wie durch den Egoismus oder die Gefühllosigkeit.«

(5) »[…] Die Überprüfung [der Strukturen der Kirche], die heute in unserer kontinentalen Situation durchgeführt werden muss, soll von zwei im Konzil besonders hervorgehobenen Leitgedanken inspiriert und orientiert werden: dem der Gemeinschaft und dem der Katholizität.«

(6) »Tatsächlich ist die Kirche vor allem ein Geheimnis der katholischen Gemeinschaft, denn im Schoß ihrer sichtbaren Gemeinde können durch den Anruf des Wortes Gottes und durch die Gnade seiner Sakramente, besonders dem der Eucharistie, alle Menschen

[1] *Die Kirche in der gegenwärtigen Umwandlung Lateinamerikas im Lichte des Konzils*, Medellín 1968; nachfolgend angegeben mit: Medellín; *Die Evangelisierung Lateinamerikas in Gegenwart und Zukunft*, Puebla 1979; nachfolgend angegeben mit: Puebla.

brüderlich an der gemeinsamen Würde der Gotteskinder teilhaben, und alle können auch die Verantwortung und Arbeit teilen, um die gemeinsame Sendung zu verwirklichen: Zeugnis des Gottes zu geben, der sie rettete und sie zu Brüdern in Christus machte.«

(7) »[…] damit sie sich aufbaut und ihre Sendung erfüllen kann, regt Gott selbst in ihr verschiedene Ämter und Charismen an, die jedem eine besondere Rolle im Leben und Handeln der Kirche zuweisen.« […]

(8) »Es ist wesentlich, daß alle kirchlichen Gemeinschaften sich für die Dimension der katholischen Gemeinschaft offen halten; derart, daß sich keine in sich selbst verschließt. Die Erfüllung dieser Forderung zu sichern, ist eine Aufgabe, die besonders die hierarchischen Amtsträger angeht […].«

(10) »Das Leben der Gemeinschaft, zu dem der Christ aufgerufen wurde, muß er in einer ›Basisgemeinschaft‹ finden; das heißt, in einer Gemeinschaft am Ort oder in der Umgebung, die der Wirklichkeit einen homogenen Gruppe entspricht und eine solche Dimension hat, daß sie die persönliche brüderliche Begegnung unter ihren Mitgliedern erlaubt. […] Die christliche Basisgemeinschaft ist so der erste und fundamental kirchliche Kern, der sich in seinem eigenen Bereich für den Reichtum und die Ausbreitung des Glaubens, wie auch für die des Kults, der sein Ausdruck ist, verantwortlich machen muß. So ist sie die Kernzelle kirchlicher Strukturierung, Quelle der Evangelisierung und gegenwärtig der Hauptfaktor der menschlichen Förderung und Entwicklung.«

(13) »Die dargestellte Sicht führt uns dazu, aus der Pfarrei eine belebende und einende pastorale Gesamtheit der Basisgemeinschaften zu machen. So soll die Pfarrei ihre Pastoral in Bezug auf Orte, Funktionen und Personen dezentralisieren […].«

(16) »Die Pfarrgemeinde ist Teil einer größeren Einheit, der des Dekanates […].«

Der Text von Medellín nimmt dann neben den kirchlichen Gemeinschaften auch die dazugehörenden Ämter von Einzelpersonen und Gruppen in den Blick, widmet sich dann den Bischöfen und Diözesanräten, den Bischofskonferenzen und den nationalen Kommissionen, den allgemeinen Lateinamerikanischen Bischofskonferenzen und dem CELAM und endet schließlich mit dem folgenden Abschnitt:

(28) »Um in vertiefter Weise den katholischen Geist zu leben, werden die Bischofskonferenzen nicht nur mit dem Papst und den Organismen des Heiligen Stuhls in Kontakt stehen, sondern auch mit

den Ortskirchen anderer Kontinente, sowohl zur gegenseitigen Erbauung als auch für die Förderung der Gerechtigkeit und des Friedens in der Welt.«

Zehn Jahre später, im Januar 1979, nach einer beachtlichen Entwicklung der Basisgemeinden in Lateinamerika, unter schweren historischen Umständen, erfahren diese kleinen kirchlichen Gemeinschaften durch Puebla eine große Unterstützung. Nach der partiellen Anerkennung und den Vorbehalten Pauls VI. (vgl. *Evangelii Nuntiandi* 58) gibt diese Lateinamerikanische Bischofskonferenz eine genaue Beschreibung sowohl der allgemeinen Eigenschaften der kirchlichen Basisgemeinden als auch der verschiedenen Dimensionen ihres Lebens und ihrer Mission unter dem armen Volk:

(563) »[…] Die evangelisierende Kirche hat den Auftrag, die Umkehr zu predigen, den Menschen zu befreien und ihn zu fördern auf dem Weg zum Geheimnis der Gemeinschaft mit der Dreifaltigkeit und der Gemeinschaft mit allen Brüdern, indem sie diese zu Trägern und Mitwirkenden des Heilsplanes Gottes macht.«

(564) »Alle Getauften fühlen sich vom Geist der Liebe angezogen, der sie dazu bewegt, aus sich selbst herauszutreten, sich den Brüdern zu öffnen und in Gemeinschaft zu leben. In der Verbindung unter uns wird der auferstandene Christus gegenwärtig, der sein Ostern in Lateinamerika feiert.«

(629) »Es kann festgestellt werden, daß die kleinen Gemeinschaften, insbesondere die kirchlichen Basisgemeinschaften[,] die Beziehungen zwischen den Menschen, die Annahme des Wortes Gottes, die Überprüfung des Lebens und die Reflexion über die Realität im Lichte des Evangeliums verstärkt haben. Die Verpflichtung gegenüber der Familie, der Arbeit, dem Stadtviertel und der örtlichen Gemeinschaft wird intensiver. Mit Freude weisen wir auf eine Tatsache in unserer Kirche hin, die ›Hoffnung der Kirche‹ sein kann (EN 58 [= *Evangelii Nuntiandi*]), nämlich die steigende Zahl der kleinen Gemeinschaften. Dieser Ausdruck kirchlichen Lebens ist am häufigsten in den Randgebieten der großen Städte und auf dem Land zu beobachten. Diese Gebiete begünstigen insbesondere das Entstehen neuer Aufgaben für die Laien. Dort hat die Familienkatechese und die Glaubenserziehung der Erwachsenen in einer Form Verbreitung gefunden, die dem einfachen Volk besser gerecht wird.«

(640) »In den kleinen Gemeinschaften, insbesondere in denen, die am meisten gefestigt sind, wächst die Erfahrung an neuen zwischenmenschlichen Beziehungen im Glauben, dort wird das Wort

Gottes vertieft, dort wächst die Beteiligung an der Eucharistie und an der Gemeinschaft mit den Hirten der Teilkirche und dort wächst auch das Engagement für Gerechtigkeit in der jeweiligen sozialen Realität.«

(642) »Die in der kirchlichen Basisgemeinschaft vereinten Christen bemühen sich in stärkerer Treue gegenüber Christus um ein Leben unter ihren Mitmenschen, das vom Evangelium durchdrungen ist. Sie helfen, den Egoismus und das Konsumdenken der Gesellschaft in Frage zu stellen und machen die Berufung zur Gemeinschaft mit Gott und ihren Brüdern deutlich, indem sie einen wertvollen Anstoß zum Aufbau einer neuen Gesellschaft, der ›Zivilisation der Liebe‹, geben.«

(643) »Die kirchlichen Basisgemeinschaften sind Ausdruck der besonderen Zuneigung der Kirche zum einfachen Volk. In ihnen kommt die Religiosität des Volkes zum Ausdruck, dort wird sie gewertet und geläutert. Dort erhält es die konkrete Möglichkeit, an der kirchlichen Aufgabe und an der Verpflichtung, die Welt zu ändern, mitzuwirken.«

(648) »Als Hirten wollen wir entschlossen die kirchlichen Basisgemeinschaften fördern, orientieren und begleiten im Geist von Medellín (Pastoral de conjunto, 10) und auf der Grundlage der in Evangelii Nuntiandi Nr. 58 festgelegten Maßstäbe. Wir wollen in verstärktem Maße Initiatoren (animadores) für solche Basisgemeinschaften suchen und sie schrittweise ausbilden.«

(1147) »Das Engagement für die Armen und Unterdrückten und das Entstehen der Basisgemeinschaften haben der Kirche dazu verholfen, das evangelisatorische Potential der Armen zu entdecken, da sie die Kirche ständig vor Fragen stellen, indem sie sie zur Umkehr aufrufen, und da viele von ihnen in ihrem Leben die Werte des Evangeliums verwirklichen, die in der Solidarität, im Dienst, in der Einfachheit und in der Aufnahmebereitschaft für das Geschenk Gottes bestehen.«

Mehr als zwölf Jahre nach Puebla wird die Konferenz von Santo Domingo eröffnet – am 500. Jahrestag der Eroberung und Evangelisierung Amerikas und am Tag der Veröffentlichung des *Katechismus der Katholischen Kirche* in Rom. Im Rahmen der »Neuen Evangelisierung« unterstreicht diese Bischofskonferenz die Bedeutung des Zeugnisses und der Mission der »lebendigen und dynamischen kirchlichen Gemeinden«.

Aber das Schlussdokument von Santo Domingo enthält nichts Neues über die kirchlichen Basisgemeinden außer dem Bestreben, diese mehr der Hierarchie und Zentralisierung der Pfarrgemeinden unterzuordnen, bis hin zur Verwandlung der Basisgemeinden in ein weiteres pastorales Instrument der Pfarrei. Ein Blick in das Schlussdokument von Santo Domingo kann dies bestätigen.[2]

(58) »»[…] Die Pfarrei ist eine Gemeinschaft des Glaubens und eine organische Gemeinschaft, in der der Pfarrer, der den Diözesanbischof vertritt, das hierarchische Bindeglied zu der gesamten Teilkirche darstellt« (ChL 26 [= *Christifideles Laici*]). […] Auftrag der Pfarrei ist es, zu evangelisieren, die Messe zu feiern, die Entwicklung des Menschen zu bewirken, die Inkulturation des Glaubens in den Familien, in den Basisgemeinden und in den apostolischen Gruppen und Bewegungen und durch sie in der Gesellschaft voranzutreiben. Die Pfarrei als organische und missionarische Gemeinschaft ist somit ein Netz von Gemeinschaften.«

(60) »[…] Erneuerung der Pfarreien durch Strukturen, kraft deren die Pastoral durch kleine kirchliche Gemeinschaften in Einzelbereiche aufgeteilt werden kann, in denen gläubige Laien verantwortlich sind. […] Verstärkung der physischen Anwesenheit der Pfarrei durch die Schaffung von Gruppen und kleinen Gemeinschaften.«

(61) »Die kirchliche Basisgemeinschaft ist eine lebendige Zelle der Pfarrei, sie versteht sich als organische und missionarische Gemeinschaft.«

(63) »Wir halten es für erforderlich: – Den Wert der kirchlichen Basisgemeinschaften zu bestätigen, in ihnen einen missionarischen und solidarischen Geist zu stärken und sie in die Pfarrei, in die Diözese und die Gesamtkirche gemäß den Lehren des Apostolischen Schreibens über die Evangelisierung (*Evangelii Nuntiandi*, 58) einzugliedern.«

In die gleiche Richtung geht schließlich der Anfang des 4. Kapitels »Weg zur Gemeinschaft« aus *Ecclesia in América*, dem nachsynodalen apostolischen Schreiben Johannes Pauls II., das im Großen und Ganzen ohne Unterscheidung die Kirchen aus Lateinamerika, der Karibik und Nordamerika (!) behandelt:[3]

(33) »»Angesichts einer geteilten und nach Einheit verlangenden Welt ist es notwendig, freudig und fest im Glauben zu verkünden,

2 *Neue Evangelisierung. Förderung des Menschen. Christliche Kultur,* Santo Domingo 1992; nachfolgend angegeben mit: Santo Domingo.

3 Das Dokument wird zitiert nach: *Ecclesia in America* 1999.

daß Gott Gemeinschaft ist; er ist Vater, Sohn und Heiliger Geist; er ist die Einheit in der Verschiedenheit; er beruft alle Menschen zur Teilhabe an dieser dreifaltigen Gemeinschaft [...] daß die Kirche Zeichen und Werkzeug der von Gott gewollten Gemeinschaft ist, die in der Zeit begonnen hat und zur Vollendung geführt wird, wenn das Reich erfüllt sein wird‹. [...] Diese in der Kirche existierende und ihrer Natur nach wesentliche Gemeinschaft muß durch konkrete Zeichen sichtbar werden. ›Solche Zeichen können sein: das gemeinsame Gebet für andere, verstärkte Beziehungen zwischen den Bischofskonferenzen, die Verbindung unter den Bischöfen, brüderliche Beziehungen zwischen den Diözesen und den Pfarreien und die gegenseitige Kommunikation zwischen den Pastoralagenten für besondere missionarische Aufgaben‹.«

Man beachte, dass in diesem Text als »konkrete Zeichen« des Geheimnisses der Gemeinschaft (*communio;* Kirche als Sakrament) außer dem gemeinsamen Gebet der einen für die anderen vor allem die institutionellen und praktischen Beziehungen erwähnt werden. Die Geschwisterlichkeit und die gegenseitige Verantwortung im Alltag, die die meisten Mitglieder in den konkreten Gemeinden erleben, werden noch nicht erwähnt.

Die Pfarr- und Basisgemeinden werden acht Abschnitte später erwähnt, und die Letzteren nur im Hinblick darauf, dass sie *vielleicht* zur Erneuerung der institutionellen Pfarrgemeinden beitragen könnten.

(41) »[...] Ein Schlüssel für die Erneuerung der Pfarreien, die besonders in den Großstädten sehr wichtig ist, könnte vielleicht darin bestehen, die Pfarrei als Gemeinschaft der Gemeinschaften und Bewegungen zu sehen. Es scheint daher angebracht, solche Gemeinschaften und kirchliche Gruppen zu bilden, die echte menschliche Beziehungen fördern. Dadurch wird ein intensiveres gemeinschaftliches Leben ermöglicht werden, wobei Gemeinschaft nicht nur »ad intra« [nach innen], sondern auch mit der Pfarrgemeinde, zu der solche Gruppen gehören, sowie mit der Diözese und der ganzen Kirche gepflegt wird.«

Auf jeden Fall – es scheint mir wichtig, das zu unterstreichen – greift Johannes Paul II. im Folgenden (ebenfalls in Nr. 41) wesentliche Elemente aus den Erfahrungen der lateinamerikanischen kirchlichen Basisgemeinden auf, auch wenn er sich auf sie als Mittel für die gewünschte Erneuerung der Pfarrei bezieht:

»[...] In diesem gemeinschaftlichen Kontext [der kleinen Gemeinschaften] wird es auch einfacher sein, das Wort Gottes zu hören, um in seinem Lichte über die verschiedenen menschlichen Probleme nachzudenken und um verantwortungsvolle Lösungsmöglichkeiten heranreifen zu lassen, die von der universalen Liebe Christi inspiriert sind. Wird die Institution der Pfarrei auf solche Weise erneuert, dann ›kann daraus auch eine große Hoffnung erwachsen; denn sie kann die in Gemeinschaft lebenden Menschen formen, sie kann eine Hilfe für das Familienleben sein, sie kann dazu beitragen, die Anonymität zu überwinden, sie kann die Menschen aufnehmen und ihnen helfen, sie in das Leben ihrer Nachbarn und in die Gesellschaft einzugliedern‹. Auf diese Weise können heutzutage alle Pfarreien, besonders aber die Pfarreien in den Großstädten, eine persönlichere Evangelisierung ausüben und zugleich mit anderen sozialen, erzieherischen und gemeinschaftlichen Einrichtungen ihre positiven Beziehungen ausbauen.«

Hier werden Aspekte genannt, die mir heute, am Anfang eines neuen Jahrhunderts, wichtig erscheinen für die Gegenwart und die Zukunft des Evangeliums in der Welt. Aber – der Erfahrung der kirchlichen Basisgemeinden in Lateinamerika entsprechend – hoffentlich immer mehr in »lebendigen und dynamischen Gemeinden« mit eigenem Laienleben, weniger zentralisiert gegenüber der Pfarrei und immer gemeinsam mit, aber weniger abhängig vom Amt des Priesters, in seiner tradierten hierarchisch-klerikalen Gestalt.

b) Versuch einer Synthese im Lichte jüngster Erfahrungen

Vor dem Hintergrund der pastoralen Überlegungen der Konferenzen von Medellín und Puebla werde ich jetzt auf der Grundlage meiner Erfahrungen in Chile und in anderen Ländern Lateinamerikas einen unvollständigen und provisorischen Überblick über die in meinen Augen sieben wichtigsten dynamischen Richtlinien – für das solidarische Leben, den befreienden Dienst und die evangelische Mystik – in den kirchlichen Basisgemeinden der armen Völker Indio-Afro-Lateinamerikas geben.

Um diesen Überblick graphisch darzustellen, habe ich eine schematische Darstellung mit drei »Säulen« entworfen *(Schema 1)*. – Drei Dimensionen des gleichen Weges, die unabhängig voneinander nicht verstanden werden können, sondern nur in ihrer Wechselwirkung und gegenseitigen Unterstützung, wie es der Fall ist bei den Mauern eines Hauses oder bei drei Kindern, die im Kreis tanzen.

In der ersten Säule ist das Leben und das Leiden des *Volkes* dargestellt; die Werte und Begabungen der Armen, ihre Wunden; ihr

Sinn für die Gemeinschaft und ihr kontemplativer Glaube; die Rechte der Unterdrückten sowie einer jeden Person und menschlichen Gemeinschaft.

Die vom Volk unterstützte *christliche Gemeinde* wird durch die zweite Säule dargestellt. Diese »kleine Kirche«, die sich im Volk versammelt und sich aus Angehörigen des Volkes zusammensetzt, versucht ein offener Raum zu sein für die geschwisterliche Begegnung und das gläubige Bewusstsein des Volkes, für seinen solidarischen Dienst in allen Dimensionen des menschlichen Lebens und der christlichen Praxis.

Die dritte Säule stellt das *Evangelium* vom Reich Gottes dar, mit den beiden Dimensionen eines bewussten Glaubens an einen lebendigen Gott und des ausdrücklichen Zeugnisses von diesem Gott. Es ist diese liebevolle und radikal befreiende Präsenz, die die Konvivenz der christlichen Gemeinde mit dem Volk und ihren befreienden Dienst im Volk beseelt. Es geht um den Glauben und das Zeugnis von dem Gott Jesu Christi und seinem Reich. Ihr »Lebensmittel« ist das gemeinsame Lesen der Bibel und die einfache und fröhliche Feier des Abendmahls.

Und wenn diese Spalten sich mit den sieben horizontalen Linien kreuzen bzw. die sieben übereinander liegenden Kreise oder die spiralförmigen Bewegungen sie durchdringen, die von *Gaudium et spes* des Volkes sprechen und von der Praxis der kirchlichen Gemeinde, die dieser Freude und Hoffnung zu antworten versucht, offenbart sich die Lebendigkeit von Gottes Evangelium und vom Gott des Evangeliums, der lebt und handelt in Dreifaltigkeit – eine Lebendigkeit, die die Praxis der Gemeinden erleuchtet und belebt, und so das Leben und die Hoffung des Volkes.

c) Prioritäten für die Zukunft?

Schließlich wage ich, in Treue zu dieser evangelischen Dynamik, die unsere kirchlichen Gemeinden von ihren Grundlagen her durchdringt – mit all ihren Begrenzungen und Widersprüchen – und im Bestreben, die aus dieser Welt kommenden Rufe des Geistes des Auferstandenen zu vernehmen, Prioritäten für die ersten Jahre des 21. Jahrhunderts aufzustellen.

Die Welt von heute ist eine geteilte und ungerechte Welt, mit einer verarmten Mehrheit, die nicht am Fortschritt beteiligt ist, mit einem kapitalistischen, triumphierenden und globalisierten Materialismus, der eine individualistische, auf Konkurrenz und Ausbeutung beruhende Kultur propagiert. Eine Welt, in der die Menschenrechte und die Demokratie immer mehr erstickt werden durch die allgegenwärtige Macht der großen Wirtschaftskonzerne und der Regierungen der wenigen Länder, die den Reichtum in der Welt kontrollieren.

Es ist eine Welt, in der trotz allem Träume von Frieden und Gerechtigkeit, von Spiritualität und Geschwisterlichkeit in der ganzen Welt und von der Versöhnung mit der Schöpfung immer wieder geboren werden und ihre Früchte tragen, in der in verschiedenen Kontinenten und unterschiedlichen religiösen Traditionen »gläubige Basisgemeinden« ihren Weg weitergehen und neu entstehen.

In einer solchen Welt sind wir Christinnen und Christen eingeladen und aufgerufen, Folgendes neu zu erinnern, zu erfahren und zu erhoffen:

- das »Geheimnis« des Gottes, der Liebe ist, eine dreieine Gemeinschaft, überfließend und annehmend,
- das »Geheimnis« der kirchlichen Gemeinschaft, die aus den Armen dieser Erde hervorgeht, zu denen Jesus von Nazaret gehörte und unter denen er lebte,
- das »Geheimnis« des christlichen Lebens, das seit jenen Tagen und von jenem Ort ausgehend demütig solidarische Geschwisterlichkeit praktiziert und weiter vernetzt.

Die kirchliche Gemeinschaft und das christliche Leben sind die »Sakramente« (Zeichen und Werkzeug) des Gottes Jesu, des Vaters aller Menschen, der in dieser Welt und in der menschlichen Geschichte wirkt, um sie von innen heraus und von unten her zu verändern.

In der Hoffnung, dass wir diese Erinnerung und diese hoffnungsvolle Praxis zurückgewinnen, beende ich diesen Beitrag mit einer zweiten schematischen Darstellung *(Schema 2).* Es ist ein »theopraktisches« Schema, das sechs Themen als Schlüssel für unser gläubiges Vernehmen der Botschaft des Neuen Testaments anbietet: Dieses Schema könnte uns Anregungen geben für die Aufgabe, uns in Geschwisterlichkeit, Gemeinschaft und verantwortlicher Teilhabe zu üben.

Schema 1

DIE KIRCHE UND IHR DIENST VON DER BASIS HER

a) Das **VOLK** der Armen: Ansprüche, Werte. →	b) Die dienende **GEMEINDE**: Erfahrung, Dienst, Reflexion →	c) Das **EVANGELIUM** des Gottesreiches: kontemplativer Glaube, aktives Zeugnis
Elemente des Lebens des Volkes: **Kontext**	Praktische Dimensionen der Gemeinde: **Praxis**	Formen der aktiven Präsenz des Gottes Jesu: **Wort**
1. LEBENSVOLLZÜGE: - Nöte und Verletzungen, - Arbeit, - Solidarität.	**SAMARITANISCHE** Kirche: - leidet mit, - teilt und heilt, - hebt Personen auf und fördert die Organisation.	• die leidenden Gesichter Christi, • der Messias der Armen, der Diener, • der barmherzige Vater.
2. Hunger nach geschwisterlicher LIEBE: - gegenseitige Zuneigung und Respekt, - Kommunikation, - die Festfeier.	Kirche als unser **ZUHAUSE** - nimmt uns an, - herzliches Zusammenleben, - füreinander verantwortlich, - versöhnt sich und feiert, - Zeichen und Sauerteig für eine geschwisterliche Gesellschaft.	• die Liebe des Vaters und der Geschwister, • der Auferstandene mitten in der Gemeinde, • die Früchte des Geistes: geschwisterliche Liebe, Friede, Freude.
3. Durst nach GOTT und seiner Nähe: - das Gebet, - die Feste des gläubigen Volkes, - sakramentale Gesten.	Kirche - **GOTTESRAUM** - gemeinsamer Raum der Gottesbegegnung, - lädt ein zur Bitte und zum Lob, - liest die Bibel im Kontext des Lebens, - feiert das Herrenmahl, - wo wir zusammen im Glauben und in der Liebe wachsen.	• der heilige Gott, Gott des Lebens, • Leib Christi und Tempel des Geistes, • Maria, die Heiligen und die Verstorbenen.

4.	Träume und Wege nach einer universalen GESCHWISTERLICHKEIT: - ohne Diskriminierungen, ohne niemanden auszuschließen, - ohne Grenzen, - in Frieden unter den Völkern und mit der Schöpfung.	Kirche - **GEMEINSCHAFT** - Netz von Gemeinden, - Kirche von Kirchen, katholisch und ökumenisch, - Zeichen und Dienerin der Versöhnung und des Friedens, mit Gott und zwischen den Völkern mit ihrer Unterschiedenheit.	• Das Projekt Gottes, • alle und alles in Jesus Christus • durch den Heiligen Geist zu versöhnen, der in der Menschheitsgeschichte und in der Kirche wirkt.
5.	Bereitschaft zum DIENST: Erfahrungen beitragen und Fähigkeiten entwickeln in gemeinsamen Aufgaben im Dienst des Lebens.	Aktiv **TEILNEHMENDE** Kirche - Anregung und Kanalisierung der Begabungen von jeder und jedem, - mitverantwortlich in der Gemeinde und ihrer Mission, - Teamarbeit, - Motivation zum Engagement in sozialen Organisationen.	• Alle sind Kinder Gottes, mit seinen Talenten, berufen zu wachsen und Frucht zu bringen. • einer des anderen Diener, wie Jesus, alle Mit-Jünger und Gesendete. • mit unterschiedlichen Charismen und Ministerien von dem einen Geist.
6.	Suche nach SINN UND HOFFNUNG: - Lebensweisheit, - Bewusstsein Gottes Volk zu sein, mit Geschichte und Hoffnung.	**MISSIONARISCHE** Kirche - geht hinaus, um zu besuchen, ist anwesend im Milieu, - hört zu und hält Dialog, - hält die Erinnerung an Jesus Christus wach und verkündet Gottes Liebe, - bietet einen Weg neuen Lebens an.	• der Vater aus Liebe sendet den Sohn, • Jesus teilt, unterhält sich, befreit, kündigt an, sendet, • der Geist, erster Missionar, der Bekehrung bewirkt.
7.	RECHTE und Geschichte des Kampfes: - soziales Bewusstsein und Durst nach Gerechtigkeit, - organisiertes Handeln, - Träume von einer neuen Gesellschaft: gleich und geschwisterlich.	**PROFETISCHE** Kirche - ist aufmerksam und kritisch bezüglich Gegebenheiten, Situationen und Entwicklungen, - verkündet Hoffnung, - ruft zur Bekehrung und zum Handeln auf, - weicht Konflikten und Verfolgungen nicht aus.	• Gott, der den Unterdrückten befreit und den Missachteten Recht verschafft, • Jesus Christus, der das Reich Gottes verkündet und bewirkt zu Gunsten der Armen und Ausgeschlossenen, • Der Geist der Aufmerksamkeit, des klaren Wortes, des Wagemutes und der Stärke.

GESCHWISTERLICHKEIT, GEMEINSCHAFT UND VERANTWORTLICHE MITBETEILIGUNG

IN UNSEREN GEMEINDEN WEBEN
"DAMIT DIE WELT GLAUBT"
UND SOLIDARISCH WIRD

THEMA 1. DIE GABE GOTTES UND DIE SENDUNG:

Mk 1,14-20.35-39; 3,13-19; Mt 10,1-8; 28,16-20; Lk 24,46-49; Apg 1,4-8; 2,32-33; Gal 4,1-7; Joh 1,1-18; 4,4-42; 14,23-27; 15,9-17; 17,1-19; 20,19-23; 1 Joh 4,7-21.

Die Liebe Gottes als empfangene Gabe und anvertraute Aufgabe.

"Friede sei mit euch!...
Empfangt den Heiligen Geist!...
Wie mich der Vater gesandt hat,
so sende ich euch." (Joh 20,19-22)

DER DREIEINE GOTT

"Hervorgange" und "Sendungen":
Jesus ist der Sohn Gottes der vom Vater hervorgeht.
Der Vater gibt sich uns indem er den Sohn zu uns sendet,
Vater und Sohn schenken uns den Geist ihrer Liebe.

THEMA 2. DIE AUSSÖHNUNG DER "GEGNER"

Mk 3,31-35; Mt 23,6-12; Gal 3,26-28; Kol 1,15-20; 3,9-11; Eph 2,11-22; 4,1-6; Apg 2,1-18; 10,34-48; Joh 12,45-52; 17,20-23.

und die Gleichheit der Verschiedenen in einem einzigen Volk von Brüdern und Schwestern.

"Ihr seid alle durch den Glauben Söhne Gottes in Christus Jesus...
Es gibt nicht mehr Juden und Griechen, nicht Sklaven und Freie,
nicht Mann und Frau (nicht Kleriker und Laie, nicht Alte un Junge,...);
denn ihr alle seid "einer" in Chistus Jesus." (Gal 3,26-28)

Weder Pantheismus noch Dualismus:
weder Monarchie noch Subordination
sondern
"Gemeinschaft" in Gleichheit unter "Personen" die verschieden sind

THEMA 3. DAS "EINANDER" (allelous) IM LEBEN DER GEMEINSCHAFT:

Mt 18,15-22; Apg 2,38-47; Gal 5,13-26; Röm 12,9-21; Kol 3,12-16; Eph 4,1-3. 31-32; Joh 13,1-17. 31-35; 14,6-21; 15,9-17; 17,20-26; 1 Joh 4,7-12.

die Gemeinschaft der Geschwister, der Freunde, als Selbstgabe, Verziehung und Dienst aneinander, damit die Welt glaubt.

"Wie mich der Vater geliebt hat, so habe auch ich euch geliebt...
Wenn ihr meine Gebote haltet, werdet ihr in meiner Liebe bleiben...
Das ist mein Gebot:
Liebt einander, so wie ich euch geliebt habe." (Joh 15,9-12)

"Perichorese":
Das Spiel der Beziehungen
von gegenseitigen Hingabe
und wechselseitigem Innewohnen
der Personen unter sich,

THEMA 4. BROTBRECHUNG UND GÜTERGEMEINSCHAFT:

Mk 6,30-44; 8,1-9; 14,12-25; Mt 25,31-40; Lk 16,19-31; 24,13-35; Apg 2,41-47; 4,32-35; 10,41; 1 Kor 10,16-17; 11,17-34; 2 Kor 8,1-15; 9,6-15; Jak 1,27; 2,14-17; Joh 6,1-15; 21,1-13; 1 Joh 3,16-18.

**Die Jünger halten Mahl in Gemeinschaft mit dem Herrn
und teilen das Brot mit den Bedürftigen,
damit die Gesselschaft solidarisch wird.**

"Alle, die gläubig geworden waren,
bildeten eine Gemeinschaft und hatten alles gemeinsam.
Sie verkauften Hab und Gut und gaben davon allen,
jedem so viel, wie er nötig hatte...
Sie brachen in ihren Häsern das Brot
und hielten miteinander Mahl in Freude und Einfalt des Herzens." (Apg 2,44-46)

Ein einziges "Wessen":
Die Drei
haben ihr ganzes Sein,
ihre ganze Lebensfülle
gemeinsam.
Sie teilen es vorbehaltlos
aneinander mit,
so dass Sie nur ein einziger Gott sind.

THEMA 5. GNADENGABEN UND DIENSTE IN KOMPLEMENTARITÄT:

Mt 9,35-38; 1 Kor 3,1-23; 12,4-30; Röm 12,3-8; Eph 4,7-16; 1 Petr 4,10-11.

**als Glieder des selben Leibes
das Haus (die Gemeinde) bauen
und am Ackerfeld (an der Sendung) mitarbeiten.**

"Es gibt verschiedene Gnadengabe... verschiedene Dienste,...
aber nur den einem Geist...
Wie alle Glieder des Leibes, obgleich es viele sind,
einen einzigen Leib bilden: so ist es auch mit Chistus...
Ihr aber seid der Leib Christi,
und jeder einzelne ist ein Glied an ihm,
(jeder mit seiner eigenen Rolle, zugute dem Leib)." (1 Kor 12,4-27)

Die Drei,
jeder auf seine Weise
arbeiten
an der heilsgeschichtlichen
"Ökonomie" mit.

THEMA 6. SOLIDARISCHE UND ANSPRUCHSLOSE LIEBE ("agape"):

Mt 3,13–5,12; 20,20-28; Lk 4,1-21; 22,24-27; 1 Kor 12,31–13,13; Phil 2,1-11; 1 Petr 3,8-9; Joh 13,1-17; 15,11-13.

**Selbstlosigkeit, Herablassung,
Menschwerdung unter den Letzten, Liebe bis zum Aussersten.**

"...daß ihr nichts aus Ehrgeiz und nichts aus Prahlerei tut;
sondern in Demut schätze einer den andern höher ein als sich selbst...
Seid untereinander so gesinnt, wie es dem Leben in Christus Jesus entspricht:
... Er entäußerte sich und wurde wie ein Sklave...
er erniedrigte sich und war gehorsam bis zum Tode, bis zum Tode am Kreuz..."
(Phil 2,3-8)

Der mitleidende Vater
setzt sich aufs Spiel für uns
in der **"kenotischen"**
Menschwerdung Jesu,
der die Salbung
des Geistes Gottes
dafür empfängt.

Die Kirche in der gegenwärtigen Umwandlung Lateinamerikas im Lichte des Konzils, Medellín 1968, in: Dokumente der II. und III. Generalversammlung des Lateinamerikanischen Episkopates in Medellín und Puebla 1979 (= Stimmen der Weltkirche Nr. 8), hrsg. v. Sekretariat der Deutschen Bischofskonferenz, Bonn, 14–133.

Die Evangelisierung Lateinamerikas in Gegenwart und Zukunft, Puebla 1979, in: Dokumente der II. und III. Generalversammlung des Lateinamerikanischen Episkopates in Medellín und Puebla 1979 (= Stimmen der Weltkirche Nr. 8), hrsg. v. Sekretariat der Deutschen Bischofskonferenz, Bonn, 135–355.

Nachsynodales Apostolisches Schreiben *Ecclesia in America* 1999 (= Verlautbarungen des Apostolischen Stuhls Nr. 141), hrsg. v. Sekretariat der Deutschen Bischofskonferenz, Bonn.

Neue Evangelisierung. Förderung des Menschen. Christliche Kultur, Santo Domingo 1992, in: Schlußdokument der IV. Generalversammlung der lateinamerikanischen Bischöfe in Santo Domingo (= Stimmen der Weltkirche Nr. 34), hrsg. v. Sekretariat der Deutschen Bischofskonferenz, Bonn.

Miguel Fritz

Die Bibel im Gesundheits-Team oder: »Bibel-Heilen«

Die Bibel kommt an

Als ich vor inzwischen über 20 Jahren in Paraguay ankam, war die Bibel gerade erst kurz zuvor angekommen. Was heißt das?

Es ist nicht leicht, sich das vorzustellen, aber ganz offenkundig war die Heilige Schrift über Jahrhunderte ein Buch, zu dem nur wenige Zugang hatten. Immer wieder höre ich, dass es den Laien früher »verboten« war, die Bibel zu lesen. Sollte das wirklich so gewesen sein: die Bibel als exklusives Instrument einiger Privilegierter?

Tatsache ist, dass in einem Land wie Paraguay die Schrift noch aus einem anderen Grund für die meisten Leute schwer zugänglich war. 80% der Paraguayer sprechen Guaraní. Und in diese Sprache wurde erst in den 1970er Jahren das Neue Testament übersetzt.[1] Ich kann mich gut erinnern, dass wir damals immer genügend Exemplare dabei haben mussten. Es war das Ziel jedes Katechisten, Geld für dieses begehrte Buch zu sparen. Manch einer lernte so erst, in seiner Muttersprache zu lesen.[2]

Aber nun geschah noch etwas anderes: Die Menschen begannen, die Gute Nachricht zu verstehen. Und das war gefährlich – für die Regierung. Mit einem Mal galt die Bibel als »subversiv«. Dasselbe geschah mit der »Lateinamerikanischen Bibel«, einer Übersetzung ins lateinamerikanische Spanisch mit leicht verständlichen und konkreten Kommentaren.[3] Wie oft wurde sie von den Handlangern der Militärdiktatur beschlagnahmt, in Paraguay wie auch im benachbarten Argentinien!

Inzwischen ist die Bibel komplett in Guaraní[4] und ebenso auch in Nivaclé übersetzt, der Sprache eines 15000 Personen starken Indí-

1 *Buenas Nuevas para el Paraguay* 1976.
2 Erst seit ca. 15 Jahren gibt es offiziellen zweisprachigen Unterricht im Land!
3 *La Biblia Latinoamericana* 1986.
4 *Ñandejára Ñe'ẽ* 1996.

gena-Volkes.[5] Beide Versionen liegen erst seit knapp 10 Jahren vor. Dass Paraguay ein »vielsprachiges Land« ist, wurde ja auch erst 1992 mit dem neuen Grundgesetz anerkannt.[6] Es ist also relativ neu, dass die Bibel in den Gemeinden angekommen ist.

Ob und wie sie auch im anderen Sinn »ankommt«, das soll der folgende Erfahrungsbericht zeigen.

Gesundheitspastoral

Wir befinden uns im größten kirchlichen Bezirk, dem Apostolischen Vikariat Pilcomayo, das also noch Vikariat und kein eigenes Bistum ist. Seit 1925 arbeiten hier die Oblaten-Missionare. Mittlerweile kooperieren sie mit anderen Ordensgemeinschaften und einem Weltpriester. Unter den Ordensschwestern gibt es ausgebildete Krankenschwestern, denn bis vor wenigen Jahren war gar nicht daran zu denken, dass sich staatliche Behörden um die Gesundheit der Bevölkerung, hauptsächlich Indígenas, in diesem Gebiet kümmerten. Inzwischen gibt es ausgebildete Krankenpfleger sowie »Gesundheitsbeauftragte«.[7] Gemeinsam versuchen sie, die so genannte »moderne oder westliche Medizin« mit der traditionellen zu verbinden, insbesondere mit den Kenntnissen der Schamanen. Darin unterscheiden sie sich von anderen Krankenpflegern und Gesundheitsbeauftragten, die unmittelbar einer Stelle des Gesundheitsministeriums unterstellt sind.[8] Sie unterscheiden sich von ihnen auch im Grundverständnis ihrer Arbeit. Ganz bewusst sprechen wir im Vikariat von der »Gesundheitspastoral«. Katechese und Unterweisung über Vermeidung oder Behandlung von Krankheiten, das sind keine getrennten Welten!

Das Vikariat organisiert jedes Jahr einen kleinen Kongress, zu dem alle angestellten und freiwilligen Mitarbeiter eingeladen sind. Im

5 Das gilt auch für weitere Indígena-Sprachen (indigene Sprachen), in denen es die gesamte Bibel oder wenigstens eine Teilübersetzung gibt. Die Gesamtübersetzung auf Nivaclé wurde 1994 fertiggestellt: Pa Dios tasinôyjoom nôoqueesh, Sociedad Bíblica del Paraguay. Vorher existierte bereits eine Übersetzung des Neuen Testamentes in diese Sprache: *Nava isis ya'clishay* 1987.

6 Fast jedes Volk der 17 Ureinwohner- (Indígena-)Völker, die zu fünf verschiedenen Sprachfamilien gehören, hat seine eigene Sprache. Außerdem gibt es verschiedene Immigrantengruppen, die seit Generationen ihre ursprüngliche Sprache erhalten.

7 So genannte »promotores de salud«, meist Freiwillige, die es in fast jedem Dorf gibt.

8 Die Krankenpfleger des Vikariates sind allerdings auch diesem Ministerium zugeordnet.

Jahr 2003 fand dieser Kongress in der Nivaclé-Mission Fischat statt. Das bedeutet, dass die Mehrheit der insgesamt 40 Teilnehmer Hunderte von Kilometern auf unbefestigten Straßen zurücklegen musste, um sich in diesem Dorf an der argentinischen Grenze zu treffen.

Einladung, einen Tag zu gestalten

Ich war dazu eingeladen, einen Tag dieses Kongresses zum Thema »Gesundheit und Bibel« zu gestalten, was ich gemeinsam mit Schwester Margot Bremer, die auf dem ganzen Kontinent als Exegetin bekannt ist und sich besonders im noch relativ neuen Bereich der Indígena-Theologie einen Namen gemacht hat, übernahm. Schließlich waren auch die meisten Teilnehmer Indígenas, und zwar vor allem aus dem Volk der Nivaclé.

Schwester Margot wollte vormittags das Alte Testament und ich nachmittags das Neue Testament behandeln. Die Erarbeitung sollte nicht in Vortragsform, sondern in Form von Gruppenarbeit geschehen.

Krankheit und Gesundheit im Alten Testament

Das Volk Israel

Das Volk, in dem das Alte Testament entstanden ist, zeichnet sich durch ein »gutes Gedächtnis« aus, in dem die Vergangenheit immer wieder gegenwärtig wird. Es hat sozusagen »ein gutes Verhältnis« zu seiner eigenen Vergangenheit.

Wichtig ist für das Volk Israel sein Gemeinschaftssinn. Wo es sich nicht als Gemeinschaft erlebt, fehlt Leben.

Diese beiden Aspekte – das Verhältnis zur Vergangenheit und das Verhältnis zueinander – sind es, die dem Volk Mut und Kraft für die Zukunft geben. In diesem Zusammenhang wird der Gottesbezug Israels wichtig: Israel erlebt sich darin als Gemeinschaft, in der Beziehung zu einem Gott, der Gott seines Volkes ist, Gott des Lebens für alle, Gott des Kampfes für ein Leben in Gemeinschaft.

Leben und Tod

Der Gott des Lebens wird als solcher ganz besonders erfahren, wenn dieses Leben in Gefahr ist, insbesondere dann, wenn das Leben in Gemeinschaft gefährdet ist.

Im Alten Testament gibt es unzählige Anzeichen des Todes: Krankheit, sich von Gott nicht geliebt glauben, die Exil-Erfahrung in Ägypten, die mit Versklavung, politischer Unfreiheit und Ausbeutung verbunden war. Darüber hinaus sind Unterdrückung, Fremdherrschaft, Traurigkeit, Einsamkeit, Verabsolutierungen, Nicht-Bezahlung des gerechten Lohnes und Überheblichkeit als erfahrene Anzeichen des Todes zu nennen. So sind die meisten Psalmen als Klage aus der Einsamkeit heraus verfasst, und doch enden sie hoffnungsvoll mit dem Lob Gottes.

Die Erfahrung der Versklavung im Alten Testament macht deutlich, dass um Freiheit gekämpft werden muss, um ein Mehr an Leben für alle zu erzielen. Der Glaube an den Gott, der verbindet, stiftet Einheit bei aller Unterschiedlichkeit; er schenkt die Kraft, sich im Leben zum Wohl dieser Gemeinschaft zusammenzuschließen.

Die Erfahrung der Ausbeutung im Alten Testament steht für die Suche nach dem rechten Leben, dem Leben ohne Luxus, in dem es nicht am Notwendigen für alle fehlt.

Die Erfahrung des Gemeinschaftssinns im Alten Testament verhilft uns zu entdecken und zu helfen, wo Arme nicht genug zu essen haben, und ein Gespür für Krankheit in der Gemeinschaft zu entwickeln. Denn in den Großfamilien gibt es Solidarität und die Gemeinschaften haben unzählige Regeln, die das Zusammenleben ordnen.

Die so genannte »Theologie des Wiederverteilens« ist mit einem neuen Gottesbild verbunden: Gott belohnt den Gerechten mit Gesundheit und Reichtum und straft den Sünder mit Armut und Krankheit. Jedoch besteht darin die Gefahr der rein individuellen Sorge um das eigene Wohl, die eigene Gerechtigkeit und letztendlich eines Gottesverhältnisses, das den Charakter eines Handels hat.

Dass die Erinnerung an die Vergangenheit zu einem In-Frage-Stellen des gegenwärtigen Systems, das praktisch Armut und Krankheit rechtfertigt, führt, wird in den Büchern Hiob, bei den Propheten (Deuterojesaja) und Tobit deutlich.

Das Heilmittel zur Genesung eines Volks besteht in einer heilen Beziehung innerhalb der Gemeinschaft und dieser zu Gott. Die Beziehung zum Anderen vermag von Krankheit zu heilen. Das gilt auch für die Armut, die Symptom einer kranken Gemeinschaft ist. So wie der Körper eine Einheit aus vielen Organen ist, so bedarf auch die Gemeinschaft der gesunden Beziehung aller zueinander, ohne individuelle Privilegien.

Die »Krankheit« entdecken

In zwei Schritten sollen die verschiedenen Arbeitsgruppen jeweils aus der Perspektive einer ethnischen Gruppe in je einem anderen Schrifttext den Zusammenhang zwischen Tod und Leben einerseits und zwischen Individualismus und Gemeinschaftssinn andererseits herausarbeiten. Dabei sollen sie erläutern, von welcher »Krankheit« im Text die Rede ist.

Die Gruppe der Nivacché, die Frauen vom Nivaclé-Volk, entdecken in Hiob 24,1–12, dass das Volk, wenn es Gerechtigkeit fordert, Leben sucht und dass Hiob angesichts des überzogenen Individualismus der Anderen sich einsam fühlt. Sie kommen zu dem Ergebnis, dass Gott dort ist, wo Gemeinschaftssinn und Solidarität herrschen. Als Krankheit wird die falsche Theologie der »Freunde« Hiobs entlarvt.

Die Gruppe der Paraguayer, also Nicht-Indígenas, erarbeiten in Bezug auf Leben und Tod an Tobit 1,3–22; 2,1–10, dass der Gerechte, der dafür sorgt, dass das Gesetz erfüllt wird, den Armen hilft. Er bleibt Gott treu, obwohl die ganze Gemeinschaft von Gott abfällt.

Die Gemeinschaft, die der Idolatrie verfallen ist, lebt selbst unterdrückt. Als solche verfolgt sie Tobit und nimmt ihn gefangen. Als »Krankheiten« werden Unterdrückung und Einsamkeit wahrgenommen. Die Verabsolutierung des Gesetzes macht blind bei so viel »Beobachtung«.

Die Gruppe der Nivaclé deutet Tobit 3,7–15 so, dass Sara von einem bösen Geist besessen ist und untröstlich ihrem Leben ein Ende setzen will, weil sie zu Unrecht für den Tod ihrer Männer verantwortlich gemacht wird. Die hier angesprochene »Krankheit« ist die exzessive Gesetzestreue der Juden, die zu überzogenem Individualismus führt.

Die Gruppe der Guaraní und Enenlhet erarbeitet an Jesaja 52,14–15; 53,1–9, dass der Gottesknecht die Sünde des Volkes auf sich nimmt und sich mit den Armen solidarisiert. Das führt ihn in den Tod, aber zu einem Tod, der letztendlich neues Leben bringt.

Krankheit und Heilung, Tod und Erweckung im Neuen Testament

Krank werden ist eine heikle Sache

In einem ersten Schritt versuche ich, die Teilnehmer an die Zeit und Umwelt Jesu heranzuführen. Jede Krankheit berührt empfindlich das Gleichgewicht der Großfamilie. Es gibt nicht viele Menschen, die sich mit Krankheiten auskennen, und sie sind nicht immer leicht erreichbar. Viele Krankheitsbilder sind unbekannt und flößen deshalb Angst ein. Meist werden sie mit der Welt der Geister und dem Wirken der Dämonen in Zusammenhang gebracht. Nur Spezialisten können damit umgehen. Die Kranken werden oft gemieden und von der Gemeinschaft isoliert. Alles in allem ist Heilung ein schwer zugängliches Gut.

Das kennen die Menschen auch hier! So geht es ihnen auch. Einerseits erwarten sie viel von »modernen Medikamenten«, doch da diese sehr teuer sind, befragen sie auch die traditionellen Heiler immer wieder, wenn auch mit sehr gemischten Gefühlen. Auch die Krankenschwester versteht sich nicht auf jede Krankheit. Der Weg zum Krankenhaus ist weit und beschwerlich und darüber hinaus sehr teuer. Und die Schamanen stehen den Ärzten ohnehin skeptisch gegenüber.

Die Teilnehmer an diesem Kongress kennen allerdings auch die andere Seite: Sie wollen und sollen helfen. Jedoch kommen die Menschen oftmals nicht zu ihnen, weil sie Angst haben oder sich schämen oder die Therapie zuerst ohne fremde Hilfe versuchen wollen. Wenn sie dann doch kommen, geschieht dies oft im letzten Moment oder dann, wenn es schon zu spät ist. Bisweilen nehmen sie die Medikamente nicht ein oder setzen sie vorzeitig ab.

Sie erkennen Analogien zwischen ihrer eigenen Situation und der Situation zurzeit Jesu.

Krankheiten im Neuen Testament

Wie spricht das Neue Testament über Krankheiten? Welche Krankheiten werden vor allem erwähnt? Wie wird mit ihnen umgegangen?

Der Tod ist im Neuen Testament ein zentrales Thema. Mehrheitlich ist in den Erzählungen vom Sterben und auch von der Krankheit männlicher Protagonisten die Rede. Die Feststellung, dass Männern eine bedeutendere Stellung in der Gesellschaft zur Zeit Jesu zukam, führt zu interessanten Diskussionen, denn sowohl die paraguayischen Teilnehmer als auch die Guaraní gehören zu Kulturen, die man ohne weiteres als machistisch charakterisieren kann. Die Teilnehmer der Nivaclé und der Enenlhet hingegen gehören zu eindeutig matriarchalischen Kulturen.

Zu welcher Kultur gehört Jesus? Während auch sein Umfeld zweifellos machistisch geprägt war, betraf ihn selbst dieser Machismus nicht.

Die im Neuen Testament beschriebenen Krankheiten stehen besonders oft mit Blut in Zusammenhang. »Blut haben« ist jedoch beispielsweise für die Nivaclé keine Krankheit, sondern steht für die Menstruation,[9] also für das Frausein und die Fruchtbarkeit der Frau. Die erste Menstruation eines jeden Mädchens wird mit einem Fest begangen, einem Initiationsfest. Das Fest aus diesem Anlass ist Ausdruck einer Kultur, die der Frau eine herausragende Rolle zugesteht, es ist noch heute das bedeutendste Fest der Nivaclé. Dabei hat die Farbe Rot eine herausragende und positiv besetzte Bedeutung. Es ist wohl kein Zufall, dass Menstruationsbeschwerden, wie sie die am »Blutfluss« leidende Frau in Mk 5,25–34 erleidet, für die Nivacché relativ fremd sind.

Die Erfahrungen des Ausgeschlossenseins bei Krankheit kennen die Teilnehmer des Kongresses ebenso aus ihren Alltagserfahrungen wie die Reintegration von Kranken und Behinderten in die Gesellschaft, von der die neutestamentlichen Heilungsgeschichten sprechen.

Die drei Wege Jesu

Jesus begegnet im Neuen Testament als Krankenheiler, der im Wesentlichen drei Wege beschreitet, den Weg der Gerechtigkeit, den Weg der Solidarität und den Weg der Mystik.[10]

Der Weg der Gerechtigkeit

Das Gesetz verbot, Kranke am Sabbat zu behandeln. Jesus entlarvt dies als Ungerechtigkeit, denn diese »Rechtssituation« konnte Tod bedeuten. Jesus wollte, »dass sie das Leben haben, und zwar in Fülle« (Joh 10,10). Meist wurde Krankheit als Strafe für Schuld angesehen. Jesus befreit sowohl von Krankheit als auch von Schuld. Er macht deutlich, dass das allmächtige Gesetz alles andere als befreiend war, und gerät damit auf dreifache Weise in Konflikt, nämlich mit dem Sabbat, mit dem Reinheitsgebot und auch mit den Priestern.

[9] *Voiyei* (Plural!): Blut, *Ta'voiyei*: Menstruation haben (als Verb); Initiationsfest (als Substantiv).

[10] Hierin folge ich Mesters 1989.

Der Weg der Solidarität
Zur Zeit Jesu leiden vor allem die Armen und die Kranken unter fehlender Solidarität. Ihnen wendet er sich ganz besonders zu. Die Gesten seiner Annäherung und Zuwendung lassen ihn zum »wandelnden Mit-Leidenden« (im Sinne von Compassion) werden. Und schließlich ist es diese Solidarität und Sym-pathie, die ihn ans Kreuz führt.

Der Weg der Mystik
Mit dem Wort »dein Glaube hat dich gerettet« holt Jesus die Kranken aus ihrer Passivität heraus und fördert ihre aktive Teilnahme an ihrem Heilungsprozess, und mit dem Wort »deine Sünden sind dir vergeben« befreit Jesus nicht zuletzt von der sozialen Sünde, die Schuld an der Misere hat.

Andererseits hilft dieser Weg, unabwendbares Leid anzunehmen: Statt sich ständig gegen Krankheit und Leid aufzubäumen, wird mit ihrem Annehmen Energie frei. Der Gottesknecht bei Jesaja und die Identifizierung mit Jesus bei Matthäus weisen dazu den Weg.

Wie kommt eine Heilung zustande?

In verschiedenen Arbeitsgruppen wird während des Kongresses je eine Heilungserzählung behandelt. Aus den Heilungen des Markus-Evangeliums wählt eine Gruppe einen der Berichte aus den Kapiteln 5–8. Eine zweite Gruppe wählt aus dem Lukas-Evangelium Kapitel 5, 7, 8 oder 13. Eine dritte Gruppe bearbeitet Joh 9 und die vierte Mt 20. Ergänzend dazu befasst sich eine Gruppe mit Apg 28 und mit dem 5. Kapitel des Jakobusbriefs.

Es soll jeweils erarbeitet werden, wie der Kontakt mit Jesus hergestellt wird und wie es zur Heilung kommt. Ergänzend dazu sollen alle Mittel entdeckt werden, die zur Heilung empfohlen bzw. benutzt werden, und schließlich soll über die mögliche Aktualisierung der biblischen Überlieferung nachgedacht werden.

Jesus behandelt die Kranken nie wie Objekte, wie »Fälle«, wie das in den modernen Krankenhäusern manchmal vorkommt. Vor allem lässt er nicht zu, dass sie passiv werden. Auf unterschiedliche Weise fordert er die Kranken zur aktiven Mitwirkung am Heilungsprozess auf.

Die Krankenpfleger wissen aus eigener Erfahrung, wie wichtig es ist, dass ein Kranker gesund werden will; im Grunde liegt die Initiative bei ihm selbst. Dass Jesus Krankenheilung mit der Vergebung von Schuld verbindet, erinnert die Kongressteilnehmer an die vielen

Fälle, in denen sie Menschen behandeln mussten, die sich geschlagen oder die sich verletzt hatten, weil sie betrunken waren. Auch versuchte Abtreibungen und Geschlechtskrankheiten werden in diesem Zusammenhang thematisiert.

Das wichtigste Heilmittel in den neutestamentlichen Erzählungen ist das Gebet. Doch auch Berührung, Körperkontakt und Handauflegung sind von unschätzbarer Bedeutung für eine Heilung, auch heute.

Dass Wasser Leben gibt und zurückgibt, das weiß jeder im Chaco, wo Temperaturen über 40° im Schatten (und manchmal bis zu 50°) zuweilen tage- und wochenlang herrschen. Dagegen macht schmutziges Wasser krank. Zu Trockenzeiten leiden viele Kinder an Durchfall, Erbrechen und Dehydrationserscheinungen.

Über die Bedeutung der »natürlichen« Heilmethoden hinaus erfahren die Krankenpfleger in ihren gemeinsamen Reflexionen, wie wichtig es ist, keine Scheu vor den Kranken und Sterbenden zu haben, sich ihnen zuzuwenden und Nähe zu geben und sie zur aktiven Teilnahme am Heilungsprozess herauszufordern.

Es ist deutlich geworden, wie die Bibel, und besonders das Neue Testament, den Zusammenhang zwischen Glauben und Leben versteht. Carlos Mesters benennt diese untrennbare Einheit in seinem Konzept lateinamerikanischer Bibelarbeit als vorrangiges Ziel.[11] Wir Menschen müssten erkennen, dass Gott mit unserem Leben und unser Leben mit Gott zu tun hat. Diese Überzeugung hat auch in unserem Projekt Raum gegriffen.

Literatur

Buenas Nuevas para el Paraguay 1976, Sociedades Bíblicas Unidas, Asunción.

La Biblia Latinoamericana 1986, Ediciones Paulinas, Verbo Divino, LXIII edición, Madrid-Navarra.

Mesters, C. 1989, *Los profetas ya la salud del pueblo*, Colección Biblia 37, Quito.

Ders. 1983, *Vom Leben zur Bibel – von der Bibel zum Leben. Ein Bibelkurs aus Brasilien für uns, Bd. 1 u. 2,* Mainz-München.

Ñandejára Ñe'ẽ 1996, Sociedad Bíblica Paraguaya.

[11] Vgl. Mesters 1983, 11.

Nava isis ya'clishay 1987, Sociedades Bíblicas Unidas, Asunción.
Pa Dios tasinôyjoom nôoqueesh 1994, Sociedad Bíblica del Paraguay.

Ricardo Salas Astrain

Interkulturelle Ethik, Ungerechtigkeit und strukturelle Gewalt

Philosophisch-theologische Reflexionen in »Zeiten der Globalisierung«

Vorbemerkungen

In diesem Beitrag wenden wir uns dem kontrovers diskutierten Thema des Zusammenhanges zwischen Ungerechtigkeit und Gewalt zu, wobei wir uns vor allem auf ein Papstwort aus der Eröffnungsrede anlässlich der Bischofskonferenz von Medellín stützen. Dort wird auf ein Merkmal hingewiesen, das die christliche Vision einer Kultur des Friedens von einer Kultur, die auf Gewalt beruht, unterscheidet: »Laßt unsere Verantwortungen sich von den Verantwortungen anderer Menschen unterscheiden, die im Gegensatz zu uns aus der Gewalt ein ehrenwertes Ideal, ein glorreiches Heldentum, eine willfährige Theologie machen.«

Dieses Friedensideal, dem die gesamtlateinamerikanische Bischofskonferenz in Medellín im Jahr 1968 einen unvergleichlich hohen Stellenwert beimaß, sollte auch in »Zeiten der Globalisierung« von zentraler Bedeutung sein, weil es ein notwendiges ethisches Prinzip vermittelt: Nur durch die Förderung einer Kultur des Friedens kann das Christentum aus seinem religiösen Erbe zur Entstehung einer menschlicheren Welt beitragen, d.h. zu einer Welt, die weniger ungerecht und weniger gewalttätig ist.

In dem von den Bischöfen am 6. September 1968 unterschriebenen Schlussappell ist zu lesen: »Andere Völker, die bereits die Hindernisse überwunden haben, vor denen wir heute stehen, erinnern wir daran, daß der Friede auf der Respektierung der internationalen Gerechtigkeit beruht, einer Gerechtigkeit, die ihrerseits ihr Fundament und ihren Ausdruck in der Anerkennung der politischen, wirtschaftlichen und kulturellen Autonomie unserer Völker hat.«[1] Dieses ethi-

[1] *Die Kirche in der gegenwärtigen Umwandlung Lateinamerikas im Lichte des Konzils,* Medellín 1968; nachfolgend angegeben mit: Medellín; hier: (Seite) 18.

sche Ideal, das sowohl am Anfang als auch in der Mitte des Dokuments genannt wird, birgt eine hermeneutische Frage in sich, die erläutert werden muss, um Rechenschaft über das heutige Ausmaß der Globalisierung unserer Welt abzulegen: Kann man das Ideal »Gerechtigkeit für alle« als hermeneutisches Prinzip für eine gegenwärtige soziale Ethik annehmen? Ist Friede ein Ideal in unserer immer gewalttätiger und unsicherer werdenden heutigen Welt? Wie kann man auf die politischen, juristischen und kulturellen Probleme unter Berücksichtigung der Interessen der Einwohner der multikulturellen Mega-Zentren aufmerksam machen? Ist es möglich – wie einige neue internationale Dokumente suggerieren –, die faktische Globalisierung mit einer Gerechtigkeit für alle zu vereinbaren? Wir denken, dass dieser komplexe Zusammenhang zwischen Gerechtigkeit und Frieden, den die lateinamerikanischen Bischöfe Ende der 1960er Jahre thematisierten, entscheidend für die Auseinandersetzung mit den neuen ethischen und juristischen Anforderungen einer sich fast grenzenlos ausbreitenden faktischen Globalisierung ist. Es ist notwendig, Regelungen zu finden, die die Entwicklung aller Völker sichern, die Mindeststandards eines alle Staaten verpflichtenden internationalen Rechts schätzen und sowohl für die Verteidigung der Menschenrechte als auch die Gruppenrechte der Völker eintreten. Dies ist das Programm, das wir *interkulturelle Ethik* nennen.[2]

Der hermeneutische Schlüssel zur Analyse des Dokuments beruht auf der Gerechtigkeit und dem Frieden, die beide den ethischen Anforderungen entsprechen. Diese Analyse, die die Konvergenz zwischen beiden herstellt, ist entscheidend, weil wir aus ethischer Perspektive wissen, dass das Christentum zum Aufbau einer menschlichen Welt beitragen kann, da es Ungerechtigkeit untereinander und gewalttätiges Vorgehen zwischen den Menschen sowohl symbolisch als auch praktisch ablehnt. In diesem Sinne ist angesichts der schmerzhaften Erinnerungen der Opfer an Missbrauch und Verachtung durch die Mächtigen Rechenschaft abzulegen, sei es als Erinnerung an die Armen, sei es als Erinnerung an die Opfer des Holocaust.

In der Weihnachtsansprache im Dezember 2003 berichteten die peruanischen Bischöfe über das Schlussdokument der Wahrheits- und Versöhnungskommission in Peru und bestanden darauf, über die Wurzeln der Ungerechtigkeit zu sprechen.[3] Sie erinnerten zum einen daran, dass im Anschluss an Medellín Situationen der Ungerechtigkeit

2 Vgl. Salas 2003, 83–89.

3 Vgl. Willakuy 2004.

als *institutionalisierte Gewalt* bezeichnet werden können, zum anderen wiesen sie auf ein weiteres Dokument aus dem Jahr 1971 (*Über die Gerechtigkeit in der Welt)* hin, in dem sie selbst dem Geist Medellíns folgend sagten: »Wir und die Nationen der Dritten Welt sind Opfer von Systemen, die unsere wirtschaftlichen Ressourcen ausbeuten, unsere politischen Entscheidungen kontrollieren, uns die kulturelle Herrschaft ihrer Werte und ihrer Konsumgesellschaft aufzwingen. Diese von dem lateinamerikanischen Episkopat Medellíns kritisierte Situation wird durch die interne Struktur unserer Länder verstärkt und aufrechterhalten, eine Struktur, in der wirtschaftliche, kulturelle und soziale Ungleichheit noch zunehmen, und eine pervertierte Politik, die dem Nutzen Einzelner und nicht der Gesamtheit dient.«[4] Die dramatische Situation der Menschenrechte in einem lateinamerikanischen Land sagt wohl genug über die schlimme gegenwärtige Situation aus. Diese ethisch-politische Problematik der Menschenrechte, sei es im zitierten Fall von Peru, sei es in Chile, Guatemala, Argentinien oder anderen Ländern, ist weder im Bereich der Ethik noch der Politik oder des Rechts neu.

Wir wollen über die ethischen, juristischen und politischen Folgen eines Diskurses, der die Ungerechtigkeit und die Gewalt thematisiert, nachdenken. Dazu werden wir den ersten Teil des Textes der Lateinamerikanischen Bischofskonferenz von Medellín analysieren, der seine Botschaft eindringlich formuliert und eine noch immer aktuelle diskursive Perspektive enthält.

Die Bischöfe sprechen unser Thema im ersten Abschnitt an, in dem es um die »menschliche Entwicklung« geht. Darin behandeln sie eine Reihe von sozio-politischen und kirchlichen Themen Lateinamerikas. Besonders bemerkenswert ist, dass sie dort Überlegungen zur kirchlichen Lehre im Zusammenhang mit ethischen Kriterien ausarbeiten, die schon zum lateinamerikanischen Beitrag in der Diskussion über die Gerechtigkeit und den Frieden im internationalen Bereich gehören. Diese sind relevante Prinzipien für das Denken und Handeln im gegenwärtigen Rahmen der faktischen Globalisierung, die zu so vielen sozialen und wirtschaftlichen Zusammenbrüchen in so vielen Ländern führt. All diese neuen ethischen Probleme der Globalisierung, die die lateinamerikanische Kirche beunruhigen, findet man

[4] *Preparemos el Camino del Señor* 2003, Nr. 10.

schon im Dokument von Medellín, zumindest sind sie dort bereits angelegt.[5]

1. Die menschliche Entwicklung im Dokument von Medellín

Die Aussagen im Dokument von Medellín können nicht nur in ihrem ausschließlich kirchlichen und lateinamerikanischen historischen Kontext von vor 35 Jahren analysiert werden; sie sind darüber hinaus sowohl für das Handeln der sozialen und religiösen Akteure als auch für die neuen Anforderungen einer immer internationaler werdenden neuen historischen Ordnung von Bedeutung. Wir werden die zentralen Elemente des theologischen und pastoralen Diskurses durch die Erläuterung der semantischen Elemente dieses Bischofstextes, insbesondere des semantisch-religiösen Nexus von Gerechtigkeit und Frieden, aufnehmen.

In den Worten der Bischöfe finden wir eine zentrale Aussage über die christliche Hoffnung, die der durch historische Zeiten des Leidens verursachten Mutlosigkeit ein Ende setzt: »Obwohl von Unvollkommenheit umgeben, sind wir Menschen der Hoffnung. Wir glauben, dass die Liebe zu Christus und unseren Brüdern nicht nur die große, von der Ungerechtigkeit und Unterdrückung befreiende Kraft sein wird, sondern auch die soziale Gerechtigkeit inspiriert, die als Lebenskonzept und Impuls zur Entwicklung unsere Völker verstanden wird.« (Medellín 1,5) Wir sollten diese Aussage nicht als Ausdruck einer philosophischen oder politischen Theorie betrachten, sondern als eine Überzeugung, die eine theologische Begründung der christlichen Caritas liefert. Diese Caritas wird in dem Dokument mit dem Ausdruck der 70er Jahre *wirkliche Befreiung* belegt: »darum brauchen wir Menschen alle für unsere ›wirkliche Befreiung‹ eine grundlegende Bekehrung mit dem Ziel, daß das ›Reich der Gerechtigkeit, der Liebe und des Friedens‹ zu uns kommt.« (Ebd., 1,3) Diese Spiritualität der Befreiung zeigt nicht nur, dass das Dokument von Anfang an im politischen und sozialen Bereich verankert ist, sondern es zeigt auch seine Bedeutung für den engagierten Glauben in einem historischen Kontext. Es handelt sich also um theologisch-pastorale Überlegungen, die versuchen, Rechenschaft über die kontextuelle Dimen-

[5] Vgl. *Los desafíos a la Nueva Evangelización en América Latina y el Caribe, en el contexto de la globalización mundial* 2002.

sion der Kirche in Lateinamerika abzulegen, und folglich eine soziale ethische Vermittlung entwickeln.[6]

Diese diskursiv und praktisch entwickelten Überlegungen – sie beziehen sich nicht nur auf einen institutionalisierten Diskurs, sondern auch auf das Handeln vieler Gläubiger und Gemeinden – stellen die historische und soziale Realität des Kontinents aus einem ethischen Blickwinkel dar. Die Bischöfe weisen darauf hin, dass viele Studien in der Charakterisierung der ethisch-sozialen Situation der Menschen übereinstimmen: »In allen wird das Elend beschrieben, das große Menschengruppen in die Randzonen des Gemeinschaftslebens drängt. Dieses Elend als Massenerscheinung ist eine Ungerechtigkeit, die zum Himmel schreit.« (Ebd., 1,1) Dies zeigt die Notwendigkeit eines prophetischen Diskurses, der nicht nur eine *irdische*, sondern auch eine *transzendentale* Antwort fordert. Der Abschnitt über die Gerechtigkeit zeigt, dass die lateinamerikanischen Bischöfe die »sozialen Gegebenheiten« weder als politische Analytiker noch als Experten der Situation in ihren Ländern analysieren, sondern als Hirten, d.h. als gläubige Menschen, die die religiöse Grundlage herausarbeiten und von der Einflussnahme eines neuen Phänomens in der ohnehin dramatischen Wirklichkeit des Subkontinents berichten. In diesem Zusammenhang nennen sie einen im Kontext des individuell geprägten Christentums nicht vorhandenen Begriff, nämlich den der *sozialen Sünden*: »Zu all dem muß noch ein Mangel an Solidarität hinzugefügt werden, was im individuellen und sozialen Bereich zu wirklichen Sünden führt, deren Kristallisation in den ungerechten Strukturen offensichtlich wird, die die Situation Lateinamerikas kennzeichnen.« (Ebd., 1,2)

Man könnte leicht ein weites semantisches Feld in diesen Texten strukturieren, das die religiöse Dimension des sozialen Lebens unterstreicht, gerade über die Attributierung von Sünde und Befreiung. Das religiöse diskursive Universum zeigt die soziale Wirklichkeit und besonders ihren strukturell ungerechten Charakter. Dies wird deutlich an Kategorien der christlichen spirituellen Tradition, die sich nicht nur auf eine soziale und politische Sprache reduzieren. Am Anfang des Abschnitts über den Frieden steht: »Wenn wir von einer Situation der Ungerechtigkeit sprechen, beziehen wir uns auf jene Realitäten, die einen Zustand der Sünde ausdrücken. Dabei soll nicht verkannt werden, daß das Elend in unseren Ländern manchmal natürliche Ursachen haben kann, die schwer zu überwinden sind.« (Ebd., 2,1) Es

6 Vgl. *Alternatives Sud* 2000, 17.

geht nicht in erster Linie um ein Verständnis der Situation aus der Sicht der Sozialwissenschaften, sondern um ein Verständnis unseres historischen Glaubens, so wie es in *Gaudium et spes* vorgeschlagen wird.[7]

Dieser theologisch-pastorale Charakter des Diskurses, den wir untersuchen, berücksichtigt vor allem die Situationen, die im Widerspruch zum Advent des Reiches Gottes stehen. Deswegen stützt er sich nicht auf die kausale und technische Analyse, die die Wirtschaftswissenschaften liefern. Es geht vielmehr darum, zu verdeutlichen, dass deren Frage nach den Strukturen des Elends, obwohl sie ehrenwerte Motive haben, aus Sicht der Gläubigen nicht auf die zentrale Frage eingehen: Es gibt eine Verantwortung, die im Glauben und in der menschlichen Freiheit grundgelegt ist. Obwohl es theologische Überlegungen zur Freiheit gibt, woher sie kommt, wie sie zu fördern und aufrechtzuerhalten ist, hat das Christentum keine Lösungen, um das Elend zu eliminieren. Die Arbeit im Bereich der strukturellen Veränderungen der ungerechten und gewalttätigen Gesellschaft müssen die nichttheologischen Disziplinen leisten (vgl. ebd., 1,23).

Wir betrachten kurz den Diskurs über den Frieden, der sich auf einen von der Pastoralverfassung *Gaudium et spes*, besonders in Nr. 78, entwickelten Gedanken stützt. In dem Abschnitt »Überlegungen zur Lehre der Kirche« steht: »Der Friede ist letztlich Frucht der Liebe, Ausdruck einer wirklichen Brüderlichkeit unter den Menschen: einer Brüderlichkeit, die Christus, der Friedensfürst, einbrachte, als er alle Menschen mit dem Vater aussöhnte. Die menschliche Solidarität kann sich nur in Christus wahrhaft verwirklichen, der den Frieden gibt, den die Welt nicht geben kann. Die Liebe ist die Seele der Gerechtigkeit. Der Christ, der für soziale Gerechtigkeit arbeitet, muß immer den Frieden und die Liebe in seinem Herzen pflegen.« (Ebd., 2,14c) In diesem Sinne reduziert sich die Gerechtigkeit weder auf soziale Gerechtigkeit noch auf die Differenzierung von Gewalt und den Umgang mit ihr: In letzter Instanz ist es die Liebe zu den anderen, die zum wirklichen Frieden und zu Gerechtigkeit führt.

Es bedarf keines zusätzlichen Kommentars, um den Nachhall der hier verwendeten Metaphern in den Ausführungen über die Gerechtigkeit im selben Dokument zu erläutern. Gerechtigkeit und Frieden sind Früchte der Liebe der christlichen Gläubigen, die darin Wirklichkeit wird. Der Gläubige versucht, wie Jesus Christus die historischen Bedingungen der gegenseitigen Verachtung zu überwinden,

[7] Vgl. Salas 1995.

um zur universellen Versöhnung zu gelangen. Deswegen muss der Gläubige Veränderungen in der historischen Situation vornehmen, und zwar innerhalb des Kontextes, in dem er lebt, und in dem Wissen, dass die wirkliche Transformation eschatologisch ist. Deswegen sind die Aufgaben der menschlichen Entwicklung immer den historischen Unvorhersehbarkeiten und der Suche nach Alternativen ausgesetzt.

Die Gewalt gehört zu den größten Problemen Lateinamerikas, vor allem wenn sie als Alternative zu einer effektiven Veränderung betrachtet wird. Die Bischöfe erklären die grundlegende christliche Überzeugung von der Fruchtbarkeit des Friedens und erinnern deswegen die sich für die menschliche Entwicklung einsetzenden Christen an die Risiken eines radikalen Kampfverständnisses. Dies ist besonders relevant in einer Zeit, die durch die bewaffneten Bewegungen unterschiedlicher Ideologien zutiefst politisiert ist: »Wir würden eine schwere pastorale Pflicht versäumen, wenn wir in diesem dramatischen Dilemma nicht die von der christlichen Lehre und der evangelischen Liebe hergeleiteten Kriterien ins Bewußtsein riefen.« (Ebd., 2,15)

Diese Hinweise zeugen von einem theologisch-pastoralen Diskurs, der in keiner Weise zu einem passiven christlichen Handeln aufrufen soll, sondern auf die Gefahr hinweist, auf eine explosive Situation unverhältnismäßig zu reagieren, wie z.B. die Geschichte gewordenen Gewaltspiralen, die die menschliche Entwicklung mit den Gewaltstrategien politischer Kreise, die mit privilegierten radikalen Kreisen verbunden sind, zerstören: »Deshalb ermahnen wir sie dringend, die friedfertige Haltung der Kirche nicht ausnützen zu wollen, um sich passiv oder aktiv den tiefgreifenden Umwandlungen, die notwendig sind, zu widersetzen. […] Doch auch diejenigen sind für die Ungerechtigkeit verantwortlich, die nicht mit den ihnen zur Verfügung stehenden Mitteln für die Gerechtigkeit handeln und die aus Angst vor persönlichen Opfern und Risiken, die jede kühne und wahrhaft wirksame Aktion einschließt, passiv bleiben.« (Ebd., 2,17–18)

Die Interpretation der zitierten Stellen lohnt, um die semantischen Beziehungen, die man im theologisch-pastoralen Diskurs des Dokuments findet, aufzuzeigen, denn sie sind in unserem Zeitalter der Globalisierung aktuell. Sie alle zeigen den Zusammenhang zwischen Gerechtigkeit und Frieden und ihre Bedeutung für ein christliches Verständnis der gegenwärtigen Veränderungen. In dieser Hinsicht scheint uns der Diskurs der lateinamerikanischen Bischöfe in unserer heutigen Situation weiterhin gültig zu sein, in der man an einer Welt baut, die sich nicht auf den Frieden und auf die Gerechtigkeit stützt und die in den extremsten Situationen sogar ohne Gott erscheint: »Der Friede mit Gott ist das tiefste Fundament des inneren Friedens und des sozialen Friedens. Darum wird überall dort, wo dieser soziale Friede nicht existiert, überall dort, wo man ungerechte soziale, politische, wirtschaftliche und kulturelle Ungleichheiten findet, die Friedensgabe des Herrn, mehr noch, der Herr selbst zurückgewiesen.« (Ebd., 2,14c)

2. Reaktivierung des Friedens und der Gerechtigkeit im »Zeitalter der Globalisierung«

Man kann sagen, dass die Probleme, auf die die lateinamerikanische Kirche in Medellín aus einem pastoralem Blickwinkel hingewiesen hat, die strukturellen Herausforderungen der historischen Situation Lateinamerikas geklärt und zugleich den Schlüssel zu einer sozialen Ethik als Antwort auf die Herausforderungen der wirtschaftlichen Globalisierung geliefert haben. Die neu entstehenden ethisch-politischen Probleme sind, wie schon in Medellín erkannt, mit dem Widerstand der Kontexte gegen die ausschließende Spielart der faktischen Globalisierung verbunden. Die Reaktivierung des ethischen Sinns würde das Problem des weltlichen Friedens und der »gerechten Gesellschaft für alle« bewusst machen. Heutzutage ist es offensichtlich, dass der Diskurs über Gewalt von zentraler Bedeutung ist, um den gegenwärtigen Terrorismus jeglichen Ursprungs zu verstehen. Medellíns friedfertiges Erbe würde alle unnachgiebigen und gewalttätigen Formen der Organisationen und Gruppen, die die Macht haben, Meinungen und Lebensformen aufzuzwingen, ablehnen.

Eine neue Lektüre der hier aufgenommenen Texte im Zeitalter der Globalisierung könnte dazu beitragen, die Analyse der politischen Probleme nicht von der sozialen Veränderung in Lateinamerika zu trennen, und sie könnte Hinweise liefern, um die kontextuellen Widerstandsbewegungen zu verstehen, die für bessere Lebensbedingungen der Völker kämpfen. Dies macht es erforderlich, das Thema der Ungerechtigkeit und der Gewalt mit Blick auf die Folgen in der Zukunft für die menschlichen Gemeinschaften auf unserem Planeten neu zu betrachten. Heute gibt es vielleicht ein erneutes Bewusstsein in den Formen des demokratischen Zusammenlebens, das zur Analyse gewisser extremer Positionen, die man erlebte, führt. In der gegenwärtigen Situation unserer Welt sind wir uns der Tatsache bewusst, dass die politischen Bewegungen für die sozialen Veränderungen verantwortlich sind. Deswegen ist es notwendig, den Kampf um die Macht und Strategien seiner effektiven Begrenzung, insbesondere aber die dramatischen Folgen des bewaffneten Kampfes, zu kennen und einzusehen. Nach dem Leiden der Länder unter Gewaltregimes, die von den wirtschaftlichen und extra-nationalen Sektoren mit Standortinteressen gestützt wurden, ist es offensichtlich, dass jedes politische System mit Systemen der Verteidigung von Privilegien und der militärischen Macht, die nicht mehr ausschließlich national sind, in Beziehung steht.

In der gegenwärtigen Situation des demokratischen Wiederaufbaus der lateinamerikanischen Länder ist es notwendig, aus den traumatischen Erfahrungen in Zeiten der Diktaturen zu lernen und gewisse simplifizierende Modelle von der gegenseitigen Gewalt und der bellizistischen Romantik zu überdenken. Der effektive politische Kampf in einer strukturellen Asymmetrie, wie er in vielen Ländern erfolgt, schwankt fast immer in einem prekären Gleichgewicht zwischen einander entgegensetzten Formen der Legitimation von Gewalt und Machtverteilung. Eine Politik, die in eine interkulturelle Ethik eingebettet ist, muss für die Ablehnung der extremen Formen von Gewalt auf die Analyse dieser Problematik und den Diskurs zurückgreifen. Andernfalls »dämonisieren« diese Formen den Gegner und manchmal bereiten sie dessen physische Vernichtung vor, wie es die Gräueltaten bestätigen, die an vielen Orten der Welt stattgefunden haben.

In dieser Hinsicht hilft uns die Analyse des von Medellín angesprochenen semantischen Zusammenhangs zwischen Gerechtigkeit und Frieden bei dem Wiederaufbau eines menschlicheren Universums, in dem Ungerechtigkeit und Gewalt seltener vorkommen. Wenn wir die Rückschritte der internationalen Gemeinschaft bezüglich dieses universellen Bewusstseins betrachten, wird uns die Weitsicht der Überlegungen von Medellín vor 35 Jahren deutlicher: Ohne Gerechtigkeit und Frieden gibt es keine sinnvolle Welt.

Der Mangel an historischem Sinn führt manchmal zur Betonung des Schmerzes, der Folter und des Todes, der sonst alle Menschen verbrüdern würde, ungeachtet ihrer Herkunfts-, Geschlechts- oder Altersunterschiede. Aber diese von der Philosophie angenommene These weist große Schwierigkeiten auf: Wenn diese philosophische Interpretation der menschlichen Konstitution zutrifft, entsteht dann kein gemeinsames Problem der Sinnlosigkeit des Bösen und des Verlustes der Rationalität einer Geschichte, die das Gute und die Gerechtigkeit nicht mehr berücksichtigt? Ist es nicht so, dass diese bekannten Formen der Brutalität, die sich im 20. Jahrhundert vermehrt und systematisch verbreitet haben, der pervertierte Ausdruck einer selbständigen Rationalität der Wirksamkeit sind? Was wäre der Sinn der grundlegenden Überzeugungen und Optionen des Christentums und der Gemeinschaften des Lebens, die den Wert aller Menschen im Zeitalter der Globalisierung unterstützen?

Auf verschiedenen Wegen und mit theoretischen Varianten, die sich manchmal entsprechen und manchmal nicht, hält die gegenwärtige Philosophie das Problem der Wiedergewinnung der Erinnerung und die Analyse der kollektiven Systeme des Todes und der Zufügung von Leid an allen, die nicht mit den Systemen der Gewalten einverstanden sind, für ein wichtiges Thema. Diese ethisch-soziale Reflexion erfordert kritische Analytiker, wie sie z.B. E. Dussel und R. Fornet-Betancourt für die lateinamerikanische Philosophie darstellen.

3. Die gegenwärtige lateinamerikanische Philosophie zwischen Globalisierung und Gerechtigkeit

Das Werk von E. Dussel »Ética de la liberación en tiempos de globalización y exclusión« (»Ethik der Befreiung in Zeiten der Globalisierung und der Ausgrenzung«) ist in der lateinamerikanischen Philosophie von zentraler Bedeutung, und zwar insbesondere in seinem zweiten Teil, in dem es um die Opfer von Herrschafts- und Unterdrückungssystemen geht. Im Zusammenhang mit dem Thema der Opfergemeinschaft sagt Dussel, dass die Unterdrückung Folge der »Totalisierung des Systems« ist. Das System ist gleichgültig gegenüber der Reproduktion und der Entwicklung des Lebens und gegenüber der aktiven Teilnahme der Opfer daran. Die Totalität ist ein geschlossenes System geworden, ein System des Todes und des heroischen (paranoiden) Weges zum kollektiven Suizid.[8] Nur durch die ethische Kritik der Totalität ist es möglich, eine anti-hegemonistische Gültigkeit zu begründen, auf die sich eine authentische Praxis der Befreiung stützt.

Das Thema des *Anderen* ist Bestandteil einer heftigen Diskussion über die faktische Globalisierung, die den Anforderungen des Lebens und des Menschen nicht entspricht. In einem Interview hat Dussel vor einiger Zeit gesagt, dass der Prozess der Globalisierung einerseits auch bestehende alte Systeme globalisiere, andererseits aber ohne jeg-

[8] Vgl. Dussel 1998, 301.

liche Rücksichtnahme viele Kulturen zerstöre.[9] Das Problem der Globalisierung sei, dass sie *eine* Kultur verbreite und viele Menschenleben vernichte. Vor dem Hintergrund dieser Überlegungen verweist Dussel auf eine Version der *Exterioridad* (der Äußerlichkeit, der *Alterität*) als Respekt für die Andersartigkeit und für die Anerkennung der Rechte der Kulturen, das Leben zu verteidigen. Deswegen taucht das Thema des Anderen immer wieder auf, als Gegensatz zum Weltsystem der Globalisierung.

Nach Dussel macht die ethisch-kritische Vernunft die Opfer dieser Unterdrückungssysteme zu *Subjekten*. Das bedeutet, dass Menschen, denen die Möglichkeit zur Reproduktion und Entwicklung ihres Lebens genommen wird, die von der Diskussion ausgeschlossen sind und die von jedweder Situation des Todes betroffen sind, ethische Subjekte sind. Die ethisch-kritische Vernunft versteht die Opfer als Subjekte, weist auf ihre Ausgeschlossenheit hin und zeigt Möglichkeiten auf, die dazu beitragen, das System, das sie verneint, zu überwinden.

Auch Fornet-Betancourts Beitrag ist in diesem Zusammenhang von Bedeutung, da er die Erinnerung der Opfer als wichtiges Element einer interkulturellen Philosophie ansieht. In seinem Buch »La transformación intercultural de la filosofía« (»Die interkulturelle Transformation der Philosophie«) weist er unter anderem darauf hin, dass die theoretischen Positionen der großen, klassischen moralischen Theorien, zu denen die Befreiungsethik der 1970er und 80er Jahre gehört, das kontextualisierte Handeln der kulturellen Gemeinschaften in einer globalisierten Welt nicht genug berücksichtigen, weil es heute sehr komplexe kulturelle Prozesse gibt, in denen es notwendig ist, die eigene Identität zu bestätigen. Eines der Probleme heißt: »Welches Recht gibt es für die Globalisierung?« Das führt zur wahren Anerkennung der »anderen Anderen«; deswegen setzt die Erinnerung der Befreiung Gerechtigkeit voraus.[10] Daher empfiehlt es sich, den Begriff von *Leben* in Verbindung mit dem Subjektivitätsprinzip zu sehen. Die Rückkehr zum *Subjekt* ist die Rückbesinnung auf ein Prinzip des Lebens aus der immer wirkenden Erinnerung an die Befreiung der Opfer. Deswegen wird mit dieser Rückkehr nicht das Recht des Individuums, sich *selbst* zu rechtfertigen, zurückgefordert. Ganz im Gegenteil, es wird in das relationale praktische Prinzip der solidarischen und gemeinschaftlichen Subjektivität aufgelöst, in dem jeder Einzelne

[9] Vgl. *Novamerica* 92 (2001), 12.
[10] Vgl. Fornet-Betancourt 2001a, 316.

nur durch die Praxis der Gerechtigkeit zum Subjekt wird.[11] Dies bedeutet eine Zunahme an Bewusstheit und Reflexion im Zusammenhang mit der Erinnerung an die eigenen Geschichten, um Rechenschaft über die eigenen Ausgrenzungsstrategien abzulegen.[12]

Fornet-Betancourt hebt die Bedeutung hervor, die dieses Subjektivitätsprinzip für die Wahrnehmung der Anderen hat, und schlägt aus der Perspektive einer interkulturellen Philosophie vor, die Geschichte der (philosophischen) Vernunft aus der erneuten Analyse dieser Prozesse und der kontextuellen Praxis zu rekonstruieren. Er geht davon aus, dass diese der Ort seien, an dem sich die Art und Weise, wie die Menschheit Rechenschaft über ihre Situation in einem bestimmten Universum (kontextuelle Dimension) ablegt, herauskristallisiert. Sie lernten dort auch, vernünftig zu argumentieren, indem sie die Argumentation der Anderen mit Blick auf das, was für alle nützlich ist, aufnähmen, um in Kontext überschreitender Perspektive die Menschwerdung aller Menschen zu ermöglichen (universalisierende Dimension).[13]

Auf dieser Grundlage kann in Übereinstimmung mit dem Postulat Fornet-Betancours ausgesagt werden, dass die interessanteste ethische Frage nicht nur darin besteht, die normativ-werthafte Frage aus der Sicht eines Gegensatzes zwischen der Universalität eines Prinzips und der Partikularität der menschlichen Werte zu betrachten; es geht vielmehr darum, die normativen Konflikte in den lateinamerikanischen und allen anderen menschlichen Gesellschaften aus einer kontextualisierten Perspektive des menschlichen Handelns zu betrachten, in der der/die Andere(n) zugleich ausgeschlossen und eingeschlossen sind. In diesem Sinne haben wir auch hervorgehoben, dass es in allen lateinamerikanischen und anderen Kulturen genügend moralische Praktiken, Vorstellungen und Werte gibt, die die Erfahrung des Menschlichen von Männern und Frauen prägen, weshalb die Meinung vertreten werden kann, dass die »Negation des Anderen« symbolisch und wörtlich die »Bejahung des Anderen« voraussetzt. In ihrer »ethischen« Dimension würde die Hermeneutik diesen zweifachen Aspekt von Negation und Bejahung voraussetzen; so könnte man das von Dussel dargestellte Positive des Befreiungsprinzips und den Prozess der lebendigen Bildung, die das Subjektivitätsprinzip Fornet-Betancourts fordert, bejahen.

11 Vgl. ebd.
12 Vgl. ebd., 201–203.
13 Vgl. Fornet-Betancourt 2001, 418.

Schlussfolgerungen

Die Kernaussage des Dokuments von Medellín hat uns dazu veranlasst, in einer ersten Deutung hermeneutischer Art Bilanz zu ziehen, was den Sinn für die großen Probleme der heutigen, von Ungerechtigkeit geprägten Zeit mit sich bringt. Dies ermöglicht es den Lesern, den Bedeutungsreichtum für die Gegenwart wahrzunehmen. Wir denken, dass diese Relecture für die theologische, philosophische und pastorale Analyse gültig ist; das Dokument kann von ethischen Grundlagen aus neu interpretiert werden, die uns heute noch immer beschäftigen, wie die neuen Formen von Armut, Gewalt und Krieg. Wir meinen im Anschluss an Dussel und Fornet-Betancourt, dass diese Themen zu einer sozialen und politischen Ethik gehören, dass sie zu einer »Befreiungsethik« und zum Anliegen einer »interkulturellen Ethik« gehören, die die Würde jedes lebendigen Subjekts und das Leben der Völker angesichts einer von der dominierenden kapitalistischen Kultur verbreiteten »Kultur des Todes« verteidigen. Die Kriterien von Gerechtigkeit und Frieden ermöglichen es uns, diese allseits bekannten negativen Phänomene der Globalisierung sichtbar zu machen: die Zunahme der Gewalt, die Versuche, Konflikte durch Kriege zu lösen, die neuen Systeme der Ausbeutung und historisch-politischer Herrschaft, die noch heute in den verschiedenen Kontinenten existieren.

Die Konferenz von Medellín hat schon vor 35 Jahren mit feinem Gespür für die »Zeichen der Zeit« die Probleme in Verbindung mit Ungerechtigkeit und Gewalt aufgezeigt, indem sie diese auf ein kulturelles Modell projizierte, das demjenigen entsprach, das Paul VI. und Johannes Paul II. eine »Kultur des Friedens« nannten und das wir heute in der aktuellen schwierigen Situation der faktischen Globalisierung neu beschreiben und fördern müssen. Die Überlegungen im Rahmen einer interkulturellen Ethik, die aus der theologisch-philosophischen Lektüre dieses Dokuments von Medellín hervorgehen, zeigen uns, dass es nötig ist, in den »Zeiten der Globalisierung« die verschiedenen asymmetrischen Lebenskontexte gründlich zu untersuchen. Dieses Dokument hat uns einen symbolischen Schlüssel gegeben, der immer noch wertvoll ist in einer Welt, in der Ungerechtigkeit und Gewalt in vielen Teilen der Weltbevölkerung immer wieder sichtbar werden. Vor allem muss man wieder an die Dringlichkeit einer sozio-kulturellen Analyse erinnern, die die Zurückgewinnung des Gedächtnisses aller Opfer ökonomischer Ausbeutung und Gewalt ermöglicht und uns auf die große Herausforderung hinweist, »eine Weltkultur des Friedens« zu fördern in einem kapitalistischen Wirtschaftssystem, in dem das Kriegsgeschäft immer noch im Mittelpunkt der Wirtschaft der Großmächte steht.

Dieses Konzept einer Sozialethik muss gefördert werden auf der Grundlage der normativen Prinzipien einer Ethik der Befreiung, damit sie die Herausforderungen eines politischen Handelns und einer kontextuellen Ethik annehmen kann, in der nicht nur über die konfliktive Spannung zwischen Vorstellung und Erinnerung nachgedacht wird, sondern die an den spezifischen Grundlagen der Logik der Macht arbeitet: Es geht darum, die Verbindungen neu zu knüpfen, die erforderlich sind, um die Erinnerung in asymmetrischen Kontexten politisch in die Wege zu leiten. Es ist andererseits erforderlich, die Erinnerung in den Kontexten zurückzugewinnen, damit das Handeln der Subjekte und Gemeinschaften die notwendige Gerechtigkeit und Wiedergutmachung erzwingt.[14] Es versteht sich in beiden Fällen, dass die gegenwärtigen politisch-kulturellen Reaktionen in unseren Gesellschaften zweifelsohne denen anderer Gesellschaften ähneln, die wir aus der Geschichte kennen, weshalb angesichts des Skandals des Leidens der Unschuldigen und der Opfer eine von einer gewissen Gleichgültigkeit geprägte kulturelle Haltung entsteht, wenn nicht gar Zynismus.

Eine politische Philosophie und eine interkulturelle Ethik, die den in Medellín beschriebenen Geist achten, erfordern, dass eine zweifache Interpretation der integrativen und desintegrativen Bewegung unserer heutigen Vorstellungen berücksichtigt wird, weshalb man annehmen muss, dass der Bereich der Zurückgewinnung der Erinnerung immer ein Bereich des Streits sein wird, in dem es Konflikte gibt, die aus dem Vorgestellten der eigenen Gemeinschaft und der umstrittenen Lebensprojekte hervorgehen. Das politische Leben in einer konkreten Gesellschaft zeigt, dass die Politik fast immer dazu neigt, Macht, Privilegien und Anerkennung zu fördern, die nicht horizontal sind; dies führt uns in den Bereich der historischen Asymmetrie der Gemeinschaften und Gesellschaften. Die Geschichte der Macht ist fast immer der Kampf mächtiger Gesellschaften gegen schwächere Gesellschaften, wie es das ungerechte und gewalttätige Verhalten der Eroberer und unserer Eliten gegenüber den indigenen Gemeinschaften Amerikas deutlich zeigt. Für uns ist die Beschäftigung mit der konflikthaften Erinnerung noch immer ein substantieller Teil des kulturellen und politischen Lebens.

[14] Vgl. ders. 2001a, 264.

In dieser Hinsicht ermöglicht die erwähnte Spannung zwischen Einschluss und Ausschluss, zwischen Erinnerung und Vergessen die Erkenntnis, dass es keinen radikalen Bruch gibt zwischen den kontextuellen Traditionen, die die Identität des Individuums in einer Gemeinschaft stützen, und der Kritik an den durch die Globalisierung verursachten Veränderungen, sodass es erforderlich wird, die Universalität, die dem Prinzip der Befreiung innewohnt, kontextuell neu zu bestimmen. Das ist ein Prinzip, das durch das Dokument von Medellín bereits deutlich und utopisch vorgezeichnet worden ist.

Literatur

Alternatives Sud VII (2000).

CONFERENCIA EPISCOPAL DE MEDELLÍN 1993, *Mensaje a los Pueblos de América Latina*, en: Documentos Pastorales del Episcopado Latinoamericano, Santiago de Chile, San Pablo.

CONFERENCIA EPISCOPAL DEL PERÚ 2003, *Preparemos el Camino del Señor*, 13 de diciembre 2003.

Die Kirche in der gegenwärtigen Umwandlung Lateinamerikas im Lichte des Konzils, Medellín 1968, in: Dokumente der II. und III. Generalversammlung des Lateinamerikanischen Episkopates in Medellín und Puebla 1979 (= Stimmen der Weltkirche Nr. 8), hrsg. v. Sekretariat der Deutschen Bischofskonferenz, Bonn, 14–133.

Documento de Trabajo del CELAM 2002, *Los desafíos a la Nueva Evangelización en América Latina y el Caribe, en el contexto de la globalización mundial.*

DUSSEL, E. 1998, *Ética de la Globalización en la edad de la globalización y de la exclusión,* Madrid.

FORNET-BETANCOURT R. 2001, *Supuestos, límites y alcances de la filosofía Intercultural,* en: Diálogo Filosófico 51 (2001).

DERS. 2001a, *Transformación intercultural de la filosofía,* Bilbao.

JOHANNES PAUL II. 2000, *Mensaje para la Celebración de la Jornada Mundial de la Paz,* Enero.

Revista Católica XCV, N°1/108 (1995), 316–327.

SALAS R. 2003, *Ética Intercultural. (Re)Lecturas del pensamiento latinoamericano,* Santiago.

WILLAKUY, A. 2004, Versión abreviada del Informe final de la Comisión de Verdad y Reconciliación, Lima.

Graciela Chamorro

Söhne und Töchter des Mondes[1]

Über die indigenen Theologien Abya Yalas[2]

Die indigenen Völker Abya Yalas werden zunehmend sichtbarer, vor allem im religiösen Bereich. Darauf weist u.a. die theologische Reflexion über ihre Religionen und das kreolische Christentum hin, da die Heil schaffende Gegenwart Gottes in diesen Völkern anerkannt und der gemeinsame Schatz ihrer Weisheit als Quelle göttlicher Offenbarung betrachtet wird. Dieser Beitrag beschäftigt sich mit dem Ursprung und der Beurteilung des Phänomens, das sich nach und nach als »indigene Theologie«[3] entwickelt hat, sowie mit einigen ihrer Schwerpunkte und ihrer Nähe zur feministischen Theologie. Sofern es möglich war, wurde auf die verfügbaren Quellen indianischer Zeugnisse zurückgegriffen. Im Folgenden werde ich zwei Standpunkte in Bezug auf den Ort vorstellen, der dem Phänomen in der lateinamerikanischen Theologie zugewiesen wird.

1. Ein neuer autochthoner[4] Ausdruck des christlichen Glaubens

Nach Juan F. Gorski beabsichtigt die indigene Theologie, einen neuen autochthonen Ausdruck des christlichen Glaubens zu erarbeiten, der auf der Wiederentdeckung, der Aneignung und der Wertschätzung der religiösen und kulturellen Erfahrungen und Äußerungen der ursprünglichen Völker des lateinamerikanischen Kontinents gründet.

1 Dieser Beitrag wurde von Silvia Huber (Evangelisches Missionswerk in Deutschland) übersetzt.

2 *Abya Yala* ist ein Ausdruck aus dem *Kuna*, der im engeren Sinn »das von *Paba* (Vater) und *Nana* (Mutter) beschützte Land« und im weiteren Sinn »reifes Land« bedeutet. Indianische Intellektuelle bezeichnen damit den amerikanischen Kontinent und die Gesamtheit der Utopien der indianischen Völker; vgl. Steffens 2001, 193.

3 P. Tomás Gabino García, Maya-Quiché aus Guatemala, war der Erste, der den Begriff »indianische Theologie«, wie er gegenwärtig gebraucht wird, verwendet hat; das war im Jahr 1973; vgl. Steffens 2001, 210, Fußnote 68. Dennoch wird der Beginn der indianischen Theologie gewöhnlich mit dem Jahr 1990 angegeben, weil die indigene Bewegung erst zu diesem Zeitpunkt wahrgenommen wurde.

4 Die ursprüngliche Bevölkerung einer Region betreffend.

Die zentralen Gestalten dieser Bewegung sind indianischer Abstammung – Priester und Ordensleute der katholischen Kirche, evangelische Pastoren und Pastorinnen, Laien und Laiinnen, im Allgemeinen Landarbeitende, Vertreter und Vertreterinnen der einheimischen Gruppen – und nicht-indianischer Abstammung mit rein beratender Funktion.[5] Um die neuen Subjekte der theologischen Arbeit zu schützen und um Vorwürfe zu entkräften, kritisiert Gorski, dass es nicht gerecht sei, die Hauptpersonen der indigenen Theologie in die Kategorie einer theologischen Sekte einzustufen und in ihnen ein dem bischöflichen Lehramt entgegengesetztes paralleles Lehramt zu sehen.[6] Nach seinem Verständnis ist es sogar sehr bezeichnend, dass die Bewegung der indigenen Theologie nicht in der Bildung religiöser Sekten, die aus nicht-christlichen, »para-christlichen« oder »anti-christlichen« Gruppen bestehen, mündete.[7]

Der Autor sucht die tiefsten Wurzeln der Bewegung in der Vorgehensweise der katholischen Missionare (1955–1960) bei indigenen Gruppen der Andenregion und in Mittelamerika, wo sich 90% der indianischen Bevölkerung konzentrieren. Für ihn haben diese Missionare, indem sie auf die Ausbildung von einheimischen Katecheten und Katechetinnen gesetzt haben, letztendlich die in indigener Sprache, Kultur und Religion gegenwärtige Urweisheit aufgesogen.[8] Nach Gorski hat auch die Aufwertung der nicht-christlichen Religionen durch das Zweite Vatikanische Konzil die Reflexion über die religiösen Erfahrungen der indianischen Völker angeregt, in der erstmalig Personen, die mit kirchlichen Institutionen in Mexiko, Guatemala, Ecuador, Peru und Bolivien verbunden waren, die Hauptrolle spielten.[9]

Ende der achtziger Jahre, als die Theologie der Befreiung begann, das Ethnische und Kulturelle in den Blick zu nehmen,[10] fingen auch die indigenen Religionen an, den befreienden Diskurs aufzunehmen.[11] Die Theologie »entdeckte« also, neben der »Armut«, die

5 Vgl. Gorski 1998, 9.

6 Vgl. ebd., 15.

7 Vgl. ders. 2002, 4.

8 Vgl. ders. 1998, 10.

9 Vgl. ebd., 10f.

10 Ein erster Impuls ging von dem nordamerikanischen Theologen Paul Knitter aus, der 1987 den Artikel »Ein notwendiger Dialog zwischen der Befreiungstheologie und der Theologie des Pluralismus« geschrieben hatte; vgl. EATWOT 2003.

11 Die von Marzal über das indianische Antlitz Gottes (1989, 1991; dt. Übersetzung von Schreijäck (Hg.) 1992) und von Zwetsch über 500 Jahre Invasion und Widerstand (vgl. Zwetsch (Hg.) 1992) herausgegebenen Arbeiten sind Beispiele dafür.

den Kontinent charakterisiert, den »Reichtum« seiner Kulturen. Aber erst kürzlich, zum Auftakt der euphorischen Feierlichkeiten anlässlich der 500-Jahr-Feier der Eroberung Amerikas,[12] hat »die Indianerproblematik deutliche Signale ausgesendet, um das allgemeine theologische Bewusstsein in Lateinamerika wachzurütteln.«[13]

Durch den Druck der indigenen Bewegung Asamblea del Pueblo de Dios (Versammlung des Gottesvolkes), die das Recht der indigenen Völker auf eine eigene Religion einklagte und ein strenges Urteil über die Eroberung und die Evangelisierung fällte, blieb kritischen Sektoren der Gesellschaft und der Kirchen nichts anderes übrig, als die afroamerikanischen und indigenen Religionen zu verteidigen und zu unterstützen. Die Kritik führte für viele indianische Gruppen zu einem konkreten Vorhaben: Ihre religiösen Überzeugungen sollten von ihrer eigenen Geschichte und kulturellen Identität aus präsentiert werden. So fand 1990 in Mexiko der erste lateinamerikanische Workshop über indianische Theologie mit dem Thema »Methode der indigenen Theologie« statt.[14] Die Lateinamerikanische Bischofskonferenz von Santo Domingo (1992) konnte nichts anderes tun, als die multiethnische und -kulturelle Zusammensetzung des lateinamerikanischen Kontinents anzuerkennen und um Respekt für die differenzierte theologische Reflexion der Urvölker zu bitten.[15] Zehn Jahre später berichtet Gorski dem Lateinamerikanischen Bischofsrat, dass die negativen und harten Urteile der indigenen Führung über die Geschichte der missionarischen Vorgehensweise und über die Ausgrenzung der indigenen Völker durch gewisse Vertreter der Kirche nachgelassen hatten. Es wurde eine größere Reife und Gelassenheit auf Seiten der indigenen Theologie erreicht.[16]

[12] Zu einigen entscheidenden Ereignissen, die dazu beitrugen, dass die indianischen Völker sich organisierten und zur Fünfhundertjahrfeier der Eroberung und Mission Lateinamerikas kritisch Stellung bezogen, vgl. Steffens 2001, 211f.

[13] Ebd., 12.

[14] Es folgten auf lateinamerikanischer Ebene 1993 die Konferenz von Panama mit dem Thema *Theologie in indianischer Perspektive*, die Zusammenkunft in Bolivien 1997 zum Thema *Indianische Weisheit – Quelle der Hoffnung* und 2002 das ökumenische Werkstatttreffen zur indianischen Theologie in Paraguay mit dem Thema *Für eine Erde ohne Leid.*

[15] Weitere Angaben zum Ursprung und zur Entwicklung der indianischen Theologie in Gorski 1998, 12f; Steffens 2001, 212f.

[16] Vgl. Gorski 2002, 5.

2. Weder etwas vollständig Neues noch eine genuin kirchliche Schöpfung

Nach Ansicht eines federführenden Vertreters der indianischen Theologie, des zapotekischen katholischen Priesters Eleazar López, gibt es diese Reflexion schon seit Jahrtausenden.[17] Was in Santo Domingo begann, ist lediglich die Version »von offizieller Seite«.[18] Durch diese Jahrtausende lange Reflexion entwarfen die indigenen Völker ihre Lebensprojekte und verarbeiteten die traumatischen Erfahrungen der von Eroberung und Mission geprägten Jahrhunderte.[19] Daher bezeichnet López die indianische Theologie als den »gemeinsamen Schatz an religiösen Praktiken und theologischer Volksweisheit, auf die die indianischen Völker zurückgreifen, um sich die neuen und alten Geheimnisse des Lebens zu erklären. Aus diesem Grund handelt es sich nicht um etwas Neues oder um eine genuin kirchliche Schöpfung, sondern um eine alte Wirklichkeit, die die Stürme der Geschichte überlebt hat«.[20]

Das Neue liegt nach López in der Sichtbarkeit der indigenen Völker in der Gesellschaft, in der Sympathie und dem Engagement für sie sowohl in kirchlichen als auch säkularen Kreisen.[21] Diese Entwicklung ermutigt sie, aus der Verborgenheit herauszutreten, ihre Niederlagen und Hoffnungen zu feiern, zu reflektieren und den Dialog mit anderen sozial aktiven Gruppen zu suchen.[22] Aiban Wagua, ein Theologe aus dem Volk der Kuna in Panama, hat von Anfang an darauf bestanden, dass die indigenen Religionen schon vor dem Christentum da waren. Sie sind die Gastgebenden in Amerika, das Christentum ist der Gast.[23] Diese Vorzeitigkeit ist ein weiterer Wesenszug, der die indigenen Theologien als eine nicht kirchliche, sondern indio-amerikanische Schöpfung bestätigt.

Das Neue scheint darin zu bestehen: Die Jahrtausende alte Weisheit hat nun »einen Ort in der Akademie«, sie wird auf theologischen Veranstaltungen thematisiert, sie wird in anderen Kreisen und zu anderen Zeiten studiert und auch in schriftlicher Form übermittelt. Sie wird vielleicht materiell nicht so eindrucksvoll ausgestattet sein

17 Vgl. López 2000, 104.
18 Ebd., 106–107.
19 Vgl. ders. 1997, 189; Wagua 1992, 291.
20 López 1992, 7.
21 Vgl. ders. 1997, 190.
22 Vgl. ebd., 190; ders. 2000, 57; Gorski 1998, 15.
23 Vgl. Steffens 2001, 194.

wie die Theologien, die sich unter dem Schutz und der Obhut der Kirche entwickelt haben, aber in ihr kommt die von den Völkern bewahrte Weisheit ans Licht, um ihrer Hoffnung zum Recht zu verhelfen.[24] Das Neue besteht darin, dass die indianischen Völker in den letzten Jahrzehnten gegen die alten wissenschaftlichen, von der westlichen Welt aufgestellten Normen verstoßen haben; sie haben aufgehört, »Forschungsobjekte« zu sein, und offenbaren sich nun als »Subjekte der Reflexion«, was sie zweifellos immer schon waren, ohne jedoch als solche anerkannt worden zu sein.

3. Über welche indigenen Gruppen und Theologien sprechen wir überhaupt?

Die mehr als 500 indianischen Völker von Abya Yala unterscheiden sich durch ihre Sprachen, durch die ihnen verfügbaren natürlichen Ressourcen, ihre materielle Lebensgrundlage, durch die Geschichte des Kontaktes zwischen den Ethnien, ihre historischen Projekte, die Eroberungen etc. Auch was die Theologie betrifft, unterscheiden sie sich durch die Intensität der Bindung, die sie mit den Kirchen eingegangen sind, und durch die Produktion und Reproduktion von Wissen innerhalb der Gruppe.

Nach López muss in diesem Sinn zwischen indianischen Gruppen unterschieden werden, die für immer ihre alten Glaubensüberzeugungen begraben haben, und denen, die ihren Glauben dem Christentum angepasst haben innerhalb ihrer Situation als besiegtes Volk. Mit der erstgenannten Gruppe verbindet López diejenigen, die heute ihren christlichen Glauben als etwas mit ihren ursprünglichen religiösen Praktiken Unversöhnliches pflegen, von denen sie nichts mehr wissen wollen. Die andere Gruppe hat ihre alten Praktiken und Vorstellungen von Gott und vom Leben aufrechterhalten, indem sie diese in ein Umfeld, das immer stärker von christlichen Symbolen beherrscht wird, eingebracht hat. Sie ist diesen Weg gegangen, ohne ihren eigenen Traditionen untreu zu werden. Es sind die Vorfahren derer, die heute »indianische Theologie« treiben.[25] Ihre Nachkommen – López eingeschlossen – möchten jetzt nicht mehr als Minderjährige, als kirchliches Eigentum behandelt werden, sondern als Mitglieder, die der Kirche, zu der sie gehören und die sie mit bilden, et-

[24] Vgl. *Teología india* 1992, 7.
[25] Vgl. López 2000, 48.

was zu sagen haben.[26] Sie möchten die indianische Grundlage ihrer Gemeinden stärken, ihr Christentum indianisieren, für Würde und Recht kämpfen und ihren religiösen Wurzeln begegnen, die von der Religion, die sie kolonisiert hat, verschüttet wurden. Hier handelt es sich daher um eine indianisch-christliche Theologie, die im Bereich der indigenen Theologie überwiegend zu finden ist.

Die dritte von den anderen zu unterscheidende Gruppe setzt sich aus jenen zusammen, die die christlichen Kirchen ablehnen, da sie in ihnen eine Bedrohung der Identität und des erstarkenden Selbstbewusstseins der Indianer und Indianerinnen sehen. Sie greifen auf ihre Wurzeln zurück, um ihre Religiosität zu entchristianisieren und um ihre ursprünglichen Theologien wiederherzustellen.[27] Hier könnte man von einer indianisch-indianischen Theologie sprechen. In diese Richtung arbeitet das IETSAY[28]-Institut mit Sitz in San José, Costa Rica, das sich der Erforschung der heiligen Überlieferungen von Abya Yala widmet. Dieses Institut arbeitet daran, die Weltanschauungen und Geschichten des Volkes aufzuzeichnen und durch Interviews mit indianischen Ältesten zu bewahren. Nach Gorski wurde die indianisch-indianische Theologie von einigen wenigen »professionellen« Indianern und Indianerinnen begründet, die zum Teil radikalisiert und politisiert waren. Es ist ein Anliegen von Einzelnen und nicht von ganzen Gemeinschaften. Aber die Tatsache, dass sie viel Beachtung in der Öffentlichkeit finden, ruft in kirchlichen Kreisen den größten Teil der negativen Reaktionen auf die Bewegung der indigenen Theologie hervor.[29]

Zu der vierten Gruppe zählen im Süden Mittelamerikas und im Amazonasgebiet indigene Völker mit wenig oder gar keinem Kontakt zu den Kirchen. Bei ihnen ist es nicht der Synkretismus, sondern die religiöse Autonomie, die besonders hervorsticht. Sie treiben Theologie, ohne jedoch das Wort »Theologie« zu gebrauchen. Ihr gemeinsamer Schatz an Weisheit wird vor allem von nicht-indianischen Menschen[30] als theologisch aufgenommen und dargestellt.[31] Das

26 Vgl. ders. 1997, 192.

27 Vgl. ebd., 191–192.

28 Instituto de Estudios de las Tradiciones Sagradas de Abya Yala.

29 Vgl. Gorski 2002, 4.

30 Z.B. haben in Brasilien Missionare und Missionarinnen nicht-indianischer Herkunft, die bei den indianischen Völkern seit den siebziger Jahren im Geist der Achtung vor der Andersartigkeit sozial integriert waren, mit ihrer Arbeit und ihren Berichten die Erstellung verschiedener Materialien ermöglicht. Damit unterstützen und verteidigen sie die Mission, die nicht die Bekehrung der Indianer zum

könnte, zusammen mit den vorrangig von den indigenen Kosmologien ausgehenden Theologien, der erste Schritt zu einer Theologie der nicht-christlichen Religionen in Amerika sein. Auf deren Notwendigkeit haben Paulo Suess und andere hingewiesen; dabei dachten sie an die indianischen Völker des Amazonasgebietes.[32]

E. Steffens hat darauf hingewiesen, dass die Aufteilung der indianischen Theologien eine Folge wissenschaftlichen, sich in gewisser Weise außerhalb der Bewegung befindenden Denkens ist.[33] Offensichtlich ist es für die indianischen Völker nicht unbedingt erforderlich, sich zwischen dem Indianischen und dem Christlichen zu verorten. Folgendes wird dazu geäußert: »Ist die Kuna-Tradition Kuna oder auch christlich? Dieses Problem stellt sich den Indianern und Indianerinnen nicht [...] Sich auf die Suche nach der Reinheit der Kultur zu begeben heißt, seine Zeit zu verschwenden und die Evolution des Volkes abzulehnen. Das Volk der Kuna lebt seine Theologie und diese Theologie ist Kuna.«[34]

Was die Art und Weise anbelangt, Wissen hervorzubringen und weiterzugeben, möchte ich den Formen, die die indianische Theologie annimmt, und dem Thema der Urheberschaft Aufmerksamkeit widmen. Die indianischen Gruppen betonen im Allgemeinen, dass das Volk in der Theologie die Hauptrolle spielt. Daher kann das Individuum, dessen Reflexion von der Erfahrung der Gemeinschaft aus-

Christentum im Blick hat. Ich möchte *Porantim*, die Publikation des indigenen Missionsrats CIMI, erwähnen, sowie die von der missionarisch-evangelischen Arbeitsgruppe GTME herausgegebene Zeitschrift *Tupari*. Dank dieser Veröffentlichungen und regelmäßiger Veranstaltungen über die indianische Frage brachten die Kirchen in ihren Basisgemeinden und in ihren Ausbildungszentren die indianischen Religionen und die Herausforderungen dieser für die Theologie zur Sprache.

31 Hier könnte man, ohne die ursprünglichen Subjekte verdrängen zu wollen, von einer *indianisch-indianischen Theologie* sprechen, die von *nicht-indianischen Menschen* formuliert wurde. Die Gruppen der Guaraní (ein indianisches Volk in Brasilien, Paraguay, Bolivien und Argentinien) sind aufgrund ihrer Vorstellung des »Wortes« in besonderer Weise attraktiv für Theologen und Theologinnen christlicher Kirchen, und es gibt unzählige Veröffentlichungen zu dieser Thematik. Ich möchte auf eine Arbeit von Melià in Marzal 1991 und auf eine meiner Arbeiten hinweisen; vgl. Chamorro 2003.

32 Vgl. Suess 1988, 97. Obwohl es sich dabei nicht um einen differenzierten Beitrag über die Religionen des Amazonasgebietes handelt, lohnt es sich, auf das kürzlich von EATWOT veröffentlichte Werk *Por los muchos caminos de Dios* hinzuweisen. Dort wird vom religiösen und kulturellen Pluralismus als Herausforderung für die umfassende Befreiung gesprochen.

33 Vgl. Steffens 2001, 208.

34 *Teología india* 1992, 62.

geht, diese weder verfälschen noch von der Gemeinschaft abstrahieren.[35] Von den »professionellen« Theologen und Theologinnen erwartet man in diesem Fall, dass sie als Vermittelnde und »Hebammen«[36] im Prozess der Herstellung und Gestaltung von Wissen handeln. Es gibt tatsächlich ein gemeinsames Moment theologischen Erlebens und theologischer Reflexion, bei der alle Protagonisten und gleichberechtigt sind. Anders kann man sich Theologie bei den indianischen Gruppen nicht vorstellen. Aber es gibt auch die Form, in der die Führenden der Gruppe, oftmals Priester, die theologische Reflexion des Volkes formulieren, mit dem Ziel, die formale theologische Ausbildung der Indianer und Indianerinnen oder der nicht-indianischen Allgemeinheit voranzutreiben. Hier neigt man dazu, die bestehenden Ungleichheiten in den Kirchen und in der Gesellschaft zu reproduzieren, auch die Ungleichheit zwischen den Geschlechtern. Dass ein Vertreter seiner Gruppe zu ihrem Repräsentanten ausgezeichnet wird, steht nicht zuletzt in Zusammenhang mit seiner Schulbildung, die von den Werten der nicht-indianischen Gesellschaft bestimmt ist. So lernte die nicht-indianische Gesellschaft die indianische Theologie durch den mexikanischen Zapoteken P. Eleazar López Hernández und durch den panamaischen Kuna P. Aiban Wagua kennen.[37] Nach López sind sie keine »Theologen« nach westlichem Verständnis, sondern tlacuilo, Repräsentanten, Boten, Verteidiger ihrer indigenen Schwestern und Brüder.[38]

4. Eine »Theologie« über das Volk und sein Lebensprojekt

Der Begriff »Theologie« kann nicht vorbehaltlos auf die religiöse Reflexion der indianischen Völker übertragen werden. Für die kirchliche Hierarchie ist das indianische Instrument der Erkenntnis unzureichend für eine »wahrhafte« theologische Arbeit. Gleichzeitig fürchten

[35] Vgl. ebd., 261–263.

[36] Estermann 2003, 29. López geht hier auf die *tlacuilos* und *tlacuilas* der präkolumbianischen Tradition in Mittelamerika zurück. Diese Personen hatten die Aufgabe, auf Stoff, auf Bast, in Lehm oder auf Stein das Leben und den Tod, den Himmel und die Erde, den Tag und die Nacht, die Gedanken des Volkes, ihre Freude und Traurigkeit, ihre Liebe und Angst festzuhalten. Ihre Arbeit wurde sehr geschätzt, obwohl sie normalerweise weder in Erscheinung traten noch ihr Urheberrecht einklagten oder sich für ihre Dienste bezahlen ließen. Als Personen verwandelten sich die *tlacuilos* und *tlacuilas* wie ein magischer Dünger, der beim Fruchtbarmachen des Untergrundes der Kulturen verschwindet; vgl. López 2002, 1.

[37] Zu ihren Schriften zählen z.B.: López 2000; Wagua 2000; ders. 1997a.

[38] Vgl. Estermann 2003, 29.

indianische Intellektuelle, dass der Begriff »Theologie«, wie auch andere Begriffe des westlichen Denkens, dem indigenen religiösen Sein und Wissen fremd sind.[39] In Mittelamerika z.B. wird »Theologie« nicht nur durch das göttliche, von Fachleuten ausgelegte Wort getrieben,[40] sondern auch durch die Auslegung des einfachen Volkes, durch den Gesang, die mythischen Erzählungen und durch die Gebete. »Theologisch« heißt nicht nur, im Umgang mit Worten bewandert zu sein, sondern kann auch bedeuten, »den Mais auszusäen« (das Schicksal der Menschen zu entdecken), »den Kalender zu lesen« (das theologische Ziel der Zeit zu erforschen), »leuchtende Fackel zu sein« oder »auf den Baum des Kapokbaumes (Ceiba) zu klettern« (den Himmel zu stützen, die Menschen in ihrem Wissen über Quetzalcóatl[41] zu beraten), »als Spiegel zu dienen« (als Inspiration), »den Sinn des Krieges offen zu legen« (eine beliebte Tätigkeit zur Zeit der Azteken), »Adler zu sein, um den Himmel zu erreichen, … Schlange, um in die Erde einzudringen« (erprobt zu sein im Kosmischen, Menschlichen und Göttlichen), »den Horizont zu beobachten« (die Natur zu betrachten, ihre Gesetze und die Zeichen der Zeit zu kennen), »die Träume zu entschlüsseln« (sie zu teilen, zu deuten, eine Form, die Wirklichkeit zu erschließen) und »die Erinnerung am Leben zu erhalten« (die Heilsgeschichte des Volkes, »eine blühende Erinnerung«, zu erzählen und zu vergegenwärtigen).[42]

Für Aiban Wagua dürfen die verschiedenen Systeme der indianischen Reflexion nicht unter dem Begriff »Theologie« vereinheitlicht werden. Die Geschichte der Unterdrückung und des Widerstandes hat nicht die religiöse und kulturelle Vielfalt in Amerika beseitigt. Themen wie »Mutter-Erde« und »Gott – Vater und Mutter« werden in jeder Gruppe mit einer solch tiefen und eigenen Differenzierung behandelt, die eher die Besonderheiten der bestehenden indigenen Kulturen bekräftigt als die Notwendigkeit, sie von außenstehenden Systemen her zu deuten.[43] Um das Eigene zu definieren, um der Grundlage der Hoffnung Sinn zu verleihen, muss von innen heraus gesprochen werden, führt Wagua fort. »Das Evangelium wird uns nicht von außen befreien, sondern von innen, und genau im ›Inneren‹ befinden sich die Wurzeln unserer Kulturen. Das zu vergessen, was

39 Vgl. López 2000, 95.

40 *Halach Huinic* für die Maya, *Tlatoani* für die Azteken.

41 *Quetzalcóatl* bedeutet »gefiederte Schlange« und war eine der wichtigsten Gottheiten der mittelamerikanischen Religion.

42 Vgl. López 2000, 94–103.

43 Vgl. Wagua 1997a, 264.

Paba und Nana, Wiracocha, Ssibö [...] viel früher als die Missionare und Missionarinnen in die Herzen unserer Kulturen gepflanzt haben, bedeutet den Atheismus bei unseren Völkern zu säen.«[44] Wagua führt weiter aus, dass es für die christliche Theologie sehr schwierig ist, die Werte der anderen bei ihrem eigenen Namen zu nennen. Indem sie diese umbenennt, werden sie umgewandelt, christianisiert und von ihrer ursprünglichen Bedeutung entfernt.[45]

Trotz dieser Einschränkungen ist »Theologie« der Begriff, der dieser Bewegung zugeschrieben wird. Aber nicht im Sinne eines beschränkten und exklusiven Wissens von Gott, sondern als eine Reflexion, die den Weg der Völker begleitet, erklärt und weist. Es ist eine Theologie »über das Volk und sein Projekt des Lebens«.[46]

E. Steffens hat außerdem beobachtet, dass vor allem die »monokulturell geprägten« Wissenschaftler und Wissenschaftlerinnen sich federführend an den Diskussionen über Terminologie beteiligen. Für die indianischen Gruppen hat jedes Volk seine Religion, ob sie nun »Theologie« genannt wird oder nicht. Es ist daher dringend notwendig, ihre Existenz zu sichern und »unter strengen Gleichheitsbedingungen« einen Dialog der Religionen in Abya Yala zu eröffnen. Die Debatte über »Theologie« darf nicht auf falsche Fährten gelenkt werden.[47]

Die indianischen Völker sind sich über ihren Ausschluss von den laufenden historischen Projekten bewusst. Aber sie haben ihre eigenen Vorhaben. Ihre Identität ist nicht nur von Niederlagen und Verachtung geprägt, sondern auch von der Fähigkeit, Widerstand zu leisten, zu träumen und auf ihre Befreiung zu vertrauen.[48] Sie sind Völker der Hoffnung.

Ihre theologische Reflexion ist eng mit der Praxis verbunden und versucht, auf konkrete Situationen im Leben der Gemeinschaft Antwort zu geben. Gott ist im Leben, deshalb muss über das Leben nachgedacht werden. Es muss mit allen Sinnen erfahren werden; Menschen sollen in seine Geheimnisse eintauchen. Die religiösen und kulturellen Symbole jeder Gruppe bereiten dafür den Weg. Die Basisgemeinden nähern sich dem göttlichen Geheimnis – treiben Theologie – durch mündliche und rituelle Überlieferung. Wenn diese Theo-

[44] Ebd., 11.
[45] Vgl. Steffens 2001, 203.
[46] *Teología India* 1992, 8.
[47] Vgl. Steffens 2001, 205; *Indianische Weisheit – Quelle der Hoffnung* 1997, 218.
[48] Eines der ehrgeizigsten Vorhaben ist der pluriethnische Staat unter Selbstverwaltung.

logie für den »äußeren Markt« oder in theologischen Ausbildungseinrichtungen betrieben wird, wird sie aufgeschrieben.[49]

Gorski vertritt den Standpunkt, dass die indianischen Theologien, was ihren Inhalt und ihre Schwerpunkte betrifft, »implizite Theologien« sind, die vorwiegend in Riten, Mythen und Bräuchen der Völker zum Ausdruck gebracht werden. Sie sind noch keine expliziten, systematischen Theologien, doch ist dies ihr beabsichtigtes Projekt.[50] Auf der anderen Seite hebt Eleazar López in einem persönlichen Briefwechsel hervor, dass die indianischen Theologien sich nicht zum Ziel gesetzt haben, zu einer akademischen Theologie zu werden. Sie haben ihren Sitz im Leben des Volkes und gehen von den alltäglichen Sorgen und Nöten der einfachen Menschen aus.

Entsprechend der multiethnischen Zusammensetzung der Bevölkerung des amerikanischen Kontinentes gibt es nicht eine indianische Theologie, sondern viele. Einige offensichtlich gemeinsame Aspekte ihrer Utopien sind: Subjekte und Adressaten der Reflexion sind die indianischen Völker; ihre Grundlage ist die Weltanschauung der Völker; die indianischen Religionen sind Orte der Heil schaffenden Gegenwart Gottes; Gott ist Vater und Mutter; die Menschen leben in Abhängigkeit von der Mutter-Erde, zu deren Achtung und Bewahrung sie verpflichtet sind; das gemeinschaftliche und partnerschaftliche Leben ist bestimmt von Solidarität, Respekt vor Verschiedenheit, Freiheit, Selbstverwaltung und Transparenz von Macht; der Respekt vor den anderen Religionen ist in ihrer Haltung gegenüber Anderen enthalten und stellt eine Herausforderung für die Ökumene dar; sie haben mit allen Bereichen des Lebens zu tun, da das Leben eine Einheit ist, in der das Religiöse nicht vom Rest der Kultur getrennt werden kann; sie gehen von der Geschichte und den Lebensprojekten der Völker aus; die indianischen Theologien werden gelebt und weitergegeben durch den Ritus und das Fest, durch den Mythos und den Traum, durch die Heilungen und das Schweigen; sie kritisieren die Mission und Kolonisierung Amerikas, ohne jedoch die Geschichte und die indianischen Projekte darauf zu reduzieren.

Einige dieser Aspekte werde ich im Folgenden wieder aufgreifen.

[49] Vgl. López 2000, 106–107.
[50] Vgl. Gorski 2002, 4.

5. »Blühende Erinnerung«[51]

Um sich der Geschichte der Völker Mittelamerikas zu nähern, skizziert López den Weg des indianischen Glaubens und folgt dabei dem Leitmotiv »Option für das Leben«. Ich werde auf der Grundlage seiner Darstellung vier Themen näher beleuchten, die auch in der Theologie anderer Gruppen relativ häufig vorkommen.[52]

Die Erde: López erkennt in der nomadischen Periode die Wiege der spirituellen Kultur der Völker, die bis heute in Mythen und Symbolen von damals weiterlebt. *Mutter-Erde, Neues Feuer, Orkanartiger Wind, Quellwasser, Schützende Anhöhe* sind einige der vielen Namen, die Gott in dieser Epoche verliehen wurden. Sie bezeichnen die göttliche Natur. In einem mittelamerikanischen Mythos wird erzählt, dass Cipactli, die ursprüngliche Lebensenergie, symbolisiert durch das Feuer, den Jaguar und die sich bewegende Schlange, geopfert wurde. Aus den Gliedern ihres Körpers entstanden die Höhlen, die Hügel, die Flüsse und Bäume. Auch heute noch stellen sich viele Völker die Höhle, die Tiefe der Dunkelheit, als den Ursprungsort und das Zentrum der Zerstreuung der Menschheit vor. Dieser Ort des Ursprungs ist gleichzeitig Ort der Transzendenz. Die Menschen haben vor der Zerstreuung gemeinsam wie Brüder und Schwestern gelebt und die gleiche Sprache gesprochen. Die Eschatologie sieht die Rückkehr aller Gruppen zu diesem ursprünglichen Mutterschoß vorher. Die Natur sorgt nicht nur für das zum Leben Notwendige, sondern kann auch zerstören und töten, daher wird die Beziehung zu ihr ritualisiert. In dem Brauch, den Herrn des Berges oder des Hügels um Erlaubnis zu fragen, wenn ein Baum gefällt oder ein Tier erlegt werden soll, drückt sich diese Tradition bis heute aus. Auch der *nagualismo* ist ein Erbe der nomadischen Epoche. Er besteht in der Glaubensüberzeugung, dass jeder Mensch ein Tier in der Natur als sein Gegenüber hat. Das, was dem *nagual* widerfährt, so wird vermutet, geschieht automatisch auch seinem menschlichen Zwilling. Wenn er stirbt, stirbt jener auch.

Die Menschen: Mit der Sesshaftigkeit wurde der Mensch zum Zentrum kulturellen Schaffens. López schildert den Gründungsmythos dieser Epoche, eine in ganz Mittelamerika verbreitete Erzählung. Nach diesem Mythos fiel der Himmel auf die Erde nieder. Die Gott-

[51] López bezieht sich dabei auf die Prosa, die die Heilsgeschichte des Volkes vergegenwärtigt; vgl. López 2000, 103.

[52] Ich beziehe mich im Folgenden auf López 2000, 33–47.

heiten des Ostens, Quetzalcóatl, und des Westens, Tezcatlipoca, schafften es nicht, ihn wieder aufzurichten. Vier Menschen wurden deshalb erschaffen, um den Gottheiten zu helfen. Jeweils zu zweit drangen sie vom Norden und vom Süden her ein, um sich mit den Gottheiten des Ostens und des Westens in der Mitte der Erde zu treffen. Dort war der Ort der Transzendenz. Tezcatlipoca verwandelte sich daraufhin in einen riesigen Baum. Quetzalcóatl gelang es gemeinsam mit den vier Menschen, er von der Baumkrone und sie von den Ästen aus, den Himmel dort anzubringen, wo er sich heute befindet. Der Mythos wird in periodischen Abständen durch die so genannten »Voladores de Papantla«[53] ritualisiert.

Die Menschen werden aufgrund der Vorstellung von einem Gott, der die Menschen braucht, in die Kategorie der Mitschöpfer und Mitschöpferinnen der Natur erhoben; durch ihre Arbeit und Mühe wird die Welt in einen besseren Ort für die Menschen verwandelt. In anderen Mythen wird versucht, die offensichtliche Benachteiligung einiger Personen auszugleichen. Die Armen, Kranken, Fremden, Menschen mit Behinderungen, Albinos etc. werden als Gesandte Gottes angesehen, die gekommen sind, um mit besonderer Aufmerksamkeit bedacht zu werden.[54] Die von der Gemeinschaft erzeugte Nahrung verwandelt sich in Symbole der Gegenwart Gottes. Die Aussaat, die Ernte und der Verzehr von regionalen Pflanzen werden nun ritualisiert. Der Mais ist ein so wichtiger Bestandteil in der Gegend, dass er in den Mythos über den Ursprung der Menschen einbezogen wird. Die Menschen sind aus Mais gemacht und insofern ebenso vielfältig wie dieses Korn. In dieser Zeit entstehen die blühenden Kulturen dieser Region und mit ihnen die quetzalcoatlische Weltanschauung.

In dieser Kosmovision wird Cipactli, die ursprüngliche Lebensenergie, durch zwei ineinander verflochtene Schlangen repräsentiert. Bei ihrer Trennung bildet sich aus einer der Himmel und aus der anderen die Erde. Das Leben entsteht. »Und beide am je eigenen Ort festzuhalten und den Raum zwischen beiden in den Mutterschoß des Lebens zu verwandeln, ist Aufgabe von Quetzalcóatl.«[55] Das quetzal-

[53] Unter »Voladores de Paplanta« wird ein spielerisches Ritual verstanden, das die vier Elemente der Natur, die vier Himmelsrichtungen und ihr Zusammenwirken darstellt. An einem sich drehenden Pfahl stürzen vier Indianer an einem Seil unter Flöten- und Trommelbegleitung in die Tiefe und umkreisen den Pfahl so lange, bis sie den Boden erreichen.

[54] Vgl. López 2000, 36.

[55] Ebd., 37.

coatlische Ideal umschreibt López folgendermaßen: »Inbesitznahme der Erde auf gemeinschaftlicher oder kommunaler Ebene, eine produktive, der Natur angemessene, aber nicht aggressive Technologie, Ausübung der politischen Macht als Dienst und eine in Gott ruhende religiöse Vorstellung, die sich um die Entfaltung des Lebens des Volkes sorgt.«[56] Es entstanden selbständige Volksgruppen, denen weise weltliche und religiöse Führer und Führerinnen vorstanden. Die Ermächtigung des Menschen und des Volkes war eines der Prinzipien, um Machtausübung in den Dienst der Verteidigung des Lebens zu stellen.

Die hierarchische Macht: Mit dem Niedergang der theokratischen, von den Priestern des Quetzalcóatl regierten Städte begannen die mittelamerikanischen Gesellschaften, sich mehr am Ideal des Kriegers zu orientieren, was sich mit der Unterwerfung unter das aztekische Volk verstärkte. Die Azteken übertrugen die Tugenden von Quetzalcóatl auf Huitzilopochtli, den Gott des Krieges, um die Menschenopfer zu rechtfertigen. Es wird erzählt, dass dieser schon mit einem Schutzschild, Pfeil und Bogen in seinen Händen geboren wurde, um sich gegen die Wesen zu verteidigen, die nach seinem Leben trachteten. Er zerstreute sie im nächtlichen Firmament als Mond und Sterne. Es setzte sich nun die Vorstellung von einem Kriegsgott durch, symbolisiert durch die Sonne, die jeden Tag in Blut getränkt aufgeht, den ganzen Tag kämpft, bis sie stirbt, »um uns Leben zu schenken«. Und »in dem Maße, wie die Lösung der Konflikte nach größerer Macht verlangte, wurde die Vorstellung von Gott und Mensch immer mehr an die Eroberung gebunden«.[57] Als die Landwirtschaft, der Handel und die Kriegsindustrie zunahmen, übte das aztekische Volk starken Druck auf die Natur und die Menschen aus. Die Azteken, symbolisiert durch den Adler (Himmel), verschlangen die Schlange, Symbol der Erde und der bäuerlichen Bevölkerung, und verwirklichten so, was der Mythos erzählte: Die sich ausbreitenden Azteken würden sich dort niederlassen, wo sie auf einen Adler träfen, der auf einem Feigenkaktus (Nopal) sitzt und eine Schlange verschlingt.[58] Dieses Bild symbolisiert die Einverleibung der quetzalcoatlischen Weltanschauung. Quetzalcóatl bricht nach Osten auf mit dem

[56] Ebd., 38.
[57] Ebd., 40.
[58] Das Bild wurde Bestandteil des Wappens des mexikanischen Staates.

Versprechen zurückzukehren.[59] Aber seine Tradition durchdringt den Glauben vieler Völker bis heute, wie wir im Folgenden sehen werden.

Die Rückkehr: Die indianischen Gruppen, die sich heute selbst als »Kinder des Mondes oder der Erde« bezeichnen, halten die Tradition der Menschen, die das Land bebauten, am Leben. Sie standen in der Vergangenheit unter dem Machteinfluss Tenochtítlans. Der Mythos von Xólotl in der mündlichen Tradition[60] der Huastecas[61] drückt den Kampf dieser Völker gegen die Azteken, die »Söhne der Sonne«, aus.

Nach der mündlichen Überlieferung musste sich die kriegerische Sonne wegen ihres täglichen Kampfes mit den Sternen vom Blut und von den Herzen der Gottheiten ernähren, die ihr von den Priestern geopfert wurden. An einem bestimmten Tag forderte die Sonne, ihr Xólotl zu opfern, den Gott der Lagune, der nicht nur die Gestalt, sondern auch die Treue eines Hundes hatte. Es war ein einzigartiger Hund ohne Besitzer. Er spielte nicht nur mit den Kindern, sondern auch mit den Schmetterlingen und anderen Tieren. Der Priester, der versprochen hatte, der Bitte der Sonne nachzukommen, näherte sich Xólotl und sagte ihm, dass die Sonne sein Blut trinken wolle, um die Sterne zu besiegen. »Ich möchte nicht sterben, ich darf nicht sterben!« war seine Antwort. »Doch, du wirst sterben, denn so hat es der Gott Sonne befohlen«, antwortete der Abgesandte der Sonne. »Aber wenn ich nicht möchte, werde ich nicht sterben«, behauptete der Gott der Lagune und ließ reichlich Tränen aus seinen Augen fließen. Diese verwandelten sich in Tau und hatten bei Tagesanbruch alle Pflanzen des Ortes benetzt. Die Sonne sog die Feuchtigkeit mit ihrer Wärme auf, beharrte jedoch auf ihrem krankhaften Wunsch, Blut zu trinken. Xólotl begann zu laufen, um die Priester in die Irre zu führen, die überall den glänzenden Obsidian ihrer Messer blitzen ließen. In die Enge getrieben, verschwand er aus den Augen seiner Verfolger. Einmal verwandelte er sich in Mais, bei anderer Gelegenheit in den Stamm der Maguey (Agave) und zum Schluss in einen Fisch. Schließlich landete er im Fischernetz eines Priesters. Als man ihn gerade aufschlitzen wollte, um sein Herz zu entnehmen, bereute die Sonne ihren Wunsch und entsandte einen Blitz mit ihrer Botschaft:

59 Im 16. Jahrhundert sahen viele Völker in den Spaniern die Erfüllung dieses Versprechens und schlossen sich ihnen im Kampf gegen die Azteken an, in der Hoffnung, befreit zu werden.

60 Zusammengestellt von P. José Barón Larios in der Gegend von Huejutla, Hidalgo (Mexiko); vgl. López 2000, 42.

61 Eine indigene Gruppe in Mexiko.

»Lass das Hündchen frei, das nicht sterben möchte ... Ich möchte keine Opfer mehr! ... Meine Wärme soll für die Menschen, Tiere und Pflanzen Liebkosung sein.« Xólotl wurde wieder zu einem Hund: Blindenführer, Freund der Kinder und bunten Schmetterlinge.

Epilog: In dem Mythos wird die auf Gewalt gründende[62] Theologie angeprangert, die Macht über die Entrechteten in den großen Städten ausübte. Es werden die vorher gültigen, menschlicheren theologischen Zugänge wiederhergestellt. Arme Menschen wie Xólotl wurden daher zum Zentrum der Rückkehrerwartung[63] von Quetzalcóatl. Nicht gegen die »Macht als solche«, sondern gegen die »Macht, über Tod und Leben zu entscheiden«, erhoben die Söhne und Töchter des Mondes in der Erzählung ihre Stimmen. Nicht die Sonne als »höchstes Wesen«, das sich vom Menschenblut ernährt, sondern die Sonne als »nährende Quelle des Lebens« sollte verehrt werden.[64] Die Söhne und Töchter des Mondes sprachen sich gegen die aggressiven Handlungen aus, die ein Volk oder ein Teil eines Volkes gegen andere richtet.

Heute wie damals verkünden indianische Gruppen das Evangelium, dass es auf der Erde Platz für alle Völker gibt, gegen die Tendenz, die heute alle unter die Herrschaft weniger zwingen will. In den Worten von Aiban Wagua ist kein Volk in der Welt überflüssig. Paba und Nana brauchen sie alle.[65]

6. Haben die indianischen Völker den feministischen Theologien etwas zu sagen?

Die indianische Theologie fügt sich in die Reihe der Theologien ein, die einem der christlichen Dogmen, das zudem durch die moderne

[62] Obwohl das Jahr 1492 den Beginn der langen und systematischen, bis heute andauernden Unterdrückung der indigenen Völker markiert, betont López, dass es bereits vor diesem Datum Gewalt und Unterdrückung auf dem amerikanischen Kontinent gab.

[63] Die »Rückkehr« und die »Zerstreuung« sind häufige Motive im indianischen Diskurs. In den Anden wird die Rückkehr der alten Gottheit Viracocha erwartet, der die Landwirtschaft und die Viehzucht einführte. In ganz Amerika wurde im 16. und 17. Jahrhundert eine zweite Ankunft des Heiligen Thomas erwartet. Gruppen des Amazonasgebietes sehen in den »Weißen« diejenigen, die in sehr weit zurückliegenden Zeiten aus Brasilien ausgezogen und im Jahre 1500 dorthin zurückgekehrt waren.

[64] Vgl. López 2000, 46–47.

[65] Vgl. *Teología India* 1992, 296.

Theologie radikalisiert wurde, die Stirn bieten. Es handelt sich um die Auffassung, dass der Geist von der Natur befreit ist durch seine Fähigkeit, die Natur zu kennen und zu beherrschen, und dass die Natur frei vom Geist ist, weil sie durch den Geist unterworfen werden kann. Zu den Theologien, die sich gegen diesen Gedanken aussprechen, gehört der Ökofeminismus. Mit ihm stimmt die indianische Spiritualität in besonderer Weise überein.

Der Ökofeminismus strebt ein neues sozioökonomisches System und ein neues kulturelles Bewusstsein an, das Beziehungen der Gegenseitigkeit und nicht des Konkurrenzkampfes unterstützt. In diesem Sinn trinkt die öko-feministische Theologie aus den Quellen der indianischen Spiritualität, weil sie begreift, dass in ihnen noch nicht die Verbindung mit der biologischen und ökologischen Grundlage der Existenz verloren gegangen ist. Außerdem wird in ihnen die Abhängigkeit der Menschen von anderen Wesen gelebt und ritualisiert; es wird ein inneres Zentrum bei anderen Lebewesen vorausgesetzt und die schöpferische und heilende Gegenwart Gottes in der Schöpfung anerkannt.

Die große Herausforderung, die sich den öko-feministischen Theologinnen und Theologen stellt, besteht darin, die indianischen Völker weder als Anschauungsmaterial noch als Studienobjekte zu betrachten. Stattdessen sind sie als Schöpfer eines Wissens zu sehen, das die Moderne und der technologische Fortschritt mit den Wurzeln ausgerissen haben und nach dessen Wiederherstellung wir uns sehnen. Aufgrund dieser Tatsache und der widrigen historischen Umstände, die das Leben der indianischen Völker prägen, nehme ich nachfolgend drei Aspekte der indianischen Theologien auf, die mit der öko-feministischen Theologie korrespondieren.

Land ist Leben: Das Land befindet sich im Zentrum der Aufmerksamkeit, der Sorge, der Feier und der Reflexion aller indianischen Völker. Es ist heilig, wird weder veräußert noch käuflich erworben, sondern ist Besitz aller. Der Ausdruck »Mutter Erde« weist nicht nur auf den Boden unter den Füßen hin, sondern auf alles, was existiert und die Existenz erhält. Aus der Mutter Erde stammen alle Lebewesen und alle Mittel, um im Überfluss zu leben. Daher ist die Theologie dafür zuständig, das Leben aller Lebewesen zu verteidigen. Das Hauptproblem der indianischen Völker besteht heute darin, dass ihnen nicht gewährt wird, in Übereinstimmung mit dem, was sie unter »Naturrecht« verstehen, zu leben. Sie sind auf dem amerikanischen Kontinent die größten Opfer der hierarchischen Weltvorstellung, die auch in der christlichen Theologie zu finden ist.

Viele wurden aus ihren Heimatorten vertrieben, leben zusammengedrängt an der Peripherie der Städte oder sind in alle Winde zerstreut. Andere leben als Flüchtlinge auf ihrem eigenen Land, da Großgrundbesitzer, Wasserkraftwerke, Pipelines, Straßen etc. in ihre Dörfer eingedrungen sind. Für das Land zu kämpfen bedeutet daher, so Ángel María Ibadango, ein Quechua-Indianer aus Ecuador, das Leben von Gemeinschaften zu verteidigen, die von der Ausrottung bedroht sind. Es bedeutet, der Unzufriedenheit Gottes Ausdruck zu verleihen gegenüber denen, die der Erde feindlich gesonnen sind.[66] In den Veranstaltungen von indianischen Theologen und Theologinnen werden daher die neoliberalen Institutionen und Organisationen scharf kritisiert, »die mit den Gütern handeln und sie verschleppen, die die Mutter Erde für die Menschheit bestimmt hat, [die] wie eine bösartige Schlange das Leben der Kinder, Frauen und Männer und das Leben der Alten verschlingen möchten [...]«.[67]

Ökologische Macht: Die indianischen Gruppen sind sich darüber bewusst, dass sie sich durch ihre Geschichte, ihre Identität und ihre Lebensprojekte von der Mehrheit der Bevölkerung in Amerika unterscheiden. Sie fordern die Anerkennung und das Recht auf diese Verschiedenheit, ohne dass dies zu Ausgrenzung führt. Aus ihrer Sicht ist die religiöse, sprachliche und kulturelle Pluralität, in der sie leben, ökologieverträglicher als die aufgezwungene Monokultur der europäischen Eroberer und der herrschenden Klassen, die nach ihnen entstanden sind. Die indianischen Völker vergleichen ihre kulturelle Vielfalt mit einem Blumengarten, dessen »Duft« sie mit den nichtindianischen Gesellschaften teilen möchten.[68]

Daher ist »Dialog« eines der Wörter, die bei den Themen der indianischen Theologie am meisten vorkommen. Denn nach Meinung der indianischen Völker muss das Recht auf eine vielschichtige Identität gestärkt werden sowie die gemeinsame menschliche Grundlage aller Gesellschaften, aus der die Unterschiede hervorgehen. Das Bewusstsein von dieser Gleichheit und dieser Verschiedenheit befähigt die Menschen zum Dialog. Die Bestätigung der Einheit auf der Grundlage der Vielfalt macht die Menschen gleichermaßen verschieden und befähigt sie, Bündnisse einzugehen. Der wahre Dialog for-

66 Vgl. Rodas/Steffens 2000, 139.

67 Vgl. die Schlussbotschaft des IV. Lateinamerikanischen, ökumenischen Werkstatttreffens zur indianischen Theologie in Paraguay, vollständig übersetzt von Schreijäck 2003, 376–379.

68 Vgl. *Indianische Weisheit – Quelle der Hoffnung* 1997, 218.

dert, dass die Würde und die Seinsweise der Anderen respektiert werden.[69]

Gegenseitige Abhängigkeit: Für die indianischen Völker steht alles miteinander in Beziehung und kann nur innerhalb dieser Beziehung verstanden werden. In diesem Zusammenhang berichtet Aiban Wagua, dass das, was wir »Geschwisterlichkeit« nennen, für das Volk der Kuna mit »Weltgefühl« übersetzt wird. Die anderen Lebewesen der Natur sind mit den Menschen durch familiäre Bande verbunden. Deshalb können Paba und Nana nur mit Vater und Mutter, nicht mit Gott oder Göttin übersetzt werden. »Denn Paba erreicht seine Vollkommenheit, seine Fülle, seine Väterlichkeit nur in Beziehung zu Nana. Und mit Nana geschieht dasselbe.«[70]

Andere Gruppen drücken diese Komplementarität dadurch aus, dass sie die übernatürlichen Wesen als »unser würdiger Vater – unsere würdige Mutter« bezeichnen, »unser Großvater – unsere Großmutter«, »erhabene wahre Väter der Worte – erhabene wahre Mütter der Worte«. Indianer und Indianerinnen bezeichnen Gott, selbst wenn sie sich auf Gott in der jüdisch-christlichen Tradition oder auf eine Gottesvorstellung in einer ihnen fremden Tradition beziehen, als »Gott Mutter-Vater«, »Gott-Großmutter-Großvater«, »Herrin-Herr der Erde«, »Mutter-Vater des Lebens«.

Auch in Bezug auf die Menschen wird die maskuline und feminine Form gewählt. Daher werden die zeitgenössischen indianischen Völker die »Nachkommen von weisen Frauen und Männern«, »Töchter und Söhne der Erde«, »wir (weiblich) und wir (männlich)«, »die Indianerinnen und die Indianer«, »Söhne und Töchter des Kreuzes des guten Wortes« genannt. Ob die inklusive Sprache sich zu inklusiven Beziehungen auf sozialer und religiöser Ebene entfaltet, sollte unbedingt näher untersucht werden. In jedem Fall tritt in der Schlussbotschaft der dritten Zusammenkunft in Bolivien das Konzept von »Gott Mutter-Nana Vater-Paba« als das Fundament der Harmonie zwischen Männern und Frauen und aller Menschen mit der Natur in Erscheinung. Die daran teilnehmenden indianischen Völker fragen sich, warum den Frauen die Rechte verweigert werden, die die Männer in den indianischen Gesellschaften und in den Kirchen haben.[71]

69 Vgl. ebd.

70 *Teología India* 1992, 292–293.

71 Vgl. *Indianische Weisheit – Quelle der Hoffnung* 1997, 218.

Wenn wir nun begreifen, dass die indianische Spiritualität sich um alles Lebendige, um den Lebenszusammenhang der Menschen kümmert und dass sie eine Einstellung fördert, die auf Beziehung und Integration wie auf die Gemeinschaft mit der Natur und den Respekt vor den Anderen ausgerichtet ist, so hat sie besonders der öko-feministischen Theologie selbstverständlich etwas zu sagen. Dieses »etwas« aufzunehmen bestünde erstens darin, ihre Lebens- und Reflexionsweise zu achten und die Entwicklung dieses religiösen und kulturellen Bewusstseins als ein Gut an sich zu unterstützen, das in erster Linie zum Wohle der indianischen Gruppen selbst bestimmt ist. Zweitens sind die öko-feministischen Theologen und Theologinnen, da sie in dieser Lebensweise ein universales Erbe anerkennen, dazu aufgerufen, mit den indianischen Völkern partnerschaftliche Beziehungen aufzubauen, bei denen die Partnerinnen und Partner auf je verschieden sind.

Zwei Herausforderungen möchte ich hervorheben, denen sich diejenigen, die sich für einen Dialog mit den indianischen Gruppen entschieden haben, stellen müssen: Sie müssen weiterhin den Weg, die alltäglichen Nöte und Sorgen der Gemeinschaften an der Basis begleiten. Gleichzeitig müssen sie eine Methode erarbeiten, die den Zugang zu den indianischen und nicht-indianischen Quellen der Weisheit befördert und den Weg für den Austausch von Wissen bereitet. Darüber hinaus muss der interkulturelle und interreligiöse Dialog zwischen den indianischen und nicht-indianischen Gruppen dazu beitragen, dass die Gefahr der Isolierung sowie die »Heiligsprechung« der eigenen Kultur überwunden werden. Die Theologie darf in diesem Dialog nicht auf den Ritus oder intellektuelles Wissen verkürzt werden. Außerdem geht es um die Wiedergewinnung der befreienden Elemente, die in den jeweiligen religiösen Traditionen zu finden sind.

Die indigenen Theologien in Lateinamerika besitzen ein Potential an Vielfalt, durch das ihre Anliegen autochthoner, inklusiver und interkultureller sind als bisher bekannte andere Theologien in Lateinamerika.

Literatur

ARNAIZ, X./MONTEJO, P. 1997, *Los pueblos de la esperanza frente al neoliberalismo: Pastoral Indígena,* Quito.

ASETT 2003, *Por los muchos caminos de Dios. Desafíos del pluralismo religioso a la teología de la liberación,* Quito.

CHAMORRO, G. 2003, *Auf dem Weg zur Vollkommenheit. Theologie des Wortes unter den Guaraní in Süd-Amerika,* Münster.

EATWOT 2003, *Por los muchos caminos de Dios*, Quito.

ESTERMANN, J. 2003, *Eleazar López Hernández, Theologe aus Méxiko*, in: KM Forum Weltkirche 122 (Februar 2003), 28–30.

FORNET-BETANCOURT, R. (Hg.) 1997, *Befreiungstheologie: kritischer Rückblick und Perspektiven für die Zukunft*, Bd. 2 (= Kritische Auswertung und neue Herausforderungen), Mainz.

DERS. 2000, *Kapitalistische Globalisierung und Befreiung. Religiöse Erfahrungen und Option für das Leben,* Frankfurt a.M.

DERS. (Hg.) 1992, *Theologien in der Sozial- und Kulturgeschichte der Armen: Die Perspektive der Armen*, Bd. 1 (= Interdisziplinäre und interkulturelle Forschung in der Theologie/Autochthone Theologien und Kulturen), Eichstätt.

DERS./FÜNFSINN, B. u.a. 1996, *Tochter der Sonne. Unterwegs zu einer feministischen Befreiungstheologie in Lateinamerika,* Hamburg.

GORSKI, J.F. 1998, *El desarrollo histórico de la Teología India y su aporte a la inculturación del Evangelio*, in: P. Suess u.a., Desarrollo histórico de la Teología India, Quito, 9–34.

DERS. 2002, *El contenido y las grandes líneas de la así llamada »teología india«. Ponencia presentada en el Encuentro sobre la Emergencia Indígena en América Latina.* Oaxaca-México, 24 de abril de 2002.

Indianische Weisheit – Quelle der Hoffnung. Schlussbotschaft des 3. lateinamerikanischen Treffens zur indianischen Theologie 1997, in: Forum Weltkirche 7 (1997), 217–218.

IRARRÁZAVAL, D. 1994, *Cultura y fe latinoamericanas*, Santiago de Chile.

LÓPEZ, E. 1992, *Carta dirigida a la Congregación para la Doctrina de la Fe.*

DERS. 1996, *Teologías indias de hoy*, in: Christus 61 (1996), 34–40.

DERS. 2000, *Teología India: Antología*, Cochabamba.

MARZAL, M. 1991, *El rostro indio de Dios*, Lima.

MAMANI, V. 1996, *Die Religiosität der Aymara-Frauen*, in: B. Fünfsinn u.a., Tochter der Sonne. Unterwegs zu einer feministischen Befreiungstheologie in Lateinamerika, Hamburg, 61–70.

PRIMAVESI, A. 1994, *Poder jerárquico y poder ecológico,* in: M.J. Ress u.a., Del cielo a la tierra. Una antología de teología feminista, Santiago de Chile, 455–480.

RADFORD RUETHER, R. 1994, *Gaia und Gott: Eine ökofeministische Theologie der Heilung der Erde,* Luzern.

RODAS, N.A./STEFFENS, E. (Hg.) 2000, *Abia Yala zwischen Befreiung und Fremdherrschaft. Der Kampf um Autonomie der indianischen Völker Lateinamerikas,* Aachen-Mainz.

SCHREIJÄCK, TH. (Hg.) 1992, *Die indianischen Gesichter Gottes*, Frankfurt a.M.

DERS. 2003, *Weisheit und Prophetie aus Amerindia*, in: M. Witte (Hg.), Der eine Gott und die Welt der Religionen. Beiträge zu einer Theologie der Religionen und zum interreligiösen Dialog, Würzburg, 365–384.

STEFFENS, E. 2001, *Die Theologien der indianischen Völker Abia Yalas aus der Sicht ihrer Subjekte*, in: Jahrbuch für Kontextuelle Theologien, Frankfurt a.M., 193–220.

SUESS, P. 1988, *Indianisches Anderssein und Befreiung in Lateinamerika*, in: Lateinamerika. Analysen und Berichte 12 (1988), 97.

DERS. u.a. 1998, *Desarrollo histórico de la teología india,* Quito.

DERS. (Hg.) 2000, *Los confines del mundo en medio de nosostros. Simposio Misiológico Internacional* (São Paulo 18–22 Mayo 1999), Quito.

TAMEZ, E. 1992, *Quetzalcóatl und der christliche Gott. Bündnis und Auseinandersetzung der Götter*, in: R. Fornet-Betancourt (Hg.) 1992, Theologien in der Sozial- und Kulturgeschichte der Armen, 197–228.

Teología India: primer encuentro taller latinoamericano ²1992, México-Quito.

WAGUA, A. 1997a, *Indianische Theologien?*, in: R. Fornet-Betancourt, Befreiungstheologie: kritischer Rückblick und Perspektiven für die Zukunft, Bd. 2 (= Kritische Auswertung und neue Herausforderungen), Mainz, 259–276.

DERS. 1997b, *La nueva evangelización, la globalización y los pueblos indígenas. La nueva evangelización en Santo Domingo, 1ª. Parte,* in: Abia Yala 3 (1997).

DERS. 1998, *La nueva evangelización, la globalización y los pueblos indígenas. 2ª. Parte,* in: Abia Yala 4 (1998).

DERS. 2000, *Kuna-Zeugnis*, in: R. Fornet-Betancourt 2000, Kapitalistische Globalisierung und Befreiung. Religiöse Erfahrungen und Option für das Leben, Frankfurt a.M., 109–144.

ZWETSCH, R. (Hg.) 1992, *500 anos de invasão, 500 anos de resistência,* São Paulo.

Paulo Suess

35 Jahre Medellín: Mythos, Metapher, Memoria

Eine Agenda auf dem Weg zu Medellín II

Hinführung

Das Ereignis »Medellín« ist in den 35 Jahren seiner Geschichte zum Mythos und zur Metapher von Befreiung geworden. Es steht für die Intentionen, einzugreifen in das Räderwerk einer strukturell, semantisch und symbolisch geprägten Kolonialkirche in einer bipolaren Weltgesellschaft.[1] Für die 68er Generation waren einige sozialistische Enklaven in einer im Ganzen spätkapitalistisch organisierten Welt durchaus noch Hoffnungsträger, auch wenn damals schon klar war, dass das richtige Leben nicht mit der Übernahme der Macht durch die Rote Armee beginnen würde.[2]

Medellín repräsentiert für Lateinamerika die gelungene Kontextualisierung des Zweiten Vatikanischen Konzils, das versuchte, das Bergmassiv des kirchlichen Eurozentrismus und Traditionalismus abzutragen. Das Konzil hat in der so genannten Dritten Welt einen Schub der Mündigkeit produziert, der zentrale Schaltstellen in Rom überrascht hat. Die drei ekklesiologischen Pfeiler von »Ortskirche«, »Weltkirche« und »Volk-Gottes-Kirche«, die in ihrer neuen Zuordnung ein Ergebnis des Konzils waren, haben auch Medellín als Quelle der Inspiration und Legitimation gedient. Nun schien es innerkirchlich möglich und erwünscht, auch an der Peripherie des Weltsystems und unter ehemals kolonisierten Völkern an Emanzipation und Autonomie, an Solidarität und Inkulturation, an Gerechtigkeit und Mitbestimmung zu denken. Das Konzil hat eine Dynamik zwischen Kirchenreform, Weltbejahung und Realitätskritik ermöglicht, die von Lateinamerika und der Karibik auf den Nenner »Umwandlung Lateinamerikas im Lichte des Konzils« gebracht wurde.

1 Den kirchlichen und politischen Kontext von Medellín habe ich an anderer Stelle ausführlich behandelt; vgl. Suess, *Medellín (1968) – Gültiger Horizont und unvollendetes Projekt*, in: ders. 2001, 101–122.

2 Vgl. Adorno 1973, 20f.

In Medellín ging es zunächst gegen die kulturelle Ungleichzeitigkeit einer noch stark von ihrer kolonialen Vergangenheit geprägten Ortskirche, gegen administrative, ökonomische und pastoraltheologische Abhängigkeit von der europäischen Großkirche und gegen die strukturelle Gewalt erzeugende soziale Ungerechtigkeit einer sich fortlaufend modernisierenden Weltgesellschaft. In diese Wildnis von Modernisierung und Ungerechtigkeit, Ungleichzeitigkeit und Abhängigkeit eine Schneise zu schlagen war keine leichte Aufgabe.

Wenn wir 35 Jahre nach der »Zweiten Generalversammlung des Lateinamerikanischen Episkopates« in Medellín über eine Agenda für Medellín II verhandeln, vor allem nach dem Fall der Berliner Mauer von 1989, also nach dem Verschwinden einer sich gegenseitig zähmenden Bipolarität der großen Machtblöcke, stehen wir vor einer ganz neuen Situation. In dieser neuen Situation kann Medellín nur noch Station auf dem Weg einer viel weiter zurückreichenden und in alle Zukunft herausfordernden Memoria einer eigensinnigen Leidens- und Hoffnungsgeschichte und nicht mehr direkt Wegweisung sein. Memoria steht hier für An-Denken von Zukunft aus dem Eingedenken der Opfer. Man kann auch vergessen, dass man Zukunft ist.

Eine Agenda für Medellín II wird von den in Medellín I liegen gebliebenen Fragen ausgehen müssen. Worum es daher vor allem geht, ist im Titel dieses Textes als Imperativ gebündelt: »Den Leidenden eine Stimme geben, die sie nicht verrät!« Unter der Überschrift »Mythos« versuche ich zu zeigen, weshalb die Subjektwerdung der Armen, Anderen und Leidenden in der Kirche nur stockend vorangekommen ist (1). »Mythos« bezieht sich in diesem Zusammenhang also auf Momente historischer und kontextueller Blindheit in den Dokumenten von Medellín selbst, aber auch in der Rezeption von Medellín als Ereignis. Manche der in Medellín nicht gestellten Fragen – die Fragen nach der Geschichte und den verschiedenen Gesichtern Lateinamerikas, der Volksreligiosität, den Kulturen und der Inkulturation in den jeweiligen Kontexten – sind von den späteren Generalversammlungen des Lateinamerikanischen Episkopates in Puebla (1979) und Santo Domingo (1992) aufgenommen worden.[3] Erst die in Rom abgehaltene Pan-Amerikanische Synode (1997) bedeutet einen klimatisch schon in Santo Domingo spürbaren Bruch mit der in Medellín eingeleiteten Tradition beschließender und nicht

[3] *Die Kirche in der gegenwärtigen Umwandlung Lateinamerikas im Lichte des Konzils,* Medellín 1968; nachfolgend angegeben mit: Medellín; *Die Evangelisierung Lateinamerikas in Gegenwart und Zukunft,* Puebla 1979; nachfolgend angegeben mit: Puebla.

nur beratender kontinentaler Kirchenversammlungen.[4] Waren die Dokumente von Medellín, Puebla und Santo Domingo noch Beschlüsse des Lateinamerikanischen Lehramtes, so sind die postsynodalen Texte, wie Ecclesia in America, wiederum päpstliche Dokumente, an deren Mitwirkung die Ortskirche nur beratend beteiligt war.

Ein zweiter Tagesordnungspunkt müsste dann all das aufnehmen, was unter impliziter oder expliziter Berufung auf Medellín gewachsen ist, was Medellín zur »Metapher« von Befreiung gemacht und was heute noch Gültigkeit hat, als pastorale Praxis und als utopischer Horizont (2). Die Grenzen zwischen Mythos und Metapher sind jedoch nicht nur durchlässig wie Hecken, sondern es besteht zwischen beiden auch eine dialektische Beziehung, die in einer poetischen Dimension dann wieder aufgehoben sein kann. Was gestern als Mythos galt – beispielsweise die Erschaffung des Menschen am sechsten Schöpfungstag und die damit verbundene Gottesebenbildlichkeit –, wird heute als brauchbare Metapher für die Würde und Gleichheit aller Menschen vom postmetaphysischen Denker Habermas mühelos anerkannt.[5] Die Dialektik zwischen dem Mythos und der Metapher Medellín zeigt sich nicht nur darin, dass Vergessenes später aufgenommen werden kann, sondern auch darin, dass Erinnertes von Regression und Vergessen aufgezehrt werden kann. Freiheit ist immer von Unfreiheit, Friede von Krieg, Emanzipation von Vormundschaft bedroht. Auch die Metapher »Medellín« selbst ist immer in eine Dialektik zwischen Projekt und Antiprojekt verwoben.

Ein dritter Schwerpunkt einer solchen Agenda wird sich mit den in Medellín noch nicht vorhersehbaren neuen Herausforderungen befassen müssen, in Erinnerung an Medellín, an eine Medellín vorausliegende Leidensgeschichte und eine über Medellín hinausgehende Spur der Hoffnung (3). »Memoria« ist immer auch memoria resurrectionis.

1. Mythos

Als die Delegierten von Medellín wieder in ihre Diözesen zurückkehrten, war von vornherein damit zu rechnen, dass nicht alles, was

[4] Vgl. Suess, *Römische Bischofssynode für Amerika* (1997), in: ders. 2001, 155–177.

[5] Vgl. den Manuskripttext, den J. Habermas anlässlich eines Akademiegesprächs mit J. Ratzinger über »Vorpolitische moralische Grundlagen eines freiheitlichen Staates« am 19.1.2004 in München vorgetragen hat.

in ihren Dokumenten pastoral erneuernd und befreiungstheologisch kohärent klang, sofort umgesetzt würde. Medellín hat neben wegweisenden Impulsen mit Langzeitwirkung auch Vorschläge mit Verfallsdatum hervorgebracht. Bei kontinentalen Großversammlungen wie Medellín ist immer auch mit jener Rhetorik zu rechnen, die mehr die Funktion einer »atmosphärischen Entladung« hat als die einer konkreten Planung. Ferner ist mit den Widerständen veränderungsresistenter Sektoren zu rechnen, die in den jeweiligen Abstimmungen verloren haben. Zu Hause angekommen, werden alte Theologien bemüht, nach dem Motto: »Was gestern richtig war, kann heute doch nicht falsch sein.« So bleiben die Türen für die Rückkehr ins windige Heim einer durch Globalisierung modernisierten Kolonialkirche offen. Der Druck weltweiter Märkte produziert durch Anpassung an Trends und Designs eine zweite Welle der Kolonisation.

Aber zum Mythos »Medellín« gehören nicht nur Schwachstellen in den einzelnen Dokumenten, sondern die »große Hintergrunderzählung« von der »Befreiung von aller Knechtschaft« (Medellín, Einleitung 4) der Unterdrückten überhaupt. Im Traum vom »guten Leben aller« verbergen sich neben prophetischer Weitsicht häufig ein Rest apokalyptischer und millenaristischer Schwärmerei und Unbekümmertheit um die empirischen Daten der Wirklichkeit. Dieser Traum kann zur Träumerei werden. Sie überfliegt die makrostrukturellen Widerstände gegen ein solches Projekt, mit gutem Zureden und »pastoralen Empfehlungen«, die das Unmögliche, wie durch Luftspiegelungen, in mögliche Nähe rücken, anstatt die soziale Realität analytisch zu durchpflügen. Konkret soll auf sechs fundamentale Defizite in den Dokumenten von Medellín hingewiesen werden.

a) Fehlende memoria passionis

Die Beschlüsse von Medellín sind Ausdruck eines neuen historischen Gegenwartsbewusstseins, das sich jedoch noch nicht mit der Geschichte Lateinamerikas selbst auseinandergesetzt hat. Im Dokument »Pastoral der Führungsschichten« (13) wird zwar behauptet, dass die Evangelisierung mit den »Zeichen der Zeit« verbunden sein müsse und dass sie »weder zeit- noch geschichtslos« sein könne, aber die Dokumente insgesamt prägt ein historisches Kurzzeitgedächtnis, ohne vertiefte memoria passionis des Kontinents. Die Sensibilität dafür, was ist, ohne die Frage, wie es dazu kam, ist geprägt von Naivität und Ratlosigkeit. Die Zerstörung der einheimischen Religionen durch das Missionswerk der Kirche, Indioausrottung und Sklaverei werden kaum erwähnt. Medellín leistet keine Trauerarbeit. Solange man von weither kommen muss, vielleicht sogar aus Polen, aus einem lateinamerikanischen Nirgendwo also, um Indios und ehemalige afrikanische Sklaven um Vergebung zu bitten, ist koloniale Knechtung noch nicht überwunden. Solange das kolonial-politische Leiden nicht erinnert werden darf, wie beispielsweise in Santo Domingo, kann auch von keiner befreienden Evangelisierung gesprochen werden.[6] »Jeder Aufstand gegen Unterdrückung nährt sich aus der subversiven Kraft erinnerten Leidens.«[7] Erst elf Jahre nach Medellín kam es in Puebla zu einer brauchbaren »historischen Sicht der lateinamerikanischen Realität« (Puebla 3–14), die dann in Santo Domingo apologetisch wieder zurückgenommen wurde.

b) Undifferenziertes Makrosubjekt

Kollektive Subjekte mit sehr unterschiedlichen Biographien, wie die indianischen Völker und die Nachfahren afrikanischer Sklaven, werden oft undifferenziert dem Makrosubjekt »Arme«, »unterdrückte Sektoren« oder gar dem Sammelbegriff »der lateinamerikanische Mensch« zugeordnet. Das undifferenzierte Makrosubjekt »die Armen« hat in den Beschlüssen von Medellín keine spezifisch lateinamerikanischen Gesichter und Namen. Man wird vergeblich in den Texten von Medellín nach Guaranís, nach Mayas oder Quechuas suchen. Ihre Geschichte, ihre Kulturen und Religionen, die in der langen Nacht der Kolonialgeschichte gelitten, aber sich auch widerständig behauptet haben, erfahren keine vertiefte Aufarbeitung.[8] Indios und Afro-Lateinamerikaner waren in den Konferenzräumen Medellíns kaum anzutreffen. Medellín setzt sich nicht mit den differenzierten historischen Träumen derer auseinander, für die es und zu denen es spricht.

c) Elitärer Kulturbegriff

Medellín arbeitet mit einem elitären Kulturbegriff, etwa wenn im Dokument »Erziehung« (3) davon die Rede ist, dass es in Lateinamerika einen »großen Sektor der von der Kultur Ausgeschlossenen« gebe,

6 Vgl. Suess, *Santo Domingo (1992). Chronik und Symptome einer gebrochenen Kontinuität*, in: ders. 2001, 123–153.

7 Metz 1977, 96.

8 Vgl. die Dokumente zu Volkspastoral (6,1); Erziehung (4,,3); Gerechtigkeit (1,14).

besonders die eingeborenen Analphabeten, »die oft des elementaren Gutes der Verständigung durch eine gemeinsame Sprache entbehren«. Dahinter verbirgt sich nicht nur die alte Angst vor der »babylonischen« Sprachenvielfalt der indianischen Völker, sondern auch das verbreitete Vorurteil, dass, wer nicht lesen und schreiben könne, keine Kultur habe. Medellín kann sich mit diesen Vorurteilen auf das Zweite Vatikanum berufen, das missverständlich, wenn auch in bester Absicht fordert, dass die elementaren Kulturgüter und Vorteile der Zivilisation – Alphabetisierung als Weg zur Eigeninitiative – allen Menschen zugute kommen sollten (*Gaudium et spes* 9; 60). Vielleicht müssen manche so genannten elementaren Kulturgüter doch wieder neu hinterfragt werden. Lévi-Strauss wollte in »Traurige Tropen« jedenfalls dazu anstiften, wenn er schreibt: »Das einzige Phänomen, das sie [die Schrift] immer begleitet hat, ist die Gründung von Städten und Reichen, das heißt die Integration einer großen Zahl von Individuen in ein politisches System sowie ihre Hierarchisierung in Kasten und Klassen. Dies ist jedenfalls die typische Entwicklung, die man von Ägypten bis China in dem Augenblick beobachten kann, da die Schrift ihren Einzug hält: sie scheint die Ausbeutung der Menschen zu begünstigen, lange bevor sie ihren Geist erleuchtet.«[9]

d) Ökumenisch-interreligiöse Gleichgültigkeit

In den Dokumenten von Medellín finden sich noch Schatten des katholischen Alleinvertretungsanspruchs der kolonialen Christenheit. Lateinamerika und die Karibik, deren Katholiken die Hälfte aller Katholiken der Welt repräsentieren, konnten in den 60er Jahren Fragen der Ökumene, des interreligiösen Dialogs und der Säkularisation nur mit Mühe andenken. Medellín produzierte kein Dokument zur ökumenischen Frage und zum interreligiösen Dialog, obwohl elf nichtkatholische Beobachter anwesend waren. Unitatis Redintegratio, das Ökumenedekret des Konzils, wird nicht zitiert. Nur in sozialen Fragen, beispielsweise im Dokument »Frieden«, wird auf die Möglichkeit ökumenischer Zusammenarbeit hingewiesen (Medellín 2, 26).

Auch der interreligiöse Dialog steht nicht im Horizont von Medellín. Da ist im Dokument der Volkspastoral (6,1) von »halbheidnischen Bevölkerungsgruppen« die Rede. Von dem »uralten religiösen Erbgut« wird behauptet, dass es »eine fast tyrannische Macht« ausübe (6,4). Die Volksreligiosität wird in die Nähe sektiererischer Eigen-

9 Lévi-Strauss 1979, 294.

brötlerei gerückt (vgl. 6,3), welche die Einheit und Reinheit der Universalkirche bedrohe.

e) Unbekümmertheit um empirische Daten

Obwohl die Dokumente von Medellín um die Kontextualisierung des Konzils bemüht sind, wird die lateinamerikanische Realität doch häufig noch von großkirchlicher Blindheit, von eingefleischten Vorurteilen oder von oberflächlichem Idealismus unterlaufen.

Medellín zitiert aus *Presbyterium ordinis* (6), dass »keine christliche Gemeinde aufgebaut wird, wenn sie nicht Wurzel und Angelpunkt in der Feier der Eucharistie hat«, ohne aber auch nur mit einem Wort die strukturelle Anbindung der Eucharistiefeier an das zölibatäre Priesteramt zu erwähnen, das zumindest als eine der Ursachen für die großflächige eucharistische Karenz Lateinamerikas zu gelten hat (Liturgie 9,3). Anthropologische und psychologische Gegebenheiten lassen sich nicht so ohne weiteres mit dem Appell an die Heiligkeit persönlicher Lebensführung in den Griff bekommen. Die Sache der viri probati kam auch in Medellín nicht über Kulissengespräche hinaus, ehe sie auf der Pan-Amerikanischen Synode (1997) in Rom endgültig zum Tabu erklärt wurde.

Der Traum, dass in naher Zukunft alle Pfarreien zu christlichen Basisgemeinden würden, wie er in den »Pastoralen Leitlinien« des Dokuments *Pastoral de conjunto* zum Ausdruck kommt, und dass eine vielfach institutionell ferngesteuerte Kirche sich zu einer Kirche der Armen mausern könnte, »ohne irdischen Ehrgeiz« und »ohne zweideutiges Prestige« (Armut der Kirche, 14,16; 14,18), ehrt die Konferenzteilnehmer, hat in der Zeit nach Medellín jedoch keinen normativen Sitz im Leben gefunden. Im Grunde hatten die Delegierten schon Zweifel an dem Subjekt der Befreiung, als sie neben das Dokument der Volkspastoral jenes der Pastoral der Führungsschichten stellten.

Vieles, was in den jeweiligen Handlungsperspektiven der Dokumente als »Leitlinien«, »Empfehlungen«, »Orientierungen«, »Entschließungen« und »Schlussfolgerungen« aufgelistet war, schien mit gutem Willen und gemeinsamer Anstrengung erreichbar. Für militante Sektoren der lateinamerikanischen Kirche, die durch Medellín hindurchgegangen waren, schienen die meisten dieser Vorschläge lediglich eine Startbasis für grundlegendere Umwälzungen zu sein. Perspektiven des Gottesreiches, so wurde argumentiert, weisen über das kapitalistische System hinaus. »Systembruch« als Voraussetzung der

»Umwandlung Lateinamerikas im Lichte des Konzils« bedeutete für viele damals die Übernahme der Macht des Nationalstaates durch Volksbewegungen, die vom Sozialismus geprägt waren. Dass das Gottesreich auch über die Errungenschaften eines sozialistischen Staates hinausgehen müsste, dass auch eine Volkspartei, der es gelänge, die Regierung zu übernehmen, in makroökonomischen Zwängen oft ihr eigenes Projekt verraten würde und dass der Nationalstaat als wichtiger politischer Akteur viele Spielräume und Verantwortlichkeiten an den Markt verlieren sollte, all das wurde damals noch nicht so deutlich erkannt.[10]

f) Neuer Wein in alten Schläuchen

Neue Diskurse in alten Strukturen sind wie neuer Wein in alten Schläuchen. Die Perspektiven von Medellín konnten zwar zeitlich befristet in einzelnen Regionen in die pastorale Praxis umgesetzt werden, waren aber letztendlich unhaltbar aufgrund eines ganz anderen Kirchenprojekts des nachkonziliaren Papstes. Für Befreiungstheologie, Teología India, Basisgemeinden und prophetische Stimmen aus dem Episkopat sind die 35 Jahre nach Medellín zu einer Zeit von Verdächtigungen, innerkirchlichen Prüfungsverfahren und Zurechtweisungen geworden. Solange transformatorische Visionen einer neuen Welt mit dem Horizont von sozialer Veränderung und Befreiung der Unterdrückten nicht in partizipative kirchliche Strukturen umgesetzt werden, handelt es sich im Diskurs über Transformation nur um Spiegelungen (Spekulationen im wörtlichen Sinn!) von weiterhin fortbestehenden Gewaltzirkeln.

Ähnlich wie das Zweite Vatikanum, so hat auch Medellín seine kontextuellen Vorschläge einer Option für die Armen, einer Partizipation des Gottesvolkes und einer Veränderung der Strukturen der Gewalt nicht in neue Kirchenstrukturen zu übersetzen vermocht. Der schon während des Konzils begonnene Armutsdiskurs, der eine größere Nähe und symmetrische Machtstrukturen zwischen Hierarchie und Gottesvolk versprach, hat im innerkirchlichen Raum zu keinen strukturellen Konsequenzen geführt.[11]

Ein ortskirchlich verwurzeltes Lehramt muss sich gegen vererbte patriarchale und koloniale Strukturen der eigenen Kirche durchsetzen. Ortskirchen sind keine Filialen der Universalkirche und Ortsbi-

[10] Vgl. Berryman 2003, 77–87.
[11] Vgl. *Pakt der Domitilla-Katakomben*, in: Suess 2001, 110ff.

schöfe sind keine Exekutivbeamten der Römischen Kurie. Man kann ehrlicherweise nicht für Protagonismus in der Welt einstehen und dann kirchenintern nur die Adressaten neu aussortieren, ihnen aber das entscheidende Wort als Akteure verweigern. Weder die Ortsbischöfe noch die Armen und Arbeiter, Indios und Schwarz-Amerikaner, Frauen und Jugendlichen sind nur »Berater« für eine in vormodernen Strukturen erstarrte Kirchenleitung.

2. Metapher

Bei Medellín als Metapher geht es um gelungene Traditionsbildung. Sie gehört zu dem Teil einer Agenda für Medellín II, den man als Konsolidierung von Medellín I bezeichnen könnte. Es geht um innerkirchliche Mündigkeit, um Partizipation und Subjektivität; es geht um ein neues Verhältnis zu soziokulturellen Realitäten, um die Rezeption der Welt als »theologischem Ort«; es geht um einen kritischen Uhrenvergleich im Angesicht der Moderne mit ihrer Dialektik zwischen Errungenschaften und Beschädigungen. Allzu große Zeitunterschiede zwischen Kirche und Welt würden nicht nur die Anschlussfähigkeit der Kirche an die konkreten Menschen und ihre Sorgen, sondern auch an den demokratisch ausgehandelten Toleranzpakt, der die eigene und die fremde Tradition schützt, in einer pluralen und säkularen Welt in Frage stellen. Auch die Metapher Medellín kann in ihrer Reichweite nur in der dialektischen Spannung mit ihren Gegenkräften bedacht werden.

a) Mündige Ortskirche

Im Kontrast zu einer über 400-jährigen Kolonialkirche in Lateinamerika bedeutet Medellín den Beginn eines Lateinamerikanischen Lehramts und einer Ortskirche an der Peripherie des Weltgeschehens. Medellín war der gelungene Versuch, aus der innerkirchlichen Unmündigkeit einer von ihrer kolonialen Vergangenheit geprägten Missionskirche auszubrechen. Als junge Ortskirchen versuchen Lateinamerika und die Karibik sich seit Medellín mit eigenen Augen zu betrachten. Eine implizite Fortsetzung dieser ortskirchlichen Perspektive ist das Paradigma der Inkulturation, in Santo Domingo als Imperativ der Nachfolge Jesu bezeichnet (vgl. Santo Domingo 13). Dabei ist viel Neues entstanden, das auf die Kirchen Europas große Anziehungskraft ausgeübt hat. Die Theologie der Befreiung und die Teología India, Basisgemeinden und spezifische pastorale

Bewegungen wie die Indiopastoral und die Landpastoral sind weit über den Kontinent hinaus als Zeichen der Hoffnung verstanden worden. Das neue Charisma der lateinamerikanischen Ortskirchen hatte eine von Rechtsstrukturen unabhängige, außergewöhnliche weltkirchliche Ausstrahlung. Kirchliche Kompetenz, dogmatische Relevanz und anthropologische Glaubwürdigkeit schienen sich nach Lateinamerika zu verlagern. Dass bei so viel Licht sich Gegenkräfte gegen das ihnen drohende Schattendasein mobilisierten, ist verständlich. Der medienwirksame Papst Johannes Paul II., der aus der Drangsal des Ostens kam, hat diese Herausforderung, nicht ohne Kollaborateure Lateinamerikas, angenommen und gewonnen.

b) Arbeitsmethode »Sehen – Urteilen – Handeln«

Aus dem durch Medellín eingeleiteten Prozess der Entkolonialisierung und dem Mut, sich mit eigenen Augen zu sehen, ist die Arbeitsmethode »Sehen – Urteilen – Handeln« hervorgegangen. Diese von der Schrift und von Frankreichs Arbeiterjugend inspirierte Methode sollte die folgenden 20 Jahre der lateinamerikanischen Theologie prägen. Das letzte Zeichenwunder Jesu in den synoptischen Evangelien ist eine Blindenheilung. »Sehen« ist die Voraussetzung für »Nachfolgen«. Nur wem die Augen aufgehen über den falschen Schein der Oberfläche und über die im Diskurs verborgenen Klassenstrukturen, der kann annähernd autonom handeln.

Obwohl hier von »Bleibendem« und von »Konsolidierung« gesprochen werden soll, so kann doch eine gewisse Unruhe über regressive Erscheinungen nicht verschwiegen werden. Bei der 4. Generalversammlung des CELAM, die vom 12.-28. Oktober 1992 in Santo Domingo durchgeführt wurde, also 24 Jahre nach Medellín, begann man wieder, in Lateinamerika Schlussdokumente mit kontextlosen dogmatischen Aussagen einzuleiten. Sie ersetzten das »Sehen« der Wirklichkeit, das dann mit geänderter Funktion auf den zweiten Platz geschoben wurde. »Sehen« wird zum Aufspießen pastoraler Störfaktoren in einer Weltwirklichkeit, die dann nicht mehr die Qualität eines »theologischen Ortes« hat.

c) Subjekte und Orte der Befreiung

Medellín hat den Vorschlag eines neuen »Lebensprojekts« auf den Begriff »Befreiung« gebracht. »Befreiung« meint hier, ähnlich wie »Bekehrung«, »Vergebung« und »Neuschöpfung«, die Utopie eines neuen Menschen in einer neuen Welt. Bei einem »Projekt« geht es um die Artikulation von Traum, Wirklichkeit und Argument, um kontroverse Sachverhalte und um eine Analyse, »die wahrgenommene Probleme klarer definiert und einige politische Ziele plausibler macht als andere«.[12] Es geht neben der Option für konkrete Subjekte dann auch um die Priorität der ersten konkreten Schritte, die aus Unfreiheit und Situationen struktureller Gewalt herausführen. Medellín steht für den Traum, das Projekt Jesu, wie es im Diskurs der Synagoge von Nazareth (Lk 4,14ff), in der Bergpredigt (Mt 5) und der Rede vom Weltgericht (Mt 25) beschrieben ist, durch die Armen und Ausgegrenzten historisch auf den Weg zu bringen.

Das Projekt Medellín bedeutet nicht nur die Anschlussfähigkeit der Kirche an die Moderne, sondern vor allem an die Opfer der Modernisierung, die einen immer größer werdenden Teil der Menschheit mit autoritärem Ausschluss und Neukolonialisierung bedroht. Die Veränderung von Strukturen der Gewalt, die Durchsetzung einer umfassenden Agrarreform, ein von der Kosten-Nutzen-Rechnung entkoppeltes Lebensprojekt – all dies setzt Befreiung voraus. »Integrale Befreiung« braucht einen »neuen Kontinent«, eine »neue Gesellschaft« mit »neuen Menschen«, die »wissen, wirklich frei und verantwortlich« zu handeln (Gerechtigkeit 1,3f; Erziehung 4,8). Medellín war großzügig im Gebrauch des Wortes »neu«.

Der »neue Mensch« wird nicht automatisch das Ergebnis der Umverteilung des Sozialproduktes sein, sondern muss sich gleichzeitig einem neuen Wertesystem jenseits von Marktlogik und Gewalt verpflichten. Der Eingriff Medellíns in das strukturell verzahnte Räderwerk von Ungleichzeitigkeit, Abhängigkeit und Ungerechtigkeit darf nicht mimetisch die bekämpfte Gewalt reproduzieren. Medellín ist an seiner Gewaltlosigkeit gewachsen. »Der wirkliche Krieg, den unsere Nationen führen sollen, ist der Kampf gegen das Elend« (Friede 2,29). Obwohl im Falle einer »offensichtlichen und lang andauernden Tyrannei, welche die fundamentalen Rechte der Person und das Gemeinwohl des Landes verletzen«, ein »revolutionärer Aufstand« rechtens sein könne (2,19), so führe der ordentliche Weg zu Veränderung doch über »Bewusstseinsbildung und Organisation des Volkssektors« (2,18f; 2,27). Die Denunzierung struktureller und willkürlicher Gewalt, das Einklagen des Rechts auf Selbstbestimmung und der Appell an die Betroffenen, sich zu organisieren, sind Aussagen, die bis heute ihre Aktualität nicht verloren haben.

12 Habermas 2001, 13.

Selbstkritisch richtet sich Medellín an die junge Generation. Die Jugend finde »überinstitutionalisierte Organisationen und starre Strukturen« unerträglich (Jugend 5,6). Sie lebe Werte, »welche die verschiedenen Epochen der Geschichte erneuern«. Und diese Jugend erwarte von der Kirche »eine Haltung des Dialogs«, »Dienst ohne Autoritarismus«, »moralischen Rückhalt« bei den sozialen Auseinandersetzungen. Sie fordere »Authentizität« und »Kohärenz« (5,13; 5,15c.; 5,3; 5,5).

3. Memoria

Aus den unerledigten und nicht fokussierten Aufgaben von Medellín, aus der neuen historischen Situation zu Beginn des 21. Jahrhunderts, aus den »offenen Adern Lateinamerikas«, dem Gedächtnis der Leidensgeschichte des Kontinents, ergeben sich die Konturen einer Agenda für Medellín II.

a) Fiktiver Charakter einer Agenda für Medellín II

Der Sprung von der Kolonialkirche zur Befreiungskirche schien faszinierend. Aber Zirkustiger, die ihre Herren dadurch ernährt haben, dass sie gehorsam durch den Feuerreifen des Dompteurs sprangen, werden sich nicht von einem Tag auf den anderen zu Königen in der Freiheit der Wildnis resozialisieren. Solange es innerkirchlich möglich ist, den Tigersprung in die Freiheit der Gotteskindschaft auf halber Höhe zurückzupeitschen, solange der traditionell autoritäre Charakter kirchlicher Einrichtungen sich auf ein autoritäres Gottesbild berufen und damit eigenmächtig unruhigen Stimmen entweder Schweigen abfordern oder Ausschluss androhen kann, hat eine solche Agenda für ein neues Medellín rein fiktiven Charakter. Das »schlechte Einverständnis«[13] und die Sekundärtugend des Gehorsams haben ganze Populationen von jungen Käfigtigern in kirchlichen Leitungsämtern hervorgebracht. Man wird sich in Medellín II daran erinnern müssen, dass Kirchenreformen – etwa die Wahl eines Bischofs mit Beteiligung der Ortskirche – nur dann wirksam sind, wenn sie kirchenrechtlich abgesichert sind.

b) Dialektik zwischen kirchlichen Strukturen und pastoralen Spielräumen

[13] Brecht 1975.

Prämoderne und pyramidale Kirchenstrukturen verhindern nicht unbedingt geografische und auch körperliche Nähe bestimmter Sektoren zu den Armen. Aber solche Nähe – manchmal eine karitative Erste Hilfe, manchmal auch politisch progressistisch durchdacht – endet in bloßem Assistenzialismus, wenn nicht Partizipation und Mündigkeit als Voraussetzung oder wenigstens als Ziel für jedwede Befreiung gewährleistet sind. Kritik der Moderne setzt den schmerzlichen Durchgang durch sie voraus. Die Entkolonialisierung einer über 400-jährigen kirchlichen Praxis, der Kampf um Autonomie und Selbstbestimmung sind eine von der Moderne geprägte Schwerarbeit.

Medellín war eine Zeit prophetischer und moderner Stimmen. Das Erwachen der Armen und Anderen hat klimatische Veränderungen bewirkt, aber auch großkirchliche Ängste genährt. Eine strukturell verwandelte Kirche, in der die Option für die Armen auch in die Ämter- und Entscheidungsstrukturen der Großkirche hineinreichen müsste, haben Medellín und seine Propheten nicht hervorgebracht. Und doch war die lateinamerikanische Kirche im langen politischen Winter nach 1968 oft der einzige Ort, an dem Unterdrückte, Indios, die Landlosen-Bewegung, Revolutionäre und Theologen sich aufwärmen konnten und für einen Moment Rast fanden im Kampf um ein neues Lebensprojekt. Die Kirche Medellíns fand in den Armen und in der Option für ihre Sache, wenn auch nur für einen relativ kurzen Augenblick, einen neuen Gravitationspunkt. Aber heute sitzen die lateinamerikanischen Eliten wieder fest im Sattel. Für sie gab es keine Damaskusstunde.

c) Propheten und Märtyrer

Medellín war die Zeit prophetischer Stimmen. Die Zeit nach Medellín war die Zeit vieler Märtyrer: Hector Gallego (Panama 1971), Rodolfo Lunkenbein und Simão Cristino (Brasilien 1976), Angel Angelelli (Argentinien 1976), Luis Espinal (Bolivien 1980), Oscar Romero (El Salvador 1980), Marçal Guarani (Brasilien 1983), Vicente Cañas (Brasilien 1987). Prophetie und Martyrium haben den Traum von einer Kirche, die »authentisch arm, missionarisch und österlich« und gleichzeitig »losgelöst von aller zeitlichen Macht und mutig engagiert in der Befreiung des ganzen Menschen und aller Menschen« (Jugend 5,15) ist, nicht zum Alptraum werden lassen. Widerstände gegen die aus Medellín hervorgegangene Befreiungstheologie haben auch innerkirchliche Opfer gefordert unter Bischöfen und Theologen, die vorzeitig auf institutionelle Abstellgleise geschoben wurden. Das gilt heute für die Teología India, wie es gestern für die Politische Theologie gegolten hat.

d) Optionen und Prioritäten

Heute wissen wir, dass die »Option für die Armen«, wenn ihr Projekt nicht aus dem Horizont der Welt verschwinden soll, ergänzt werden muss durch die institutionelle Verankerung des Protagonismus der Armen und Anderen in der Kirche. »Partizipation« an den Gütern und Entscheidungen der Welt ist das entscheidende »Zeichen der Zeit« zu Beginn dieses autoritären Jahrhunderts, in dem Regierungen soziale Probleme durch Sicherheitsorgane zu lösen versuchen. Es genügt nicht, die gesellschaftlichen Bedingungen wissenschaftlich zu beschreiben, die Verlaufsformen sozialer Konflikte zu kennen und dann prophetisch zu denunzieren. Es geht um eine neue Qualifizierung der Subjekte und um die Rezeption ihrer Gotteserfahrung in den Kirchen. Mit dem Protagonismus der Armen-Anderen, der nicht einfach an Sozialpastoral oder Caritas ausgelagert werden darf, sind ganz neue Prioritäten in Gesellschaft, Kirche und Theologie verbunden. Der institutionell geschützte Protagonismus der Armen hat einen Stachel gegen falsche Anpassung, bequeme Kontinuität, ängstliche Schweigsamkeit und fatalistisches Sich-Abfinden mit einer Welt, die nun einmal so ist, wie sie ist.

e) Den Leidenden eine Stimme

Wenn wir versuchen, im Andenken an Medellín zu sagen: »Den Leidenden eine Stimme, die sie nicht verrät!«, so geht es dabei zunächst um ihre eigene Stimme, die sich gegen den über Jahrhunderte vererbten Fatalismus des »So Gott will« ebenso wie gegen den vorausgesetzten Willen Gottes des »Gott will es so« durchsetzen muss. »Den Leidenden eine Stimme, die sie nicht verrät!« wurzelt im Gottesbild der jüdisch-christlichen Tradition. Johann Baptist Metz hat immer wieder darauf hingewiesen, dass es bei dieser Stimme, die das Gehör Gottes findet, um die Stimme der leidenden Menschheit geht und nicht um das Stöhnen der Sünder. Wirkliche Reue und Trauerarbeit zeigen sich nicht im Schmerz über sich selbst, sondern in der Solidarität mit den Anderen, nicht in Hörigkeit, sondern im Hinhören auf die Stimme dessen, der unter die Räuber gefallen ist, und im Hinsehen auf den, der ohne Ansehen am Wege liegt.

Es ist auch notwendig, dieser Stimme Gehör zu verschaffen gegen den politischen Fatalismus, dass gegenüber dem Zustand des Ganzen doch nichts auszurichten sei. Dass oppositionelle Parteien, wenn sie nur einmal an die Regierung gekommen sind, den alten Parteien zum Verwechseln ähnlich werden, das beweist noch nicht die prinzipielle Unmöglichkeit von alternativen Projekten. Die sozialen Bewegungen, die sich im Umkreis der Internationalen Sozialen Weltforen – Porto Alegre (Brasilien) und Mumbai (Indien) – artikulieren, gehen in ihren jeweiligen Mikrostrukturen auf neue Modelle menschlichen Zusammenlebens zu. Wie kann dieses »Es soll anders sein« zum Leitmotiv jeder kirchlichen Tätigkeit werden?

Die Übergangsrolle einer »Stimme der Stimmlosen« mag in den Zeiten lateinamerikanischer Diktaturen berechtigt gewesen sein. Heute genügt es nicht mehr, den Leidenden die eigene Stimme auszuleihen. Sie haben bereits eine Stimme. Wie oft hat eine Leihstimme die Armen-Anderen im Stich gelassen oder verkauft? Unter den Bedingungen sozialer Asymmetrie steht jeder Schrei der Elite als Anwalt der Armen unter dem Verdacht nicht nur der Selbstdarstellung, sondern auch des Verrats. Aber auch das Pathos der Militanz kann hinter viel Lautstärke verbergen, dass es seine eigenen Schäfchen ins Trockene zu bringen versucht.

4. Weiterführende Überlegungen

35 Jahre nach Medellín stehen wir, nicht nur in der Kirche Lateinamerikas und der Karibik, sondern auch in der Weltkirche, vor einem Berg unerledigter Aufgaben. Der Streit von Santo Domingo zwischen Sektoren, die endlich mit dem Geist von Medellín brechen wollten, und solchen, für welche die fundamentalen Optionen der Befreiungstheologie zur selbstverständlichen Grundausstattung lateinamerikanischer Pastoral gehörten, geht weiter. Das Leitmotiv der Befreiung, des Kampfes um Gerechtigkeit und der Transformation von Strukturen ist neuerdings in vielen kirchlichen Dokumenten auf die neuen Leitwörter »Liebe« und »Heiligkeit« zurechtgestutzt worden. Der Verdacht, dass Liebe hier als assistenzialistische Einpassung in das Weltsystem und nicht als strukturelle Veränderung zu denken ist, kann nicht von der Hand gewiesen werden.

Wir stehen großkirchlich vor Regressionen in koloniale Ruinen, vor Realitätsverlust und Inkulturationsverweigerung, vor Fundamentalismus und dem »höheren Jux« pseudocharismatischer Showmessen, deren vereinfachte und kitschige Weltsicht an der Realität einer hochkomplexen Gesellschaft abprallt; wir stehen vor verschwiegenen und offen gelegten Skandalen. An allen Ecken wird heute religiöser Kitsch als Trost für das Unschöne in der Welt angeboten und Folklore als Ersatz für Inkulturation. In der medialen Anbiederung ohne politische Verantwortung erleben wir die Neuauflage einer Religiosität, die schon einmal als »Opium für das Volk« denunziert wurde und Unheil gestiftet hat. Erst das »Realitätsprinzip« erlaubt uns, eine Brücke zum »Prinzip Hoffnung« zu bauen (E. Bloch). Drei Perspektiven der Hoffnung zeichnen sich ab für einen langen Weg:

a) Erstevangelisierung durch das Reich Gottes

An Medellín II denken heißt, sich auf einen langen Weg zu machen. Medellín II wird kein institutionelles Geschenk »von oben« sein. Es wird auch kein Geschenk der lateinamerikanischen Kirchen und der Karibik an die Armen sein. Medellín II wird ein Geschenk Gottes sein, der die Armen, die Ausgeschlossenen und die Leidenden aus allen Völkern und Religionen auserwählt hat, um dieses Geschenk historisch auf den Weg zu bringen und den Kirchen anzubieten. Es wird ein Geschenk der Armen an eine Kirche der Armen sein. Ein solches Geschenk Gottes wird plurireligiös und interkonfessionell durchlässig sein. Die Erstevangelisierung dieser Überbringer der Gabe Gottes geschieht durch das Reich Gottes, das allem kirchlichen Handeln temporal und qualitativ vorauseilt.

b) Geben und Nehmen zwischen Kirche und Welt

Das Projekt der Moderne mit den grundlegenden Motiven von Emanzipation und Autonomie, Freiheit und Gleichheit, Gerechtigkeit und Solidarität, Subjektivität und Universalität wäre nicht denkbar ohne die Impulse der jüdisch-christlichen Tradition (universale Gerechtigkeit, Nächsten- und Feindesliebe, Hoffnung auf das Gottesreich).

Das Konzil wäre nicht denkbar ohne den Druck der Moderne, welche die Kirche nötigte, ihre historische Ungleichzeitigkeit zu überwinden. Der Außendruck der Welt und der Schrei der Armen sind nicht nur soziologische Daten, sondern auch »Zeichen der Zeit«, Zeichen Gottes in der Welt. Die sozialen und ökonomischen Widersprüche der Welt erweisen sich, trotz aller Widerstände, als relevant für das Reich Gottes und für das institutionelle Überleben der Kirche. So genanntes autonomes kirchliches Handeln geschieht immer unter dem Leidensdruck durch die »Welt«.

In Medellín ließ sich die Kirche Lateinamerikas und der Karibik herausfordern von der Ungerechtigkeit eines aus seinen Kolonialstrukturen erwachten Kontinents und versuchte Antworten zu geben, die über die Kirchenmauern hinaus relevant waren. Medellín II wird kein rein kirchliches Projekt sein und nicht kirchlicher Initiative entspringen. Es wird sich jenem dialektischen Geben und Nehmen zwischen Kirche und Welt, dem Ringen um das rechte Wort und das verständliche Zeichen unter der Sonne und im Schatten des Reiches Gottes verdanken.

c) Erneuerung der Kirchen durch missionarische Militanz in der Welt

Die missionarische Praxis in der Welt, die sich nicht mehr auf die Institution Kirche insgesamt, wohl aber auf kirchlich artikulierte Pastoralträger stützen kann, führt zu einem Rücklauf gegen und in das kirchlich verfasste Christentum. In der neoliberalen Großmarkthalle »Welt« artikulieren sich immer mehr militante Gruppen, die dem Traum von einer anderen Welt in pfingstlicher Vielfalt historische Konturen geben. Prophetische »Ausläufer« sind nicht verloren für den ekklesialen Energiehaushalt. Ihre evangelische Kompetenz und Relevanz produzieren immer – wenn auch zeitverschoben – einen kirchlichen »Rücklauf«, nicht nur durch Integration oder Zähmung, sondern durch Reform, Umkehr und Erneuerung.

Die »Kirche in der gegenwärtigen Umwandlung Lateinamerikas« – das Thema von Medellín – kann auch gelesen werden als Kirche im Zustand der Bekehrung. Medellín II wird das Geschenk einer von der leidenden Menschheit geprüften und heimkehrenden Evangelisierung an eine sich ständig bekehrende Kirche sein. Für Lateinamerika ist es heute ebenso wichtig, sich kritisch mit Medellín auseinanderzusetzen, wie es wichtig ist, Medellín nicht zu vergessen.

Literatur

ADORNO, TH. W. 1973, *Zur Dialektik des Engagements*, Frankfurt a.M.

BERRYMAN, PH. 2003, *La Generación-Medellín Y Sus Sucesores,* in: VVAA 2003, A esperança dos pobres vive. Coletânea em homenagem aos 80 anos de José Comblin, São Paulo, 77–87.

BRECHT, B. 1975, *Das Badener Lehrstück vom Einverständnis/Die Rundköpfe und die Spitzköpfe/Die Ausnahme und die Regel. Drei Lehrstücke*, Frankfurt a.M.

Die Kirche in der gegenwärtigen Umwandlung Lateinamerikas im Lichte des Konzils, Medellín 1968, in: Dokumente der II. und III. Generalversammlung des Lateinamerikanischen Episkopates in Medellín und Puebla 1979 (= Stimmen der Weltkirche Nr. 8), hrsg. v. Sekretariat der Deutschen Bischofskonferenz, Bonn, 14–133.

Die Evangelisierung Lateinamerikas in Gegenwart und Zukunft, Puebla 1979, in: Dokumente der II. und III. Generalversammlung des Lateinamerikanischen Episkopates in Medellín und Puebla 1979 (= Stimmen der Weltkirche Nr. 8), hrsg. v. Sekretariat der Deutschen Bischofskonferenz, Bonn, 135–355.

HABERMAS, J. 2001, *Zeit der Übergänge*, Frankfurt a.M.

METZ, J.B. 1977, *Glaube in Geschichte und Gesellschaft*, Mainz.

Neue Evangelisierung. Förderung des Menschen. Christliche Kultur, Santo Domingo 1992, in: Schlußdokument der IV. Generalversammlung der lateinamerikanischen Bischöfe in Santo Domingo (= Stimmen der Weltkirche Nr. 34), hrsg. v. Sekretariat der Deutschen Bischofskonferenz, Bonn.

LÉVI-STRAUSS, C. ²1979, *Traurige Tropen*, Frankfurt a.M.

SUESS, P. 2001, *Weltweit artikuliert, kontextuell verwurzelt. Theologie und Kirche Lateinamerikas vor den Herausforderungen des ›dritten Subjekts‹*, Frankfurt a.M.

VVAA 2003, *A esperança dos pobres vive. Coletânea em homenagem aos 80 anos de José Comblin*, São Paulo.

Anhang

Thomas Schreijäck

Arbeitshilfen aus den Bereichen Anthropologie, Kultur, Kirche und Theologie in Lateinamerika

Dokumente – Textsammlungen – Zeitschriften[1]

1. Dokumente

JOHANNES XXIII. 1963, *Pacem in terris.* Über den Frieden unter allen Völkern in Wahrheit, Gerechtigkeit, Liebe und Freiheit, in: Texte zur Katholischen Soziallehre. Die sozialen Rundschreiben der Päpste und andere kirchliche Dokumente, Kevelaer [3]1976, 271–320.

PAUL VI 1967, *Populorum progressio.* Weltweite Ausmaße der sozialen Frage, in: Texte zur Katholischen Soziallehre. Die sozialen Rundschreiben der Päpste und andere kirchliche Dokumente, Kevelaer [3]1976, 435–467.

Die Kirche Lateinamerikas. Die Kirche in der gegenwärtigen Umwandlung Lateinamerikas im Lichte des Konzils. Sämtliche Beschlüsse der II. Generalversammlung des Lateinamerikanischen Episkopates Medellín 1968, in: Stimmen der Weltkirche Nr. 8, hrsg. v. Sekretariat der Deutschen Bischofskonferenz, Bonn, 14–133.

RÖMISCHE BISCHOFSSYNODE, *De justitia in mundo* 1971, Gerechtigkeit in der Welt, in: Texte zur Katholischen Soziallehre. Die so-

[1] Die Zusammenstellung der hier aufgeführten Titel erhebt keinen Anspruch auf Vollständigkeit. Die Auswahl ist nicht wertend im Blick auf nicht genannte Titel zu verstehen. Vielmehr sind es lehramtliche Texte und Textsammlungen, die in unmittelbarem Zusammenhang mit dem vorliegenden Band stehen und bisweilen zur Vertiefung einzelner, darin bearbeiteter Themen hilfreich sein können. Da einige der Publikationen nicht ins Deutsche übersetzt worden sind, werden diese mit ihrem spanischen oder portugiesischen Originaltitel aufgeführt. Das gilt insbesondere für das Verzeichnis der Zeitschriften. Ich habe dafür auf eigene Recherchen zurückgegriffen, die ich im Rahmen von regelmäßigen Forschungs- und Lehraufenthalten über zwei Jahrzehnte in verschiedenen Ländern Lateinamerikas durchgeführt habe. Dabei sollte ein interdisziplinärer, ökumenischer und in der Sache kontinentalweiter, Einblick möglich werden.

zialen Rundschreiben der Päpste und andere kirchliche Dokumente, Kevelaer [3]1976, 525–547.

PAUL VI. 1975, *Evangelii nuntiandi.* Über die Evangelisierung in der Welt von heute, hrsg. v. Sekretariat der Deutschen Bischofskonferenz (= Verlautbarungen des Apostolischen Stuhls Nr. 2), Bonn.

Die Kirche Lateinamerikas. Die Evangelisierung Lateinamerikas in Gegenwart und Zukunft. Dokument der III. Generalkonferenz des Lateinamerikanischen Episkopates Puebla 1979, in: Stimmen der Weltkirche Nr. 8, hrsg. v. Sekretariat der Deutschen Bischofskonferenz, Bonn, 135–355.

Die Instruktionen der Kongregation für die Glaubenslehre *Über einige Aspekte der „Theologie der Befreiung"* vom 6. August 1984 und *Über die christliche Freiheit und die Befreiung* vom 22. März 1986, in: J.B. Metz (Hg.) 1986, Die Theologie der Befreiung: Hoffnung oder Gefahr für die Kirche?, Düsseldorf.

JOHANNES PAUL II. 1988, Nachsynodales Apostolisches Schreiben *Christifideles Laici* über die Berufung und Sendung der Laien in Kirche und Welt, hrsg. v. Sekretariat der Deutschen Bischofskonferenz (= Verlautbarungen des Apostolischen Stuhls Nr. 87), Bonn.

Neue Evangelisierung – Förderung des Menschen – Christliche Kultur. Schlußdokument der IV. Generalversammlung der lateinamerikanischen Bischöfe in Santo Domingo 1992 (= Stimmen der Weltkirche Nr. 34), hrsg. v. Sekretariat der Deutschen Bischofskonferenz, Bonn.

EPISCOPADO LATINOAMERICANO (Hg.), *Conferencias Generales* 1993, Río de Janeiro – Medellín – Puebla – Santo Domingo, Santiago de Chile, Chile.

DOIG KLINGE, G. 1994, *Diccionario Río – Medellín – Puebla – Santo Domingo,* Santa Fe de Bogotá, Colombia.

JOHANNES PAUL II. 1999, *Ecclesia in America.* Nachsynodales Apostolisches Schreiben, hrsg. v. Sekretariat der Deutschen Bischofskonferenz (= Verlautbarungen des Apostolischen Stuhls Nr. 141), Bonn.

RAHNER, K./VORGRIMLER, H. (Hg.) [26]1994, *Kleines Konzilskompendium. Sämtliche Texte des Zweiten Vatikanums,* Freiburg i.B.

2. Textsammlungen

SCHLEGELBERGER, B./SAYER, J./WEBER, K. 1980, *Von Medellín nach Puebla. Gespräche mit lateinamerikanischen Theologen,* Düsseldorf.

ELLACURÍA, I./SOBRINO, J. (Hg.) 1995f, *Mysterium Liberationis. Grundbegriffe der Theologie der Befreiung,* Bd.1 u. 2, Luzern.

FORNET-BETANCOURT, R. (Hg.) 1997, *Befreiungstheologie: Kritischer Rückblick und Perspektiven für die Zukunft,* Bd. 1–3 (Bd. 1: Bilanz der letzten 25 Jahre (1968 – 1993); Bd. 2: Kritische Auswertung und neue Herausforderungen; Bd. 3: Die Rezeption im deutschsprachigen Raum), Mainz.

MEIER, J. (Hg.) 2007, *Lateinamerika und Karibik* (= Kirche und Katholizismus seit 1945, Bd. 7, hrsg. v. E. Gatz), Paderborn.

SUSIN, L.C. (Hg.) 2000, *O mar se abriu. Trinta anos de teologia na América Latina,* São Paulo, Brasil.

DERS. (Hg.) 2001, *El mar se abrió. Treinta años de teología en America Latina,* Santander, España.

TAMAYO, J.-J./BOSCH, J. (Hg.) 2001, *Panorama de la Teología latinoamericana,* Estella, España.

3. Zeitschriften[2]

ACCIÓN	Revista Paraguaya de Reflexión y Diálogo, Asunción/Paraguay
ACTAS TEOLÓGICAS	Instituto de Estudios Teológicos, Universidad Católica de Temuco/Chile
ALERTA TAREA	Publicación del Centro de Documentación de Tarea, Lima/Perú
ALLPANCHIS	Revista del Instituto de Pastoral Andina, Sicuani-Cusco/Perú
ALTERNATIVAS	Revista de análisis y reflexión teológica, Managua/Nicaragua
AMERICA	Revista del Grupo America, Quito/Ecuador

2 Ich beschränke mich bei dieser Zusammenstellung auf Zeitschriften, die im o.g. Kontext in Lateinamerika erscheinen bzw. erschienen sind.

AMERICA RENOVABLE	Revista especializada en energías renovables y medio ambiente, Miraflores/Perú
ANTROPOLOGIA	Cuadernos de Investigacíon, Quito/Ecuador
ARINSANA	Revista de la Cooperación Internacional en Areas Indígenas de America Latina, Caracas/Venezuela
ARY-RIMAY	Boletin Mensual del Instituto Cientifico de las Culturas Indígenas, Quito/Ecuador
CAA	Colección Antropología Aplicada, Quito/Ecuador
CAMINAR	Cuadernos Interculturales, Cochabamba/Bolivia
CAMINHOS	Revista do Mestrado em Ciências da Religião da Universidade Católica de Goiás, Goiânia/Brasil
CATEQUESIS FAMILIAR	Revista Institucional de la Oficina Nacional de Catequesis Familiar, Lima/Perú
CENCOS	Revista del Centro Nacional de Comunicación Social, México D.F./México
CEPROLAI	Quaderno del Centro de Promoción del Instituto »Ricardo Bacherei«, La Paz/Bolivia
CHRISTUS	Revista de Teología y Ciencias Humanas, México D.F./México
CIAS	Revista bimestral del Centro de Investigación y Acción Social, Buenos Aires/Argentina
CIDE	Documentos del Centro de Investigación y Desarrollo de la Educación, Santiago/Chile
CIENCIAS RELIGIOSAS	Revista del Instituto de Ciencias Religiosas, Universidad Católica Cardenal Raúl Silva Henríquez, Santiago/Chile

CIHEV	Boletín del Centro de Investigaciones de Historia Eclesiástica Venezolana, Caracas/Venezuela
CIPJ	Cuadernos Centro de Investigaciones sobre Pluralismo Jurídico, Cochabamba/Bolivia
CLAR	Boletín de la Confederación Latinoamericana de Religiosos, Santa Fe de Bogotá/Colombia
CON-SPIRANDO	Revista Latinoamericana de Ecofeminismo, Espiritualidad y Teología, Santiago/Chile
CONVERGENCIA	Revista de Ciencias Sociales. Publicación del Centro de Investigación y Estudios avanzados en Ciencias Políticas y Administración Pública de la Universidad Autónoma del Estado de México, Toluca/México
COYUNTURA	Revista bimestral del Centro de Investigaciones Sociológicas, Económicas, Políticas y Antropológicas, Lima/Perú
CRISTIANISMO Y SOCIEDAD	Revista de Análisis Interdisciplinario del Fenómeno Religioso en Hispano Latina, Guayaquil/Ecuador
CRP	Boletín Conferencia de Religiosos del Perú, Lima/Perú
CUADERNOS ARGUEDIANOS	Revista de la Escuela Nacional Superior de Folklore « José María Arguedas », Lima/Perú
CUADERNOS DE ESPIRITUALIDAD	Revista del Centro de Espiritualidad Ignaciana-Perú, Lima/Perú
CUADERNOS DE PASTORAL AFROAMERICANA	Centro Cultural Afroecuatoriano, Quito/Ecuador
CUADERNOS DE TEOLOGÍA	Revista anual del Istituto Universitario ISEDET, Buenos Aires/Argentina

CUARTO INTERMEDIO	Revista trimestral, publicada por la Compañía de Jesús en Bolivia, Cochabamba/Bolivia
CUESTIÓN DE ESTADO	Revista del Instituto de Diálogo y Propuestas, Lima/Perú
DIAKONIA	Boletín del Centro Ignaciano de Centroamérica, Managua/Nicaragua
DIM – DIÁLOGO INDÍGENA MISIONERO	Organo informativo de la Coordinación Nacional de la Pastoral Indigenista Conferencia Episcopal Paraguaya, Asunción/Paraguay
FE Y PUEBLO	Revista teológica y pastoral del Instituto Superior Ecuménico Andino de Teología, La Paz/Bolivia
ECO ANDINO	Revista del Centro de Ecología y Pueblos Andinos, Oruro/Bolivia
ERASMUS	Revista para el diálogo intercultural. Publicación semestral internacional de Ciencias Sociales y Humanas de la Fundación ICALA, Río Cuarto/Argentina
ESPAÇOS	Revista semestral de Teologia do Instituto Teológico São Paulo, São Paulo/Brasil
ESTUDIOS MIGRATORIOS LATINOAMERICANOS	Revista cuatrimestral del Centro de Estudios Migratorios Latinoamericanos (CEMLA), Buenos Aires/Argentina
ESTUDIOS TEOLÓGICOS	Revista Centro Antonio de Montesinos, México D.F./México
EVANGELIO Y CULTURAS	Documentos de la Iglesia latinoamericana, Quito/Ecuador
IADAP	Publicaciones del Instituto Andino de Artes Populares, Quito/Ecuador
ICCI-RIMAI	Boletín mensual del Instituto Científico de Culturas Indígenas, ICCI, Quito/Ecuador

ÍCONOS	Revista de la Facultad Latinoamericana de Ciencias Sociales (FLACSO) – Ecuador, Quito/Ecuador
IDEA	Boletín Estudios Aymaras, Chucuito/Perú
IDEELE	Revista del Instituto de Defensa Legal, Lima/Perú
IGLESIAS	Centro Nacional de Comunicación Social A.C., México D.F./México
IGLESIA Y PUEBLO NEGRO	Cuadernos de Pastoral Afroamericana, Quito/Ecuador
IMPULSO	Revista de Ciências Socais e Humanas, Piracicaba/Brasil
INICIATIVA AMAZONICA	Revista trimestral de los Países de la Amazonía, Quito/Ecuador
IGLESIA PUEBLOS Y CULTURAS	Revista trimestral de Ciencia, Arte y Cultura, Quito/Ecuador
ISF	Iglesia Sin Fronteras. Revista Misionera, Quito/Ecuador
KIPUS	Revista Andina de Letras, Quito/Ecuador
MEDELLÍN	Revista Teología y Pastoral para America Latina (CELAM), Bogotá/Colombia
MENSAGEIRO	Publicaçao do Conselho Indigenista Missionário, Belém, PA/Brasil
MISIÓN Y DIALOGO	Colección Misión y Diálogo. Grupo Editorial Verbo Divino y Revista Spiritus – Edición Hispanoamericana, Quito/Ecuador
MULTIVERSIDAD	Revista de la Multiversidad Franciscana de América Latina, Montevideo/Uruguay
NUEVAMERICA	Revista Fundación Nuevamerica, Buenos Aires/Argentina
NUEVO MUNDO	Revista de Orientación Pastoral, Caracas/Venezuela

NUEVO MUNDO	Revista de Teología Latinoamericana, Buenos Aires/Argentina
PAGINAS	Centro de Estudios y Publicaciones, Lima/Perú
PALENQUE	Boletin Centro Cultural Afro-Ecuatoriano, Quito/Ecuador
PASOS	Publicación del Departamento Ecuménico de Investigaciones (DEI), San José/Costa Rica
PASTORAL ANDINA	Revista del Instituto de Pastoral Andina-IPA, Sicuani/Perú
PASTORAL POPULAR	Revista de la Corporación Centro Ecuménico Diego de Medellín, Santiago/Chile
PAZ	Revista del Centro de Estudios y Acción para la Paz, Lima/Perú
PERSONA Y SOCIEDAD	Revista del Instituto Latinoamericano de Doctrina y Estudios Sociales, Santiago/Chile
PERSPECTIVA TEOLÓGICA	Revista da Faculdade de Teologia do Centro de Estudos Superiores da Companhia de Jesús, Belo Horizonte/Brasil
PHRONESIS	Revista interdisciplinaria de las Áreas de Ciencias Sociales y Teología del Centro Antonio de Montesinos, México D.F./México
PORANTIM	Publicação do Conselho Indigenista Missionário (Cimi), órgão anexo à Conferência Nacional dos Bispos do Brasil (CNBB), Brasília/Brasil
PRÁCTICA	Teología de las Comunidades Cristianas, Santa Fe de Bogotá, D.C./Colombia
PRESENCIA ECUMÉNICA	Revista de Acción Ecuménica, Caracas/Venezuela
PROYECTO	Revista del Centro Salesiano de Estudios, Buenos Aires/Argentina

RBA	Revista Bíblica Andina. Centro Biblico Verbo Divino, Quito/Ecuador
REB	Revista Eclesiástica Brasileira, Petrópolis/Brasil
REDES	Revista Capixaba de Filosofia e Teologia, Vitória/Brasil
REFLEXIÓN Y LIBERACIÒN	Publicación Ecumenica y Pluralista, Santiago/Chile
REVISTA ANDINA	Revista semestral del Centro de Estudios Regionales Andinos »Bartolomé de Las Casas«, Cusco/Perú
REVISTA BIBLICA	Revista trimestral del Área Bíblica de la Sociedad Argentina de Teología, Buenos Aires/Argentina
REVISTA DE CULTURA TEOLÓGICA	Periódico teológico-cientifico, São Paulo/Brasil
REVISTA FRANCISCANA	Revista semestral da Família Franciscana do Brasil, Petrópolis/Brasil
REVISTA SPIRITUS	Revista de Misionología, Edición Hispanoamericana, Quito/Ecuador
REVISTA TESTIMONIO	Revista de la Conferencia de Religiosos y Religiosas de Chile, CONFERRE, Santiago/Chile
RIBLA	Revista de Interpretación Biblica Latinoamericana, Quito/Ecuador
RLT	Revista Latinoamericana de Teología, San Salvador/El Salvador
RTLI	Revista Teológica Limense, Lima/Perú
SEM FRONTEIRAS	Revista publicada pelos Missionários Combonianos, Taboão da Serra, SP/Brasil
SENDEROS	Revista de Ciencias Religiosas y Pastorales, San Pedro de Montes de Oca/Costa Rica

SIC	Revista del Centro Gumilla, Carracas/Venezuela
SOLIDARIA ECONOMIA	Boletín del Grupo Economía Solidaria, Lima/Perú
STUDIUM, FILOSOFÍA Y TEOLOGÍA	Revista semestral del Centro de Estudios Institucionales, Universidad del Norte Santo Tomas de Aquino, Tucumán/Argentina
STROMATA	Revista trimestral de la Asociación Civil Facultades Loyola, San Miguel/Argentina
TAREA	Revista de Educación y Cultura, Lima/Perú
TEMPO E PRESENÇA	Revista bimestral editada por Koinonia, Rio de Janeiro/Brasil
TEOCOMUNICAÇAO	Revista trimestral do Instituto de Teología de Ciencias Religiosas, Porto Alegre/Brasil
TEOLOGÍA	Revista cuatrimestral de la Facultad de Teología de la Pontificia Universidad Católica Argentina, Buenos Aires/Argentina
TEOLOGÍA Y VIDA	Revista de la Facultad de Teología Universidad Católica de Chile, Santiago/Chile
VIDA PASTORAL	Revista bimestral para agentes de pastoral, Buenos Aires/Argentina
VOCES	Revista de Teología Misionera de la Universidad Intercontinental, México D.F./México
VOCES	Revista del Centro Nazaret, Buenos Aires/Argentina
VOCES DEL TIEMPO	Revista de Religión y Sociedad, Guatemala-City/Guatemala
YACHAY	Revista de Cultura, Filosofía y Teología de la Universidad Católica Boliviana Cochabamba/Bolivia
YACHAYKUNA	Revista semestral del Instituto Científico de Culturas Indígenas, Quito/Ecuador

Verzeichnis der Autorinnen und Autoren

Beozzo, José Oscar, Prof. Lic., Universität Nossa Senhora da Assunçao, São Paulo/Brasilien.

Chamorro, Graciela, Prof. Dr., Universität Dourados/Brasilien.

Codina, Víctor, Prof. Dr., Katholische Universität Cochabamba und La Paz/Bolivien.

Espín, Orlando O., Prof. Dr., Universität San Diego/USA.

Fritz, Miguel, Dr., Mariscal Estigarribia/Paraguay.

Gutiérrez, Gustavo, Prof. Dr. Dr. h.c. mult., Katholische Universität Lima/Peru.

Houtard, François, Prof. Dr., Direktor des Centre Tricontinental (CETRI), Louvain-la-Neuve/Belgien.

Iguiñiz Echeverría, Javier, Prof. Dr., Katholische Universität Lima/Peru.

Irarrazaval, Diego, Prof. Dr., Theologisches Seminar und Katholische Universität Santiago de Chile/Chile.

Lorscheider, Aloísio, Kardinal, Erzbischof em. von Fortaleza und Aparecida/Brasilien.

Muñoz, Ronaldo, Prof. Dr., Katholische Universität Temuco/Chile.

Salas Astrain, Ricardo, Prof. Dr., Katholische Universität Raúl Silva Henríquez, Santiago de Chile/Chile.

Schreijäck, Thomas, Prof. Dr., J.W. Goethe-Universität, Frankfurt a.M./Deutschland.

Suess, Paulo, Prof. Dr. Dr. h.c. mult., Instituto Teológico São Paulo/ITESP, São Paulo/Brasilien.